SIRVIENTES, CRIADOS Y NODRIZAS

SIRVIENTES, CRIADOS Y NODRIZAS

Una historia del servicio doméstico en la ciudad de Buenos Aires (fines del siglo XIX y principios del XX)

Cecilia L. Allemandi

Allemandi, Cecilia L.
Sirvientes, criados y nodrizas: una historia del servicio doméstico en la ciudad de Buenos Aires: fines del siglo XIX y principios del XX/Cecilia L. Allemandi. – 1a ed. – Ciudad Autónoma de Buenos Aires: Teseo, 2017. 276 p.; 20 x 13 cm.
ISBN 978-987-723-126-7
1. Historia Argentina. 2. Servicio Doméstico. I. Título.
CDD 982

Imagen de tapa: A. Giménez. *Caras y caretas*, Buenos Aires, 23 de septiembre de 1899, Año II, N°51, p. 27.

© Universidad de San Andrés, 2017
© Editorial Teseo, 2017
Buenos Aires, Argentina
Editorial Teseo
Hecho el depósito que previene la ley 11.723
Para sugerencias o comentarios acerca del contenido de esta obra, escríbanos a: **info@editorialteseo.com**
www.editorialteseo.com
ISBN: 9789877231267

Compaginado desde TeseoPress (www.teseopress.com)

A mis abuelas, Ana y Ana María

Índice

Agradecimientos 11
Abreviaturas 15
Introducción 17
1. El servicio doméstico y el mundo de las ocupaciones urbanas 33
2. La composición social del servicio doméstico 67
3. Canales de acceso y sistemas institucionales de colocación en el servicio doméstico 97
4. De tentativas reglamentarias y sirvientes organizados 135
5. Detrás de escena: sirvientas y amas de leche 167
6. Niños sirvientes: entre el trabajo y el refugio 203
Reflexiones finales 239
Fuentes y bibliografía 249

Agradecimientos

Este libro se basa en la investigación realizada para mi tesis de Doctorado en Historia y es el resultado de siete años de trabajo durante los cuales he recibido el apoyo y la colaboración de muchas personas e instituciones con las que estaré eternamente agradecida y paso a nombrar a continuación.

A Alcira Daroqui y Susana Murillo, profesoras de la carrera de Sociología de la UBA, por su orientación y colaboración para que emprendiera este camino.

A la Universidad de San Andrés, que facilitó la realización de mi doctorado y posibilitó la publicación de este libro a partir del "Concurso Colección Teseo-Universidad de San Andrés". A la Agencia Nacional de Promoción Científica y Tecnológica y al CONICET, que me otorgaron dos becas fundamentales para el desarrollo de esta investigación.

A los archivistas y bibliotecarios de las instituciones que me facilitaron materiales e información: el Archivo General de la Nación, la Biblioteca Nacional, la Dirección General Centro de Documentación y Archivo Legislativo, el Instituto Histórico de la Ciudad de Buenos Aires, la Biblioteca Dr. Juan Bialet Massé del Ministerio de Trabajo, Empleo y Seguridad Social, la Biblioteca del Congreso de la Nación, la Biblioteca Von Max von Buch de la Universidad de San Andrés.

A Lila Caimari, mi directora de tesis, en quien no solo encontré una gran maestra y consejera, sino también una maravillosa persona. Por su enorme generosidad y su compromiso en la lectura de los sucesivos borradores de este trabajo, de principio a fin. A Eduardo Zimmermann, José

Zanca, Paula Bruno, Roy Hora y Sergio Serulnikov por la confianza depositada en mí, por sus atinados consejos, por compartir sus conocimientos y sus ideas.

A mis colegas y amigos del grupo "Crimen y Sociedad" porque todos estos años me ofrecieron un espacio de contención, reflexión y aprendizaje: Alejandra Rico, Ana Cecchi, Claudia Freidenraij, Diego Galeano, Fernando Casullo, Julieta Di Corleto, Mariana Nazar, Mariano Petrecca, Melisa Fernández Marrón, Mercedes García Ferrari, Pedro Berardi, Teresita Rodríguez, Viviana Barry. Por sus invaluables aportes a este trabajo. Por esa pasión por la investigación que desborda y contagia. Especialmente a Cristiana Schettini, por su estimulante interés en el tema de estudio y su grata compañía para pensarlo mejor.

A mis profesores y compañeros del Posgrado en Historia. A esos destacables espacios que han sido los Talleres de Tesis, por ayudarme a resolver aquellos "problemas" que más de una vez me quitaron el sueño. A los miembros del Núcleo de Historia social y cultural del mundo del trabajo del IDAES, porque resultó ser un ámbito de intercambio muy sustancioso para mí.

A quienes en diferentes momentos del desarrollo de este trabajo realizaron observaciones, críticas y sugerencias y me facilitaron datos que contribuyeron a su florecimiento. A Isabella Cosse, Valeria Pita, Mirta Lobato, Juan Suriano, Carla Villalta, Graciela Queirolo, Mateo García Haymes, Laura Carusso, Luciana Anapios, Lilia Vázquez Lorda, Francis Korn, Juan Quintián, Juan Pablo Fasano. Particularmente a Silvana Palermo, por sus agudas lecturas y sus comentarios siempre entusiastas. Porque tuve la oportunidad de compartir con ella instancias que jalonaron el desarrollo de esta investigación. También a Ania Tizziani, Debora Gorban, Elizabeth Hutchinson, Francisca Pereyra, Inés Pérez, Lorena Poblete y Santiago Canevaro, con quienes he tenido el gusto de compartir la temática de estudio. A Juan Buonome por los artículos de *La Vanguardia*. A María Marta Aversa por los datos de las colocaciones laborales de las Defensorías de Menores. A Lucrecia Teixidó por su colaboración para que este libro sea mejor. A Virginia Giannoni por su auxilio en la edición de gráficos e imágenes.

A Mariana Schmidt, Carolina Dursi, Natalia Cosacov, Laura Tolisano, Alejandra Zárate y la muchachada neuquina, Andrés Lazzarini, Marga Olivera, Luisa Zeinsteger y Carlos de Bernardis, por la enorme capacidad que han tenido estos años para escucharme, ayudarme y alentarme en esta empresa.

A mi tío Héctor Marchese, por sus renovados esfuerzos por facilitar mi trabajo. Por sus inagotables búsquedas bibliográficas y sus impecables traducciones que facilitaron mi acceso a obras en francés. Por las reiteradas lecturas de borradores y sus correcciones. Este libro indudablemente tiene su impronta. A mis padres y a mis queridos hermanos, por esa fuerza que los caracteriza, que me inspira y me moviliza. A Eduardo Martínez, por su paciente compañía en todo este proceso. Porque junto a él aprendo a valorar las pequeñas cosas y a atemperar mis ansiedades. A Paulo y Galo, mis tesoros más preciados, porque hacen que mi vida sea sencillamente feliz.

Abreviaturas

AGN Archivo General de la Nación
BN Biblioteca Nacional
CC *Caras y Caretas*
DNT Departamento Nacional del Trabajo
DSCD Diario de Sesiones de la Cámara de Diputados
CEDOM Dirección General Centro Documental de Información y Archivo Legislativo
LP *La Prensa*
LV *La Vanguardia*
SBC Sociedad de Beneficencia de la Capital

Introducción

En el año 2003, falleció Ana Silva. Lo que sabemos de ella, de su centenaria vida, fue reconstruido principalmente a partir de los relatos de su hija, Ana María. Nació en 1903, en un paraje rural de Concordia, Entre Ríos. Era la segunda de ocho hermanos y la única que fue separada de su familia. Con tan solo dos años de edad, su padre la entregó a unos parientes que tenían un almacén de ramos generales en Federal, una localidad cercana. Compartió su infancia junto a otras dos "criadas", Frutosa y Liberata. Permaneció en esa casa realizando trabajos domésticos durante más de quince años, hasta que decidió partir.

A los veinte años tuvo a Pedro, su primer hijo, que fue aceptado en la casa familiar y criado por sus abuelos. Continuó trabajando como sirvienta en la ciudad de Concordia, aunque también vivió un tiempo en las costas de Uruguay. Tres años después nació su segunda hija, Ana María. Decidió probar suerte en Buenos Aires llevando consigo a la niña y logró colocarse como cocinera "con cama" en una casa de familia en el barrio de Belgrano.

Cuando su hija tenía seis años y los patrones (que para ese momento ya eran otros) comenzaron a solicitarla para realizar distintos trabajos, decidió ingresarla en un asilo-escuela, pues Ana no quería que su hija fuera sirvienta. Al cabo de un año tuvo que retirarla de la institución porque la pequeña enfermó gravemente. Para su recuperación la envió a Entre Ríos, donde pudo conocer a la familia materna y a su hermano Pedro.

Tiempo después, Ana colocó a su hija como pensionista en casas de paisanas y "amigas" que vivían en la ciudad. La veía los domingos, sus días libres. Pasaron más de diez años hasta que volvieron a vivir juntas, y hubo que cambiar varias veces de cuidadora porque la niña se portaba mal cuando no se sentía cómoda. Madre e hija lograron alquilar una habitación una vez que Ana María se empleó como administrativa en Sudamtex, una fábrica textil ubicada en el barrio de Villa Ortúzar. En ese momento, Ana abandonó para siempre el servicio doméstico bajo la modalidad sin retiro.

Transcurrieron los años. Pedro se radicó en Las Flores, un pueblo de la provincia de Buenos Aires. Ana continuó trabajando como cocinera en casas de familia, y según los dichos de su hija, "gracias a Perón y a Evita" y a la ayuda de uno de sus patrones, pudo acceder a una jubilación. Cuando ya comenzaba a sentir los achaques de la edad, decidió dejar la gran ciudad para radicarse en Neuquén. Allí la esperaba, una vez más, su hija Ana María. Con ella y con su familia viviría por veinte años más.

Los ecos de estas experiencias resuenan y se entrecruzan con las de miles de mujeres y niños que habitaron este país tiempo atrás. Sin embargo, sabemos poco de ellos, porque la historia del servicio doméstico ha sido postergada como objeto de estudio, una vacancia que contrasta con la abrumadora presencia que este sector laboral ha tenido hasta nuestros días. En efecto, en los centros urbanos, el servicio doméstico continúa siendo una de las principales fuentes de empleo para las mujeres pertenecientes a los sectores de más bajos ingresos.[1]

La falta de estudios sobre este sector no es privativa de nuestro país. La relativa ausencia de fuentes que se refieren a la vida y las aspiraciones de los y las sirvientes (diarios,

---

[1] Para el año 2014, en Argentina fueron registradas más de 1.000.000 de trabajadoras domésticas. En términos relativos representaron el 13,5% de las mujeres ocupadas y el 16,7% de las asalariadas. Según la Encuesta Permanente de Hogares del INDEC, entre las mujeres de sectores populares, el servicio doméstico constituye la salida laboral más importante ya que el 30% de las ocupadas del quinto quintil de ingresos familiares se desempeñaba en la actividad. Pereyra, Francisca, "El servicio doméstico y sus derechos en Argentina. Un abordaje exploratorio desde la perspectiva de empleadas y empleadoras", *Nueva Sociedad*, N° 256, marzo-abril de 2015. Disponible en: http://goo.gl/4FWvQl.

memorias, manifiestos), la falta de producción de datos oficiales, la inconsistencia de las estadísticas disponibles, el desdén con que el Estado ha tratado al sector, el menosprecio del cual ha sido objeto -incluso por parte del movimiento obrero y el feminismo en sus orígenes- son algunas de las razones que permiten explicar la escasa atención que este sector ha concitado.[2]

Por su parte, el interés académico por la industrialización como forma de organización de la producción de las sociedades modernas también contribuyó a su descuido. La exaltación del trabajador fabril, del obrero sindicalizado (masculino y urbano), la importancia de la actividad política en la vida de los trabajadores, hizo que durante mucho tiempo otros sectores y aspectos del mundo del trabajo no recibieran suficiente atención.[3]

Debemos considerar, además, la ambigua situación del servicio doméstico en relación con la conceptualización del trabajo. La definición del trabajo libre y asalariado como modalidad predominante en las modernas sociedades y su restrictiva aplicación al ámbito de la producción de mercancías implicó que otras formas de trabajo fueran

---

[2] Algunas referencias al escaso tratamiento que ha tenido el tema se encuentran en: Fraisse, Geneviève, *Femmes toutes mains. Essai sur le service domestique*, Paris, Éditions du Seuil, 1979; Guiral, P. y G. Thuillier, *La vie quotidienne des domestiques en France au XIX siècle*, Editions Hachette, París, 1985.

[3] Muchos de los cuestionamientos de este recorte provinieron de historiadores británicos de orientación marxista como E.P. Thompson y Eric J. Hobsbawm. Véase: Hobsbawm, Eric J., "Historia de la clase obrera e ideología", en Hobsbawm, Eric J., *El mundo del trabajo. Estudios históricos sobre la formación de la clase obrera*, Barcelona, Crítica, 1987. También resultan interesantes las críticas de historiadoras feministas a la historia laboral y su apuesta por una historia sexuada: Joan Scott, "Women in *The Making of the English Working Class*", en *Gender and the Politics of History*, Nueva York, Columbia University Press, 1988; Kaplan Temma, "Conciencia femenina y acción colectiva, El caso de Barcelona, 1910-1018", en Amelang, James S. y Nash Mary, *Historia y género. Las mujeres en la Europa moderna y contemporánea*, Ediciones Alfons El Magnánim, Valencia, 1990.

apartadas del análisis por considerarse "arcaicas", "tradicionales", "residuales", "precapitalistas", o bien "ambiguas", "no productivas" y, en definitiva, de menor importancia.[4]

Por último, la invisibilización de las mujeres (entre otros grupos sociales) como sujetos de historia y la subestimación del ámbito doméstico como objeto de análisis -al considerarlo un espacio trivial e inmutable- también permiten explicar la falta de interés en el tema.

Esta situación comenzó a revertirse en los años setenta y ochenta del siglo pasado con el desarrollo de investigaciones feministas.[5] Mientras en Estados Unidos y en Europa se ha consolidado un campo de estudios sobre el servicio doméstico, en los países latinoamericanos su tratamiento ha sido más limitado y fragmentario. Y si esto es así para las Ciencias Sociales, en mayor medida lo es para la Historia, donde las investigaciones resultan ser aun más escasas.[6]

---

[4] Nos referimos a modalidades de trabajo tales como: el trabajo fuera del mercado, forzado, por cuenta propia, por horas, a domicilio, doméstico, no remunerado, entre otros. Sobre los límites de la conceptualización de la clase trabajadora, véase: Van der Linden, Marcel, "Rumo a uma nova conceituação histórica da classe trabalhadora mundial", *História*, São Paulo, vol. 24, N° 2, 2005, pp. 11-40. Sobre los problemas de esta conceptualización del trabajo para el estudio del servicio doméstico, véase: Sarasúa, Carmen, *Criados, nodrizas y amos. El servicio doméstico en la formación del mercado de trabajo madrileño, 1758-1868*, Madrid, Siglo XXI de España, 1994, pp. 3 y ss.; Steedman, Carolyn, "The servant's labour: The business of life, England, 1760-1820", *Social History*, 29:1, 2004, pp. 1-29; de la misma autora: *Labour Lost. Domestic service and the making of the modern England*, Cambridge, Cambridge University Press, 2009.

[5] Referencias clásicas sobre el desarrollo de la historia de las mujeres, con contribuciones de autoras como Joan W. Scott, Michelle Perrot y Joan Kelly Gadol se encuentran en: Ramos Escandón, Carmen (comp.), *Género e historia: la historiografía sobre la mujer*, México, Instituto Mora, 1992. Véase asimismo: Perrot, Michelle, *Mi historia de las mujeres*, Buenos Aires, Fondo de Cultura Económica, 2008.

[6] Sobre las características de los estudios en Estados Unidos y países de América Latina: Tinsman, Heidi, "The Indispensible Services of Sisters: Considering Domestic Service in United States and Latin American Studies", *Journal of Women's History*, Vol. 4, N° 1, Spring 1992, pp. 37-59; Lautier, Bruno, "Las empleadas domésticas latinoamericanas y la sociología del trabajo: algunas observaciones acerca del caso brasilero", en *Revista Mexicana de Sociología*, año 65, N° 4, oct.-dic. 2003; Olcott, Jocelyn, "Introduction: Researching and

Varios análisis intentaron dar cuenta de la subordinación de las mujeres en las sociedades contemporáneas y su contribución a los procesos de producción y reproducción social. Estudiaron el servicio doméstico en su relación con la industrialización, la urbanización, la formación de las clases medias. Se centraron en las relaciones que se establecieron entre patrones y sirvientes en el ámbito doméstico y, sobre todo, en las formas mediante las cuales el servicio doméstico reprodujo desigualdades sociales basadas en la clase, el género, la etnicidad o raza, la condición migratoria.[7]

Rethinking the Labors of Love", *Hispanic American Review*, 91:1, Duke University Press, 2011, pp. 1-27; Pérez, Inés, "Historias del servicio doméstico. Trabajo remunerado en Argentina y Chile en la segunda mitad de siglo XIX", en *Nuevo Mundo Mundos Nuevos*, N° 13, 2013. Referencias sobre el campo de estudios en Europa: Fauve-Chamoux, Antionette (ed.), *Domestic service and the formation of European Identity. Understanding the globalization of domestic work*, Bern-Berlin, Peter Lang, 2004; Sarti, Rafaella, "Criados, Servi, Domestique, Gesinde, Servants: For a Comparative History of Domestic Service in Europe (16th-19th centuries), *Obradoiro Historia Moderna*, N° 16, 2007, pp. 9-39.

[7] Véase, entre otros: Katzman, David, *Seven Days a Week: Women and Domestic Service in Industrializing America*, New York, Oxford University Press, 1978; Dudden, Faye, *Serving Women in 19th Century America*, Wesleyan University Press, 1983; Rollins, Judith, *Between Women. Domestic and their employers*, Philadelphia, Temple University, 1985; Romero, Mary, *Maid in USA*, New York and London, Routledge, 1992; Fraisse, Geneviève, *Femmes toutes mains...*; Guiral y Thuillier, *La vie quotidienne...*; Martine-Fugier, Anne, *La Place des bonnes, la domesticité féminine à Paris en 1900*, París, Perrin, 2004; Sarasúa, Carmen, *Criados, nodrizas y...*; Horn, Pamela, *The Rise & Fall of the Victorian Servant*, Sutton Publishing, 2004. Para América Latina véase: Chaney Elsa, García Castro Mary (eds.), *Muchacha, cachifa, criada, empleada, empregadinha, sirvienta y más nada*, 1ra. edición en español, Caracas, Nueva sociedad, 1993; Graham, Sandra Lauderdale, *Proteção e obediência: criadas e seus patrões no Rio de Janeiro, 1860-1910*, Sao Pablo, Compania das Letras, 1992; Gill, Lesley, *Precarious Dependencies: Gender, Class, and Domestic Service in Bolivia*, New York, Columbia Univ. Press, 1994.

En América Latina, los estudios también vincularon el servicio doméstico al mercado de trabajo informal y a las características de las economías subdesarrolladas.[8] Se interesaron por los niveles de sindicalización de las trabajadoras del sector, como también, por otras formas de resistencia.[9] En los últimos años, algunas autoras sumaron al análisis la importancia de la participación de niños y niñas en el servicio doméstico y el lugar del Estado en dicho fenómeno, con lo cual inauguran nuevas perspectivas que integran el análisis de la historia de la familia y de la infancia a la del trabajo.[10]

En la Argentina, fueron las Ciencias Sociales las que más se abocaron al tema. Los primeros estudios sociodemográficos surgieron en los setenta, asociados a la feminización de las migraciones y el empleo informal.[11] En los

---

[8] Jelin, Elizabeth, "Migración a las ciudades y participación en la fuerza de trabajo de las mujeres latinoamericanas: el caso del servicio doméstico", en *Estudios Sociales*, N° 4, Buenos Aires, 1976; Arzipe, Lourdes, "Women in the Informal Labor Sector: The Case of Mexico City", *Signs*, 1977, vol. 3, N° 1, 1980, pp. 35-63.

[9] Véase: Chaney y García Castro (eds.), *Muchacha, cachifa, criada...*; Goldsmith, Mary, "Sindicato de trabajadoras domésticas en México (1920-1950)", *Política y Cultura*, N° 1, 1992, pp. 75-89; Plata Quezada, William Elvis, "El sindicato del servicio doméstico y la obra de Nazareth: entre asistencialismo, paternalismo y conflicto de interés, Bogotá 1938-1960", en *Revista de Estudios Sociales*, N° 45, Universidad de Los Andes, 2013, pp. 29-41; Quay Hutchison, Elizabeth, "Identidades y alianzas: el movimiento chileno de las Trabajadoras de Casa Particular durante la Guerra Fría", en *Nuevo Mundo Mundos Nuevos*, N° 13, 2013.

[10] Blum, Ann S., "Cleaning the Revolutionary Household: Domestic Service and Public Welfare in México City, 1900-1935", *Journal of Women's History*, 2003, vol. 15, N° 4, pp. 67-90; de la misma autora, "Speaking of Work and Family: Reciprocity, Child Labor, and Social Reproduction, Mexico City, 1920-1940", *Hispanic American Historical Review*, 91: 1, Duke University Press, 2011, pp. 63-95; Milanich, Nara, "Women, Children, and the Social Organization of Domestic Labor in Chile", *ib.*, pp. 29-62.

[11] Jelin, Elizabeth, "Migración a las ciudades..."; Zurita, Carlos, *La participación de las mujeres en el sector informal urbano: el caso del servicio doméstico en Argentina*, II Curso-Seminario sobre "Empleo, distribución del ingreso y necesidades básicas", PREALC, Santiago de Chile, 1979; del mismo autor, *Evolución del empleo en el servicio doméstico de Argentina entre 1914 y 1970: una estimación a partir de datos censales*. Documento presentado al Seminario

últimos años, se observa un renovado interés en el servicio doméstico. Se avanzó en el conocimiento de las condiciones laborales que ofrece el sector y en las características y los efectos de los marcos regulatorios.[12] Asimismo, se han analizado las complejas relaciones entre las empleadas y los empleadores.[13]

Por su parte, desde el campo de la Historia, en más de una oportunidad se señaló la importancia que el servicio doméstico ha tenido en la formación de la Argentina moderna.[14] El primer estudio de referencia fue el de Isabel

---

sobre Desarrollo Rural y Trabajo Femenino, Centro Interdisciplinario de Estudios sobre el Desarrollo (CIE DUR), Montevideo, Uruguay, 1981; Gogna, Mónica, "Empleadas domésticas en Buenos Aires", en Chaney y García Castro (eds.), *Muchacha, cachifa, criada...*

12 Cortés, Rosalía, *Salarios y marco regulatorio del Servicio Doméstico*, Documento de trabajo N° 9, Buenos Aires, OIT/MTEySS, 2004; Birgin, Haydée, "Sin acceso a la justicia: el caso de las trabajadoras domésticas en la Argentina", en María Elena Valenzuela y Claudia Mora (eds.), *Trabajo doméstico: un largo camino hacia el trabajo decente*, Santiago de Chile, OIT, 2009; Pereyra, Francisca, "La regulación de las condiciones laborales de los trabajadores del cuidado en la Argentina: el caso del empleo doméstico", en Esquivel, V.; Faur, E. y Jelín, E. (eds.), *Las lógicas del cuidado infantil: entre las familias, el Estado y el mercado*, Buenos Aires, IDES/UNICEF/UNPFA, 2012; Tizziani, Ania, "El Estatuto del Servicio Doméstico y sus antecedentes: debates en torno a la regulación del trabajo doméstico remunerado en la Argentina", en *Nuevo Mundo Mundos Nuevos*, N° 13, 2013; Poblete, Lorena, "Empleo y protecciones sociales, ¿dos caras de la misma moneda? Reflexiones en torno a la regulación del servicio doméstico en Argentina", *Revista Latinoamericana de Derecho Social*, 22, 2015.

13 Canevaro, Santiago, "Afectos, saberes y proximidades en la configuración de la gestión del cuidado de niños en el hogar. Empleadas y empleadoras del servicio doméstico en la Ciudad de Buenos Aires", *Trabajo y Sociedad*, Santiago del Estero, 2014, vol. XVII; del mismo autor, "Gestionando distancias y disputando saberes en el hogar: Empleadas y empleadoras del servicio doméstico en Buenos Aires", *Iluminuras*, Porto Alegre, 2013, vol. 14, pp. 276-305; Gorbán, Débora, *Empleadas y empleadoras: tensiones de una relación atravesada por la ambigüedad*, Madrid, Centro de investigaciones sociológicas, 2012; de la misma autora, "El trabajo doméstico se sienta a la mesa: la comida en la configuración de las relaciones entre empleadores y empleadas", en *Revista de Estudios Sociales*, N° 45, Universidad de Los Andes, 2013.

14 Estudios demográficos que dieron cuenta de su importancia histórica: Kritz, Ernesto H., "La formación de la fuerza de trabajo en la Argentina: 1869-1914", en *Cuadernos del CENEP*, 1979; Wainerman, Catalina; Rechini de Lattes, Zulma, "La medición del trabajo femenino", en *Cuadernos del*

Cárdenas, *Ramona y el robot, el servicio doméstico en barrios prestigiosos de Buenos Aires (1895-1985)*. Se trata de un trabajo breve que abarca un lapso muy extenso y tiene la virtud de inscribir la evolución del servicio doméstico en una serie de cambios socio-económicos, culturales y urbanos más generales: procesos migratorios, cambios en la estructura económica y en el mercado de trabajo, cambios en los modelos familiares y en el rol de las mujeres, desarrollo de infraestructura y servicios, la incorporación de tecnología al hogar, los modos de habitar, etc.[15] Otro aporte lo realiza Fernando Remedi, quien estudia el servicio doméstico en la ciudad de Córdoba en las primeras décadas del siglo XX, centrándose en el proceso de modernización del sector y las transformaciones que experimentaron las relaciones entre patrones

---

CENEP, 1981. Referencias al sector desde la historia de las mujeres y la historia del trabajo con perspectiva de género: Barrancos, Dora, *Mujeres en la sociedad argentina. Una historia de cinco siglos*, Buenos Aires, Sudamericana, 2007; Feijóo, María del Carmen, "Las trabajadoras porteñas a comienzos del siglo", en Diego Armus (comp.), *Mundo urbano y cultura popular. Estudios de Historia Social Argentina*, Buenos Aires, Sudamericana, 1990; Lobato, Mirta Zaída, *Historia de las trabajadoras en la Argentina: 1869-1960*, Buenos Aires, Edhasa, 2007; Queirolo, Graciela, "Las mujeres y los niños en el mercado de trabajo urbano (Buenos Aires, 1890-1940)", en Recalde Héctor (comp.), *Señoras, universitarias y mujeres (1910-2010). La cuestión femenina entre el Centenario y el Bicentenario de la Revolución de Mayo*, Grupo Editor Universitario, Buenos Aires, 2010.

15 Cárdenas, Isabel, *Ramona y el robot, el servicio doméstico en barrios prestigiosos de Buenos Aires (1895-1985)*, 1ra. edición, Buenos Aires, Ediciones Búsqueda, 1986.

y sirvientes.¹⁶ En los últimos años también se publicaron interesantes trabajos focalizados en las décadas centrales del siglo XX, aunque con una gran dispersión temática.¹⁷

Este estudio se ocupa del servicio doméstico y se inscribe en el campo de la historia social, en el cruce de tradiciones historiográficas con las que se propone dialogar. Se nutre de los aportes de la historia laboral, la historia

---

16 Remedi, Fernando J., "Las trabajadoras del servicio doméstico en la modernización argentina de entre siglos. Córdoba (Argentina), 1870-1910", en Remedi, Fernando J. y Rodríguez Morales, Teresita (eds.), *Los grupos sociales en la modernización latinoamericana de entre siglos. Actores, escenarios y representaciones (Argentina, Chile y México, siglos XIX-XX)*, Córdoba, Centro de Estudios Históricos "Prof. Carlos S. A. Segreti", Santiago de Chile, Centro de Estudios Culturales Latinoamericanos (Facultad de Filosofía y Humanidades, Universidad de Chile), 2011, pp. 49-70; del mismo autor, "'Esta descompostura general de la servidumbre'. Las trabajadoras del servicio doméstico en la modernización argentina. Córdoba, 1869-1906", en *Secuencia. Revista de historia y ciencias sociales*", México, N° 84, septiembre-diciembre 2012, pp. 43-69; "El 'problema del servicio doméstico' en la modernización argentina. Córdoba, 1910-1930", en Remedi, Fernando J., Barbosa Cruz, Mario (comp.), *Cuestión social, políticas sociales y construcción del Estado Social en América Latina, siglo XX*, Córdoba, Centro de Estudios Históricos "Prof. Carlos S. A. Segreti", Ciudad de México, Universidad Autónoma Metropolitana-Unidad Cuajimalpa, 2014.
17 Vázquez Lorda, Lilia, "El otro ángel del hogar es mujer, trabajadora y asalariada. Las empleadas domésticas y el catolicismo en la Argentina de los años 1950", en Norberto Álvarez (comp.), *Familias, género y después... Itinerarios entre lo público, lo privado y lo íntimo*, Rosario, Prohistoria Ediciones, 2010, pp. 107-125; Pite, Rebekah E., "Entertainig inequalities: Doña Petrona, Juanita Bordoy, and Domestic Work in Mid-Twentieth-Century Argentina", *Hispanic American Review...*, pp. 97-128. Acha, Omar, "Trabajo y delito en las empleadas domésticas durante el primer peronismo: repensar las nociones de lucha y conciencia de clase", en historiapolitica.com, 2013. Disponible en: http://goo.gl/D3YROO. Pérez, Inés, "De 'sirvientas' y eléctricos servidores". Imágenes del servicio doméstico en las estrategias de promoción del consumo de artículos para el hogar (Argentina, 1940-1960)", en *Revista de Estudios Sociales*, N° 45, Bogotá, enero-abril de 2013, pp. 42-53; de la misma autora, "Un 'régimen especial' para el servicio doméstico. Tensiones entre lo laboral y lo familiar en la regulación del servicio doméstico en la Argentina, 1926-1956", *Cuadernos del IDES*, Buenos Aires, 2015, pp. 44-67; "Una línea fluctuante: el servicio doméstico y el régimen de accidentes de trabajo (Argentina, 1915-1956)", *Estudios Sociales*, Santa Fe, 2015, pp. 155-182; "Domestic hierarchies. Household workers and middle-class employers in Buenos Aires, 1956-1976", *Journal of Latino/Latin American Studies*; Omaha, 2016.

de las mujeres, los estudios de género, pero también de la historia de la familia y de la infancia. Cada uno de los temas aquí planteados adquieren una relevancia especial a la luz de sus contribuciones.

Para abordar el pasado del servicio doméstico, este trabajo se sustenta en una combinación de fondos documentales de distinto tipo y rango. Es que a pesar de estar permanentemente presente en el paisaje social y familiar de la época, el servicio doméstico resulta difícil de aprehender en su complejidad. Además, una serie de elementos han atentado contra su visibilidad. Solo fue posible avanzar en su reconstrucción y análisis a partir de un conjunto denso y heterogéneo de fuentes estadísticas, administrativas, legislativas, judiciales y literarias, que el lector encontrará detalladas al final de la obra.

Originalmente, la investigación recuperaba muchas de las inquietudes de los estudios feministas más tradicionales sobre el tema. Avanzaba en una historia de la vida y el trabajo de las sirvientas "puertas adentro", restituyendo el lugar de estas mujeres en el hogar y la familia, sus relaciones con las y los patrones, sus formas de resistencia, los procesos de diferenciación social que tenían lugar en esos espacios domésticos.

Sin embargo, el contacto con diversas fuentes primarias fue reorientando la pesquisa. El análisis de censos de población, cédulas censales y avisos de empleo de los diarios de la época evidenciaron que el servicio doméstico era variopinto, abigarrado, multiforme. Desde entonces, la investigación ya no se redujo a las mujeres sino que sumó sirvientes con diversas condiciones (de género, etarias, etno-raciales, nacionales) y se fue estructurando en torno a nuevos interrogantes.

Con un particular interés en la presencia de niños y niñas en el sector y la relación del Estado con este fenómeno, se incorporaron diversas fuentes oficiales que evidenciaron que, cuando se trataban temas asociados al "trabajo", generalmente se hacía referencia a la situación de las familias, a sus condiciones de existencia y sus dinámicas de funcionamiento. De la misma forma, cuando se abordaban asuntos de "familia", no faltaban alusiones a las formas de trabajo y manutención de sus miembros. Aunque menos transitados por la historia laboral, resultaron particularmente reveladores los fondos de la Sociedad de Beneficencia de la Capital y del Tribunal Civil que se encuentran en el Archivo General de la Nación (AGN). Contienen documentos que, de forma más o menos directa, se refieren a las condiciones de vida y de trabajo de los pobres urbanos, a las formas mediante las cuales resuelven su subsistencia y la de sus hijos. El servicio doméstico parecía tener allí un lugar especial, a medio camino entre los arreglos de trabajo y las prácticas de crianza. Se vislumbraba la relación del sector con el fenómeno de la circulación de niños y con procesos de reproducción social.[18] A partir de estos hallazgos, se tomaron dos decisiones que transformaron la fisonomía de este estudio. La primera consistió en adoptar una perspectiva que integrara el análisis de la problemática de la familia al estudio de la historia del trabajo. La segunda, en incorporar el fenómeno del trabajo infantil al estudio del servicio doméstico.

---

18 Con la expresión "circulación de niños" nos referimos a una serie de prácticas mediante las cuales las clases trabajadoras afrontaron la crianza de los niños y niñas, que involucraron generalmente hogares e instituciones distintas de sus familias natales. A través de diversos arreglos, eran entregados y vivían y trabajaban en hogares de parientes, vecinos, patrones, extraños. La dimensión institucional de este fenómeno se refleja en su tránsito por asilos y orfanatos y en las prácticas de entrega y colocación de las que fueron objeto. La circulación de niños fue muy extendida en las sociedades latinoamericanas de los siglos XIX y XX. Referencias sobre el tema: Fonseca, Claudia, *Caminos de adopción*, Buenos Aires, Eudeba, 1995; Milanich, Nara, "The Casa de Huérfanos...; de la misma autora, *Children of fate. Childhood, class, and the state in Chile, 1850-1930*, Duke University Press Durham and London, 2009; Blum, Ann S., *Domestic Economies. Family, work, and Welfare in Mexico City, 1884-1943*, USA, University of Nebraska Press, 2009; Villalta, Carla, *Entregas y secuestros: el rol del Estado en la apropiación de niños*, Buenos Aires, Editores del Puerto, 2012.

A diferencia de otros abordajes, esta investigación no se centra en el espacio doméstico, sino que dirige su atención hacia afuera, lo rodea, amplía la escala. Cambia el foco. Indaga el servicio doméstico a la luz de procesos sociales más vastos porque en ellos se anudaron lógicas económicas, prácticas culturales e institucionales que le imprimieron gran complejidad.

La ciudad de Buenos Aires de fines del siglo XIX y principios del siglo XX es el escenario donde se inserta este estudio. La expansión económica y la afluencia masiva de inmigrantes (alrededor de 6.000.000 de europeos arribaron entre 1870 y 1914) modificaron la fisonomía de la ciudad que, antes del cambio de siglo, se había convertido en una gran metrópolis. Sus habitantes fueron testigos del despliegue de un conjunto de sorprendentes procesos al tiempo que tuvieron que lidiar con los clásicos problemas de las modernas urbanizaciones: el déficit habitacional, las epidemias, la pobreza, el crimen, la protesta obrera, el creciente influjo del socialismo y el anarquismo, entre otros fenómenos.[19]

Las formas de concebir el orden social, el conflicto, el trabajo, la educación, la salud, la familia, los roles femeninos y masculinos, la infancia, el Estado y la ley fueron sacudidas en sus fundamentos y ocuparon un lugar en la agenda. Las instituciones públicas -que se encontraban en

---

[19] Sobre los procesos de urbanización, véase: Liernur, Jorge F., "La ciudad efímera, consideraciones sobre el aspecto material de Buenos Aires, 1870-1910", en Liernur, Jorge F. y Silvestre, Graciela, *El umbral de la metrópolis. Transformaciones técnicas y cultura en la modernización de Buenos Aires (1870-1930)*, Buenos Aires, Editorial Sudamericana, 1993; del mismo autor, "La construcción del país urbano", en Lobato, Mirta Zaida (dir.), *Nueva Historia Argentina. El progreso, la modernización y sus límites (1880-1916)*, Tomo 5, Buenos Aires, Editorial Sudamericana, 2000; Armus, Diego, "El descubrimiento de la enfermedad como problema social", en Lobato, *ib*. Sobre la emergencia de la cuestión social: Zimmermann, Eduardo A., *Los liberales reformistas. La cuestión social en la Argentina 1890-1916*, Buenos Aires, Sudamericana-Universidad de San Andrés, 1995; Suriano Juan (comp.), *La cuestión social en Argentina 1870-1943*, Buenos Aires, La colmena, 2000.

plena expansión y consolidación de sus funciones- tuvieron que posicionarse en relación con estos temas y participaron de su definición.

Este estudio intenta mostrar la importancia que tuvo el servicio doméstico en aquella sociedad porteña. Ofrece una composición del universo laboral y de las alternativas ocupacionales más frecuentes para los sectores de menores recursos. Reconstruye el perfil de los trabajadores y trabajadoras del sector y explora cómo eran sus condiciones de vida y de trabajo. Analiza cómo se estructuraba ese mercado laboral que asumió tamañas dimensiones, los diversos canales de acceso al sector y sus particulares lógicas de funcionamiento.

La comprensión de los vínculos que entabló el Estado con el sector es otra dimensión que este trabajo explora. A diferencia de los estudios más inclinados a mostrar la exclusión de la cual el servicio doméstico fue objeto en materia de leyes laborales y protección social, la reconstrucción que ofrece este libro evidencia que este fue solo un aspecto de una ambigua relación. Por un lado, analiza una serie de reglamentaciones que las autoridades municipales intentaron implementar desde fines del siglo XIX. Como correlato de esas tentativas, repone las primeras experiencias organizativas de este gremio en el marco de la emergencia y consolidación del movimiento obrero en nuestro país. El tratamiento de dichas regulaciones y las reacciones que suscitaron permite captar los sentidos atribuidos al servicio doméstico y problematizar una serie de ideas y representaciones que repercutieron en su relación con la patronal y con el resto de los trabajadores de la ciudad.

Por otro lado, esta historia ahonda en el fenómeno de las colocaciones oficiales de menores. Por intermedio de una serie de instituciones, el Estado participó (de forma más o menos directa) en la configuración del servicio doméstico y en la definición de su valor económico y social al proveer de mano de obra a las familias porteñas. Mediante el estudio de las ideas y las prácticas de entrega y colocación, se reconstruyen los circuitos por donde transitaban los niños y niñas y, sobre todo, se reflexiona sobre el lugar del servicio doméstico en esa realidad socio-institucional más vasta.

Unido a lo anterior, el recorrido de este trabajo avanza en el conocimiento de las dinámicas familiares de los y las sirvientes y de los pobres urbanos en general. Al centrar la atención en la "trastienda", aparecen una serie de prácticas sociales, de arreglos de crianza y de trabajo que se refieren, una vez más, al fenómeno de la circulación de niños. Una vez fuera de escena se observa que, cuando no se podía cuidar de los niños, muchos eran criados por fuera de sus familias de origen (como lo ilustra la historia de Ana y sus hijos). Los entregaban de forma temporaria o definitiva (según el caso) a parientes, patrones o extraños; los ingresaban en orfanatos, los abandonaban en distintas situaciones, contrataban amas de leche o amas secas para que cuidaran de ellos. Las crónicas policiales también informan que, en ocasiones, los dejaban morir o los mataban.

Dentro de este abanico de opciones, resulta interesante detenerse en el mercado creado en torno a las amas de leche. A pesar de la importancia que tuvieron en la sociedad de su tiempo, es poco lo que sabemos sobre ellas y sobre sus condiciones de vida y de trabajo. Estas mujeres se conectaron de diversas formas con los fenómenos y procesos que interesan a este estudio. La lactancia asalariada era una ocupación que se alternaba con el servicio doméstico o se complementaba con otras actividades propias del trabajo a domicilio. Además, muchas de estas mujeres criaban en sus hogares (generalmente habitaciones de conventillo) a los hijos de las sirvientas y de otras amas de leche que se colocaban en casa de sus patrones. Al incorporarlas, se enriquece la caracterización del mercado de trabajo urbano, se profundiza el conocimiento de las escasas alternativas laborales para las mujeres pobres y las peripecias que tuvieron que enfrentar para mantenerse. A su vez, se iluminan ciertos aspectos del universo de las familias populares, los usos y apropiaciones que hicieron de una serie de políticas institucionales, los diversos sentidos atribuidos a la familia y la infancia.[20]

Finalmente, este libro dedica un espacio a los niños y niñas colocados en el servicio doméstico en calidad de sirvientes o "criados". Su presencia fue muy significativa a lo largo de todo el período de estudio, y además, el servicio doméstico se contaba entre los ámbitos laborales que más los empleaba. Se exploran aquí los sentidos atribuidos a las diversas formas que asumió el trabajo infantil y, más específicamente, al que se desempeñaba en el servicio doméstico. Se problematizan, asimismo, los límites difusos entre los arreglos de trabajo y los de crianza, entre el trabajo y el afecto, entre las formas remuneradas y no remuneradas de trabajo. De la misma manera, se reflexiona sobre los procesos de reproducción social y sobre la vinculación del servicio doméstico con problemáticas más amplias de la sociedad y el Estado.

Las formas de nombrar a quienes trabajaron en el servicio doméstico han ido variando en el transcurso del siglo XX: "sirvientas" o "domésticas", "auxiliares del hogar", "trabajadoras domésticas", "trabajadoras del hogar", "empleadas domésticas", "empleadas de casas particulares".[21] Los sentidos atribuidos a estas categorías también han variado con el tiempo. Han sido objeto de debates y posicionamientos políticos e ideológicos por parte de los sindicatos

---

20 Se utilizarán las expresiones "amas de leche", "nodrizas" y "amas de cría" para designar a aquellas mujeres que vivían del amamantamiento, o bien que hacían de la alimentación y crianza de niños una actividad asalariada. Si el primer término era utilizado por la prensa y por diversos actores institucionales (defensores de menores, damas de beneficencia, policías), el segundo aparece de forma mucho más frecuente en el discurso médico. La tercera expresión era de uso menos frecuente. Es posible que estas denominaciones estén expresando diferentes relaciones y formas de trabajo, pero es un tema que debe ser objeto de investigación.
21 El uso de los términos en femenino responde a que durante el siglo XX, la participación de las mujeres en el sector no dejó de aumentar y terminó siendo prácticamente absoluta.

que organizan al sector y de los movimientos de mujeres. En ocasiones, los cambios en su denominación implicaron avances en la valoración social de su trabajo y dieron lugar a la conquista de derechos laborales.

Aquí se emplean las expresiones "servicio doméstico", "sirvientes" y "domésticos" que, a pesar de estar en masculino, designan tanto a los varones como a las mujeres del sector, porque esas eran las categorías utilizadas por los contemporáneos. A fines del siglo XIX y principios del siglo XX prevalecía una forma de organización de la producción social, jerarquías culturales y un contexto de sentido que no conceptuaba al servicio doméstico como trabajo ni a los y las sirvientes como trabajadores.[22] Desatender a esas formas de identificación y diferenciación atentaría contra el objeto de estudio que se intenta construir. En definitiva, son elementos que permiten comprender mejor el lugar social de los y las sirvientes, los modos de valoración de lo que hacían, las distancias que los separaban de aquellos que sí eran considerados trabajadores.

---

[22] Las definiciones que aparecen en el Diccionario de Lengua Castellana de la Real Academia Española de 1869 y 1914 son expresivas al respecto. Establecieron una clara distancia entre las nociones otorgadas a palabras tales como "trabajador", "trabajo", "trabajar" por un lado, y a "sirviente", "servicio", "servir", por el otro. Véase: *Diccionario de la Lengua Castellana por La Real Academia Española, Decimocuarta Edición*, Madrid, Imprenta de los Sucesores de Hernando, año 1914, p. 936, p. 944 y p. 998.

1

El servicio doméstico y el mundo de las ocupaciones urbanas

Desde el último tercio del siglo XIX, Argentina asistió a la aceleración de una serie de transformaciones asociadas a la consolidación de la economía en el mercado mundial (*boom agroexportador*) y al aluvión inmigratorio, entre otros procesos que alteraron sustancialmente la fisonomía de Buenos Aires.[23] La "fiebre de progreso" transformó a la ciudad una vez que su puerto se convirtió en un nexo privilegiado entre el viejo y el nuevo mundo. Integrado al circuito comercial mundial, este centro urbano se constituyó en un paso obligado para la circulación de mercancías, ya que articulaba -junto con Rosario- la mayoría de los ramales de la red ferroviaria con su puerto de ultramar.[24] Por el puerto de la ciudad no solo desfilaron mercancías sino también millones de inmigrantes provenientes de Europa que se aventuraron a cruzar el océano gracias a los vapores y el ferrocarril.[25]

---

[23] Algunas referencias: Scobie, James R., *Buenos Aires. Del centro a los barrios, 1870-1910*, Buenos Aires, Solar/Hachette, 1977; Francis Korn, *Buenos Aires 1895. Una ciudad moderna*, Buenos Aires, Editorial del Instituto, 1981; Romero, José Luis; Romero, Luis Alberto (dirs.), *Buenos Aires. Historia de cuatro siglos*, Tomo II, Buenos Aires, Editorial Abril, 1983; Zimmermann, Eduardo A., "La sociedad entre 1870 y 1914", en Academia Nacional de la Historia, *Nueva Historia de la Nación Argentina, Tomo IV-Tercera parte: La configuración de la República independiente 1810-c. 1914*, Buenos Aires, Editorial Planeta, 2000.
[24] Liernur, "La construcción del país...", p. 413.
[25] Entre 1881 y 1914, algo más de 4.200.000 personas arribaron a la Argentina. Italianos, alrededor de 2.000.000; españoles, 1.400.000; franceses, 170.000; rusos, 160.000. La curva de la inmigración muestra dos fases prolongadas de expansión, interrumpidas por la crisis del 90. En la segunda fase, la Argenti-

Las cifras son elocuentes. En 1869, la ciudad contaba con poco menos de 200.000 habitantes y para 1895 albergaba más de 500.000; este número se triplica en veinte años, con más de 1.500.000 para 1914. Durante las dos décadas siguientes vuelve a multiplicarse la población porteña, que continuará creciendo más lentamente y de forma desproporcionada en relación con el resto del país.[26]

Fue en vísperas del nuevo siglo que aquella ciudad baja y con resabios coloniales trocó súbitamente en una gran metrópoli. Buenos Aires irrumpió en el escenario urbano mundial con una fuerza y una celeridad sorprendentes. Al despuntar 1890, era la ciudad que más habitantes tenía de toda la región, y para 1914, la ciudad "latina" más grande del mundo después de París.[27]

En el marco de todas estas transformaciones, un artículo publicado en *La Argentina* en 1904 analizaba la situación del servicio doméstico local a partir de la divulgación de un estudio sobre el sector en Francia. Con la convicción de que las "leyes del progreso social" obraban paralelamente en todos los países "civilizados", sostenía que la disminución de sirvientes observada en aquel país también tendría lugar en Argentina. Y como a juicio del redactor, el servicio doméstico tenía "tanta actualidad como el conflicto del Extremo Oriente", ameritaba extenderse en una serie de constataciones:

> [...] Á medida que los años transcurren, el servicio doméstico se simplifica en cuanto á las faenas que tocan á los criados de las casas; esto es común á todos los países.

---

na llegó a sus máximos históricos antes del inicio de la Primera Guerra Mundial. En ese período, recibió un aluvión inmigratorio inferior al de los Estados Unidos, pero superior al de Canadá y Brasil. Devoto, Fernando, *Historia de la inmigración en la Argentina*, Buenos Aires, Sudamericana, 2009, p. 247.

[26] Véase: Recchini de Lattes, Zulma, "Crecimiento explosivo y desaceleración", en Romero J.L. y Romero L.A. (dirs.), *Buenos Aires. Historias...*

[27] Moya, José C., *Primos y extranjeros. La inmigración española en Buenos Aires, 1850-1930*, Buenos Aires, Emecé, 2004, p. 163.

Los grandes banquetes, y á veces los pequeños, tienen lugar ahora en los hoteles; hay lavaderos, talleres de planchado; empresas ó individuos que se dedican á la limpieza de vidrios, persianas, pisos y patios; [...]muchas familias hacen llevar de la fonda los alimentos; los botines se limpian fuera de casa, los hoteles y casas de huéspedes desempeñan un papel más activo, pues los medios de comunicación facilitan el disloque de la familia, cuyos individuos, en parte, se alejan de ella en busca del pan, trasladándose á cualquier sitio, donde no pueden vivir en familia; la "costurera de la casa" desaparece absorbida por el taller y las grandes casas de confecciones; las empresas de carruajes concluyen [...] con el cochero particular; los clubs europeos contribuyen también a la disminución de domésticos; y en fin, se han producido muchísimas causas ante las cuales la disminución tenía, forzosamente, que experimentarse.

[...] La mecánica, por ejemplo, es susceptible de revolucionar en un minuto la condición de los domésticos y aun puede decidir su desaparición. Hace poco se inventó una máquina para lavar platos y hortalizas. Mañana habrá -¿quién puede negarlo?- lavaderos de platos que tendrán automóviles para ir á buscar, y devolver después, la vajilla a domicilio. ¡El porvenir de los domésticos se prevé oscuro! [...].[28]

Lo que este comentador detallaba eran solo algunas de las transformaciones en las actividades económicas y laborales operadas por el "torbellino modernizador". Y si a todos estos elementos se le sumaba la disminución del servicio doméstico que al parecer acontecía en Francia, no resulta extraño que esta situación se presentara a sus ojos como un dato ineludible para el caso argentino. Esta "crisis de la domesticidad" acontecida en Francia a principios del siglo XX hacía referencia a la creciente preocupación y alarma de los patrones frente a la carestía de las denominadas *bonnes à tout faire*. La falta de mujeres que se ofrecían como "sirvientas para todo trabajo" se evidenciaba en la baja de las

---

28 "El servicio doméstico ¿desaparecerá o no?", en *La Argentina,* 10 de noviembre de 1904.

colocaciones en las agencias privadas emplazadas en París. Más de un siglo después de estas declaraciones, el servicio doméstico finalmente no desapareció en ninguno de los dos países, aunque sí sufrió muchísimas transformaciones.[29]

Contra estos pronósticos, la importancia social del servicio doméstico en Argentina y en la ciudad de Buenos Aires, lejos de reducirse, se incrementó de forma sostenida durante todo el siglo XX. Este segmento laboral fue sumamente relevante porque se constituyó en una de las alternativas más habituales para los habitantes de la ciudad y, en consecuencia, en un componente básico del mercado de trabajo urbano.

La economía urbana y el desarrollo de sectores de actividad

Hacia fines del siglo XIX, el crecimiento económico y el desarrollo de las actividades urbanas, sumadas a la expansión de la demanda, incrementaron los requerimientos de mano de obra y aparejaron transformaciones en el mundo del trabajo.[30] Varones y mujeres de distintas procedencias y

---

[29] Sobre este fenómeno, algunos estudios han señalado que la escasez de este tipo de trabajadoras (las más explotadas dentro del gremio) se debió a que las mujeres tendieron a especializarse como mucamas, cocineras, niñeras y se volvieron más exigentes en relación con los salarios y las condiciones de empleo. Otras directamente quisieron cambiar de trabajo, mudando de ocupación. Esta última posibilidad se incrementó sobre todo con el inicio de la Primera Guerra Mundial, cuando la movilización de tropas reclutó a cientos de miles de varones que dejaron sus puestos de trabajo. Esa vacancia coyuntural fue ocupada por las mujeres que avanzaron sobre espacios laborales y actividades que antes eran ocupados por aquellos. Martin-Fuggier, *La place des bonnes...*, pp. 33 y ss. Fraisse, *Femmes toutes mains...*, pp. 20 y ss; Guiral y Thuillier, *La vie quotidienne...*, pp. 236 y ss.

[30] "El mundo del trabajo aparece [...] como el conjunto de relaciones que los trabajadores individual y colectivamente establecen en la esfera de la producción, en el ámbito de los lugares de trabajo, entre sí, con los patrones, con el Estado y con las organizaciones y movimientos que pretenden representarlos. El 'mundo del trabajo' constituye en realidad un aspecto, capital

desde edades muy tempranas se incorporaron al mercado laboral. Sin embargo, la participación económica de mujeres y niños era concebida como una situación excepcional que se justificaba por necesidad. En el caso de las mujeres, era su condición de solteras, separadas o viudas la que justificaba su actividad. En el caso de los niños, el hecho de ser huérfanos, abandonados o sencillamente hijos de padres pobres. Este principio de *excepcionalidad* atribuido al trabajo femenino e infantil se reforzó a partir de dos elementos. Por un lado, la idea de *transitoriedad*, que se refería a la realización de actividades asalariadas por un período de tiempo para retornar nuevamente al mundo doméstico. Por otro lado, la idea de *complementariedad*, que introducía la noción de suplemento del presupuesto familiar sostenido por el varón proveedor, noción que justificó montos salariales inferiores para mujeres y niños.[31]

La población ocupada en la ciudad se multiplicó alrededor de diez veces en tres décadas y media, pasando de 90.000 a más de 1.000.000 de personas entre 1869 y 1914.[32] Estos datos no incluyen la población ocupada "sin especificación" y población "sin profesión". No obstante, cabe señalar que fueron las de mayor densidad numérica: sumaron más de 66.000 para 1887, poco menos de 150.000 para

---

pero no aislado, de una instancia más amplia que podemos denominar 'el mundo de los trabajadores' que incluye también el mundo del consumo, las condiciones de vida, y al mismo tiempo las instancias políticas e ideológicas del movimiento obrero y de los movimientos sociales y sus manifestaciones en el conjunto de la vida social, particularmente sus luchas". Falcón, Ricardo, *El mundo del trabajo urbano (1890-1914)*, Buenos Aires: CEAL, 1986, p. 10.

31 Queirolo, "Las mujeres y...", p. 4. Véase asimismo: Lobato, *Historia de las trabajadoras...*; Suriano, Juan, "El trabajo infantil", en Torrado, Susana (comp.), *Población y bienestar en la Argentina del primero al segundo Centenario. Una historia social del siglo XX*, Tomo II, Buenos Aires, Edhasa, 2007.

32 Para facilitar la presentación de la información, en todos los casos se hará referencia al año de realización de los relevamientos censales y no al año de su publicación. Salvo que se indique lo contrario, las cifras que se presentan en este capítulo fueron elaboradas a partir de los Censos Nacionales de 1869, 1895 y 1914, y los Censos de la Ciudad de Buenos Aires de 1887, 1904 y 1909.

1895, poco más de 200.000 para 1904 y 1909, y más de 300.000 para 1914. Por último, no es un dato menor que fueran las mujeres las más afectadas por estas imprecisiones en los registros.

La demanda de mano de obra fue provista en gran medida por extranjeros que representaban entre un 60% y un 70% del total de la población ocupada en la ciudad. Fueron mayoritariamente italianos y españoles los que migraron a nuestro país, aunque también ingresaron cientos de miles de franceses y rusos, en menor medida, turcos y alemanes y, en un número inferior aun, portugueses, suizos, belgas y holandeses, entre otros. Aproximadamente la mitad de los inmigrantes se radicaron de forma definitiva en estas tierras.[33] Si bien algunos llegaban solos o con familia pero sin ninguna clase de apoyo para subsistir en los primeros tiempos, muchos otros tenían lazos sociales previos en este país. Eran convocados por parientes o amigos que ya se habían asentado y ofrecían sostén al recién llegado hasta que encontrara un empleo.[34]

La incidencia de inmigrantes europeos en la formación del mercado de trabajo fue de gran importancia. En general se trató de varones jóvenes en edad laboral (entre 21 y 40 años) ya que las mujeres solo constituyeron la tercera parte de los extranjeros provenientes de Europa. Esta tendencia casi constante se interrumpió con el comienzo de la Primera Guerra Mundial, cuando no solo se redujo el número

---

[33] En la década del ochenta, los italianos representaron el 64% de los inmigrantes y a principios del nuevo siglo el 45%. Hacia 1910, con la disminución de los italianos se incrementó el número de españoles que, en los diez años siguientes, representaron alrededor de la mitad de los arribados. Cibotti, Ema, "Del habitante al ciudadano: la condición del inmigrante", en Lobato (dir.), *Nueva Historia Argentina...*, pp. 367-368.

[34] Sobre el uso de las instalaciones y servicios del Hotel de los Inmigrantes por parte de los recién llegados y la distinción entre grupos con larga tradición migratoria y aquellos expulsados súbitamente de Europa, véanse los enfoque de Devoto, *Historia de la inmigración...*, pp. 250-251; Cibotti, "Del habitante al...", pp. 369-370.

de inmigrantes sino que también disminuyó la proporción de varones que, aun así, se mantuvo en el 60% del total de los extranjeros.[35]

Mucho menos numerosa fue la inmigración de países limítrofes (Uruguay, Paraguay, Chile, Brasil, Bolivia) y aunque se trató de un fenómeno de larga duración, hasta mediados del siglo XX cumplió un papel de complemento de las migraciones internas. Sumaron poco más de 40.000 en 1869 y más de 200.000 en 1914, siendo los uruguayos los más numerosos, seguidos de los chilenos y los brasileros.[36]

Por su parte, la población nativa estaba constituida por hombres y mujeres oriundos de la ciudad o la campaña bonaerense, pero también de otras provincias o de los territorios nacionales. En este sentido, indígenas, criollos, negros, mulatos, mestizos conformaban la fisonomía de los grupos locales a pesar de la fuerza homogeneizadora de la expresión "argentinos" o "nativos" del país.

---

[35] *Ib.*, p. 372; Devoto, *Historia de la inmigración...*, pp. 247-248.
[36] Durante el período en estudio las migraciones de países limítrofes representaban entre el 2 y el 3% del total de la población argentina. A partir de la segunda mitad del siglo XX comenzó a cobrar importancia respecto de la población migrante no limítrofe. Véase: Benecia, Roberto, "La inmigración limítrofe", en Devoto, *Historia de la inmigración...*, pp. 433 y ss.

Gráfico N° 1

Fuente: Censos Nacionales de Población de 1895 y 1914 y Censos de Población de la Ciudad de Buenos Aires de 1887, 1904 y 1909.

Si bien el predominio de varones fue permanente en el mercado laboral, la participación de las mujeres fue muy significativa. En 1887 representaba el 42% del total, redujo su incidencia casi a la mitad para el cambio de siglo, recuperó su importancia hacia 1910 y llegó al 44% del total en 1914. La medición del trabajo femenino ha dado lugar a intensos debates en nuestro país. La primera investigación que analizó la participación de las mujeres en la fuerza de trabajo fue desarrollada por Recchini de Lattes y Wainerman. Estas autoras utilizaron los relevamientos censales para establecer tendencias de largo plazo para todo el país. Señalaron que con la modernización económica, la actividad de las mujeres había descendido de los niveles muy altos de fines de siglo XIX hasta los valores más bajos observados para mediados del XX, momento en el cual comenzó a revertirse esta tendencia.[37] Posteriormente, con otros marcos interpretativos, reduciendo la escala de observación e incorporando nuevas fuentes, aquellas primeras evidencias fueron matizadas. Distintos estudios demostraron que la participación de las mujeres en el universo laboral fue permanente y que en el caso de Buenos Aires, su presencia fue en aumento.[38]

---

[37] Rechini de Lattes y Wainerman sostienen que la evolución de la participación de la mujer respondía a una curva en forma de U. En los inicios del proceso de modernización (1869-1914) observan una elevada participación femenina, cuando el sector agrario seguía siendo predominante y concentraba gran parte de la fuerza de trabajo. Las mujeres se desempeñaban en actividades agrícolas, comerciales y manufactureras de carácter doméstico. En un segundo momento, se aprecia una brusca caída en su participación. Las funciones económicas y domésticas se diferenciaron y, en ese movimiento, las mujeres fueron relegadas al ámbito doméstico y confinadas a una función reproductiva. En un tercer momento (1947-1970) se produce un incremento de la participación de las mujeres que se incorporaron nuevamente a la actividad económica conforme se fue incrementando el desarrollo del sector terciario (transporte, comunicaciones, distribución, como también educación, salud y gobierno, entre otros). Recchini de Lattes, Zulma y Wainerman, Catalina, "Empleo femenino y desarrollo económico. Algunas evidencias", en *Desarrollo Económico*, Buenos Aires, vol. 17, N° 66, julio-septiembre 1977, pp. 301-317.

[38] Véase Falcón, *El mundo del trabajo*..., pp. 43-58; Lavrin, Asunción, *Women, Feminism, and Social Change in Argentina, Chile, and Uruguay 1890-1940*, Lincoln and London, Univesity of Nebraska Press, 1995; Lobato, Mirta Zaida, *La vida en las fábricas. Trabajo, protesta y política en una comunidad obrera, Berisso (1904-1970)*, Buenos Aires, Prometeo Libros/Entrepasados, 2001, pp. 105-129; Rocchi, Fernando, "Concentración de capital, concentración de mujeres. Industria y trabajo femenino en Buenos Aires, 1890-1930", en Gil Lozano Fernanda; Pita, Valeria e Ini Gabriela (dirs.), *Historia de las mujeres en la Argentina*, tomo 2, Buenos Aires, Taurus, 2000. Una revisión detallada de la discusión en torno a la medición del trabajo femenino se encuentra en Queirolo, Graciela, "Mujeres que trabajan: una revisión historiográfica del trabajo femenino en la ciudad de Buenos Aires", en *Nuevo Topo*, N° 3, septiembre/octubre de 2006, pp. 29-50.

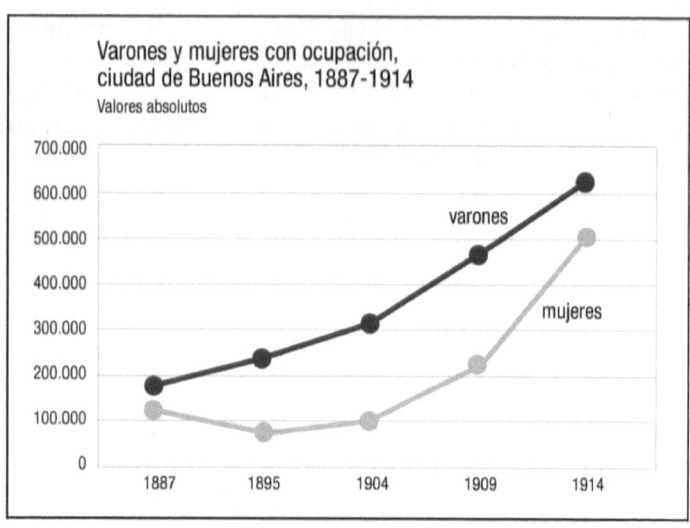

Fuente: Censos Nacionales de Población de 1895 y 1914 y Censos de Población de la Ciudad de Buenos Aires de 1887, 1904 y 1909.

Las actividades urbanas que absorbieron la mayor cantidad de mano de obra a lo largo del período fueron las manufacturas, los servicios y el comercio. La producción manufacturera tenía escasa importancia al promediar el siglo XIX y la evolución de la actividad industrial distó mucho de ser uniforme.[39] Inaugurado el nuevo siglo, algunas ramas experimentaron procesos de concentración y se mecanizaron (aserraderos, fábricas de muebles, de ladrillos

---

[39] Rocchi ha señalado que de los 6.000 establecimientos registrados en 1887, tan solo 85 podían ser calificados como "grandes" empresas. Rocchi, Fernando, "La armonía de los opuestos: industria, importaciones, y construcción urbana de Buenos Aires en el período 1880-1920", en *Entrepasados, Revista de Historia*, año IV, N° 7, fines de 1994. Para un tratamiento del sector manufacturero e industrial para el período 1850-1880, véase: Sábato, Hilda y Romero, Luis Alberto, *Los trabajadores de Buenos Aires. La experiencia del mercado, 1850-1880*, Buenos Aires, Sudamericana, 1922, pp. 66 y ss.

y mosaicos). Otras, por el contrario, no modificaron demasiado las formas tradicionales de organizar el trabajo y continuaron organizándose en pequeños y medianos talleres (herrerías, carpinterías, mueblerías, etc.). Y aunque solo se registraron 2.000 establecimientos más para 1909 (8.000 en total), el número de trabajadores se triplicó, pasando de 75.000 a 200.000 obreros en el transcurso de esos veinte años.[40] En términos relativos, estas cifras representaban entre el 25% y el 30% del total de la población con trabajo. Buenos Aires se constituyó en el centro industrial más importante del país y para 1914 se verificó que el sector continuaba con su impulso anterior, empleando 273.000 trabajadores, entre los que se encontraron varones, mujeres y niños.

Las actividades comerciales también adquirieron gran impulso. Entre la década del ochenta y los primeros años del novecientos, la ciudad contó con algo menos de 18.000 establecimientos comerciales, triplicó la demanda de brazos y albergó a más de 90.000 trabajadores (el 20% de la población ocupada total). Hacia 1910, absorbió el 18%, sobrepasando los 121.000 empleados, aunque desde entonces, su importancia relativa comenzó a disminuir de forma considerable, y pasó a representar el 8,5% del total de la población con ocupación para 1914.

La ciudad contaba con poco menos de 600 boliches, fondas, bodegones y cafés y un número similar de hoteles y restaurantes. Más de 4.000 almacenes de alimentos y bebidas y 1.000 carnicerías diseminadas por la ciudad (tiendas manejadas por el dueño e integrantes de su familia, empleados, sirvientes o dependientes). En torno a algunas estaciones terminales y plazas se organizó a su vez una intensa vida comercial. Ya para 1887, más de una docena de mercados que habían empezado como ferias al aire libre

---

40 Por esos años aumentaron, por un lado, el número de establecimientos de confecciones, textiles, calzado, envases; por el otro, se multiplicaron las industrias que existían previamente. Rocchi, "La armonía de…", p. 55.

concentraban alrededor de 1.000 tiendas. Puestos de venta de carne, aves, pescado, frutas y verduras, quesos y manteca y demás bienes de consumo diario nucleaban parte importante del comercio al menudeo.

Por otra parte, desde principios de siglo funcionaban más de 700 zapaterías y 2.400 negocios y mercerías (baratijas). Pero la mayor novedad la ofrecían las grandes tiendas que combinaban el comercio con la producción de una gran variedad de bienes de consumo. Tal es el caso del emporio *Gath & Chaves*, que para 1910 contaba con dos edificios de seis y cuatro pisos en Buenos Aires, y ocupaba a casi 5.000 personas.[41]

Para principios de siglo el predominio masculino en este sector se registró en un 80% y los extranjeros sumaban el 63% de los trabajadores. De todas formas, se ha evidenciado la presencia de alrededor de 15.000 mujeres y más de 5.000 niños y niñas repartidos en establecimientos que comerciaban alimentos (almacenes de comestibles y bebidas, lecherías y tambos, hoteles, fondas y restaurantes), artículos de vestido y tocador (tiendas y mercerías, zapaterías) y depósitos de leña y carbón, entre los más representativos.

El otro sector de actividad identificado por los censos fue el de los "servicios personales", que incluyó una cantidad variable de figuras ocupacionales, entre las que se podían contar aquellas que conformaban el (difuso) universo del servicio doméstico: sirvientes y sirvientas, mucamos y mucamas, domésticas, amas de llave, pero así también lavanderas, planchadoras, amas de leche, cocineros y cocineras, ayudantes de cocina, mozos de locales comerciales, serenos, caballerizos, peinadores, mensajeros, entre otros.

---

[41] Trabajan allí sastres, modistas, bordadoras, costureras, sombrereros. Fernando Rocchi, "El péndulo de la riqueza: la economía argentina en el período 1880-1916", en Lobato (dir.), *Nueva Historia Argentina...*, pp. 43-44.

En las décadas previas al ochenta, los servicios personales constituían el sector más numeroso, albergando más de la mitad de la población ocupada de la ciudad, sobre todo por el peso que tenían dentro de la estructura ocupacional los trabajos domésticos y reproductivos (aunque en 1869 ya se había comenzado a registrar su ralentización). Entre la década del ochenta y los primeros años del novecientos, se verificó un descenso considerable del personal de servicios, que de representar un cuarto de la población total ocupada en 1887, pasó a constituir menos del 14% para 1904 (57.000 trabajadores aproximadamente). Para 1914, el personal de servicios había reducido aun más su incidencia relativa y no llegó a representar el 9%; aun así, albergaba alrededor de 98.000 almas.

La menor importancia relativa del comercio y los servicios estuvo asociada al crecimiento de otras actividades que si bien absorbieron menos cantidad de mano de obra, exhibieron avances significativos. A modo de ejemplo, los empleados públicos se quintuplicaron, pasaron de 12.000 a más de 57.000 entre 1887 y 1914 (el mayor aumento se registró en los años de entre siglos). Los transportes y las comunicaciones también experimentaron una expansión considerable, sumando más de 45.000 trabajadores para 1914. Los empleos asociados a la educación y a la instrucción pública crecieron hasta superar los 30.000 ocupados para esos mismos años.

Sin embargo, la estructura ocupacional que reflejan los relevamientos censales no permite aprehender la complejidad de la organización y la dinámica económica y laboral de la ciudad, no solo porque esta experimentaba importantes transformaciones cualitativas, sino porque además, la demanda de brazos lejos estuvo de ser estable y hubo desplazamientos permanentes de mano de obra de una actividad a otra, ya que se trató de una organización de trabajo muy dinámica y elástica.

Un recorrido por el universo laboral porteño

Los sectores de actividad albergaron una heterogeneidad considerable de empleos.[42] Los censos contienen una definición muy amplia del término "ocupación" que puede sintetizarse como "profesión, oficio o medio de vida", y centenares de categorías (que oscilan entre 100 y 500 según el relevamiento) para agrupar y ordenar las declaraciones de los habitantes de la ciudad.

En consecuencia, la información disponible presenta una serie de dificultades asociadas a las variaciones de un relevamiento a otro, tanto en la conceptualización como en el registro, la medición y la organización de los datos. De todas formas, es posible dimensionar la importancia numérica de las ocupaciones y su composición por sexo y origen.

Si se observan las grillas, a primera vista podría sostenerse que la ciudad ofreció una diversidad considerable de empleos. El escenario se fue complejizando y muchas de las profesiones, artes u oficios que no desaparecieron fueron mudando sus características al tiempo que otras nuevas se desarrollaron. El universo laboral evidenció una diferenciación creciente. Pero esta modernización de la estructura ocupacional y el aumento y la diversificación de las posibilidades de trabajo afectaron de forma diferencial a varones y mujeres. La inserción laboral de unos y otros estuvo condicionada por procesos de segregación ocupacional, es decir, por la existencia de mecanismos que impidieron la igualdad de oportunidades para acceder a los empleos que el mercado de trabajo urbano ofrecía. En este sentido, cuando observamos que varones y mujeres se concentraban en ocupaciones integradas mayoritariamente por sujetos de su

---

[42] El criterio aplicado fue la significación numérica de las categorías ocupacionales. En el análisis y descripción de los datos censales se toman ocupaciones con más de 1.000 trabajadores. Solo en el caso de los "servicios personales" se incluyen categorías con menos de 1.000 trabajadores para construir y problematizar el objeto de estudio.

mismo sexo, se puede afirmar que había altos niveles de segregación o, lo que es lo mismo, que el género constituyó un criterio para crear espacios laborales socialmente diferenciados y jerárquicos.[43]

Las mujeres fueron marginadas de una gran cantidad de actividades y trabajos, y quedaron confinadas a unos pocos grupos de ocupación de bajos niveles de productividad. Es por eso que, a pesar de la ampliación y diversificación de la estructura ocupacional, participaron mayormente de empleos que ya existían previamente, como costureras, modistas, domésticas y sirvientas, cocineras, lavanderas, planchadoras. De todas formas, esta suerte de "permanencia" en este tipo de trabajos no excluye que las condiciones en las que se efectuaban (espacios laborales, formas de organización, niveles de tecnificación, modalidades de contratación, etc.) se modificaran con el paso de los años.

Ahora bien, es sabido que el uso de las estadísticas es discrecional y que en una descripción de conjunto muchas veces se tiende a destacar procesos o fenómenos numéricamente significativos que opacan aquellos menos representativos. La reestructuración del mundo del trabajo urbano y la constitución de nuevos espacios laborales se dio junto a un proceso de delimitación de dos esferas sociales (pública y privada) que habilitaron ámbitos diferenciales (y diferenciadores) para varones y mujeres, a la vez que modificaron sus relaciones. Si a la mayor visibilidad de las mayorías se le suma el predominio de ideas e imágenes que confinaban a la mujer al ámbito doméstico y la definición de la

---

[43] Pueden reconocerse dos modalidades de segregación: una opera de forma *horizontal*, cuando varones y mujeres trabajan en sectores económicos diferentes, en ramas de actividad y tipos de ocupación distintos; la otra, de carácter *vertical*, cuando sujetos de ambos sexos se desempeñan en un mismo sector pero ocupan posiciones diferentes por niveles de jerarquía. Véase: De Oliveira, Orlandina y Ariza, Marina, "División sexual del trabajo y exclusión social", en *Revista Latinoamericana de Estudios del Trabajo*, año 3, N° 5, 1997, pp. 183-202; Paz, Jorge A., "Brecha de ingresos entre géneros. ¿Capital humano, segregación o discriminación?", en *Estudios del Trabajo*, N° 19, 2000.

maternidad como constitutiva de la "naturaleza femenina", es comprensible que haya prevalecido una visión corriente sobre la debilidad de la participación femenina en el trabajo asalariado fuera del hogar.[44]

En efecto, desde la historia laboral y, sobre todo, desde la historia de las mujeres y los estudios de género se ha demostrado que ellas fueron incorporadas a fábricas con estructuras organizativas modernas que requerían mano de obra sin calificación (alimentación, frigoríficos, cigarrillos, fósforos, la industria textil, etc.). Otras, las que no formaban parte de la fuerza laboral dentro de los establecimientos, se desempeñaban en sus domicilios bajo la modalidad del *sweating system*, y por eso quedaron excluidas de los registros censales.[45]

Las mujeres que tenían alguna calificación o mayores niveles de instrucción se desempeñaron en establecimientos comerciales como vendedoras, o fueron convocadas para realizar "trabajo de escritorio" a medida que se fue desarrollando un aparato burocrático-administrativo en la actividad privada y en las numerosas reparticiones

---

[44] Véase: Navarro, Marysa y Wainerman, Catalina, "El trabajo de las mujeres: un análisis preliminar de las ideas dominantes en las primeras décadas del siglo XX", en *Cuadernos del CENEP*, N° 7, Buenos Aires, 1979; Nari, Marcela, *Políticas de maternidad y maternalismo político (1890-1940)*, Buenos Aires, Biblos, 2005; Lobato, *Historia de las trabajadoras...* Consúltese asimismo el clásico estudio: Scott, Joan W., "La mujer trabajadora en el siglo XIX", en Duby, Georges y Perrot, Michelle (dir.), *Historia de las mujeres*, tomo 4: *El siglo XIX*, vol. 8, Madrid, Taurus, p. 993.

[45] El trabajo a domicilio fue definido en 1921 por el Departamento Nacional del Trabajo (DNT). Ver art. 155. En su art. 156 señala: "Las personas que se ocupen de este tipo de trabajo se llaman trabajadores a domicilio sin distinción de sexo ni edad: no estando comprendidas en esta clasificación ni las que se dedican al servicio doméstico ni las que trabajan por cuenta propia en sus domicilios". Lobato, *Historia de las trabajadoras...*, p. 60. Sobre la importancia cuantitativa y las condiciones del trabajo a domicilio, consúltese en esta misma obra: pp. 31-33; pp. 60-62; pp. 96-98. Véase asimismo: Panettieri, José, *Los trabajadores*, Buenos Aires, Editorial Jorge Álvarez, 1967; Falcón, *El mundo del trabajo...*

públicas.[46] Otras se incorporaron a los servicios como operarias telefónicas, maestras y enfermeras; y en principio, unas pocas se aventuraron a ejercer "profesiones".[47]

Por su parte, los varones tenían más alternativas de inserción laboral porque el universo de posibilidades era mayor. Trabajaban como obreros manuales en pequeños y medianos talleres de mecanización rudimentaria (carpinterías, mueblerías, herrerías, zapaterías, sastres, etc.); en grandes establecimientos fabriles que demandaban mano de obra poco calificada (elaboradores de carne, cerveza, cigarrillos, curtiembres, cal, yeso, textiles, etc.), o como empleados de comercios: fondas, bodegones, cafés, pulperías y

---

[46] Sobre las mujeres empleadas en comercios véase: Rocchi, "Concentración de capital..."; Queirolo, Graciela A., "Vendedoras: género y trabajo en el sector comercial (Buenos Aires, 1910-1950)", en *Revista Estudios Feministas*, Florianopolis, 22(1): 416, janeiro-abril 2014, pp. 29-50. Sobre las empleadas de oficina véanse los trabajos de esta misma autora, entre ellos: Queirolo, Graciela A., ib., *"Mujeres en las oficinas. Las empleadas administrativas: entre la carrera matrimonial y la carrera laboral (Buenos Aires, 1920-1950)",* en *Diálogos* (Maringá. Online), vol. 16, N° 2, mai.-ago. 2012, pp. 417-444; ib., "O Trabalho das mulheres na administraçao: A construção histórica da desigualdade. Buenos Aires 1910-1950", en *Mouseion*, Canoas, N° 18, agosto 2014. Disponible en: http://goo.gl/XI8QkR.

[47] Para un abordaje de las empleadas telefónicas, véase: Barrancos Dora, "¿Mujeres comunicadas? Las trabajadoras telefónicas en las décadas de 1930-1940", en Garrido, Hilda Beatriz y Bravo, María Celia (coord.), *Temas de Mujeres. Perspectivas de Género. IV Jornadas de Historia de las Mujeres y Estudios del Género*, Tucumán, CEHIM, Facultad de Filosofía y Letras, Universidad Nacional de Tucumán, 1998. Para un análisis sobre las maestras véase: Morgade, Graciela (comp.), *Mujeres en la educación. Género y docencia en Argentina (1870-1930)*, Buenos Aires, Miño y Dávila Editores, 1997. Una referencia clásica sobre las enfermeras puede encontrarse en Binstock, Georgina y Wainerman, Catalina H., "El nacimiento de una ocupación femenina: la enfermería en Buenos Aires", en *Desarrollo económico*, vol. XXXII, N° 126, julio-septiembre, 1992; Wainerman, Catalina H. y Binstock, Georgina, P., "Ocupación y género. Mujeres y varones en enfermería", en *Cuadernos del CENEP*, N° 48, 1993. También pueden consultarse los trabajos de Ana Laura Martín, entre ellos: "Mujeres y enfermería: una asociación temprana y estable (1886-1940)", en Carolina Biernat... [et al.], *La salud pública y la enfermería en la Argentina*, Universidad Nacional de Quilmes, Bernal, 2015. Para un tratamiento sobre el trabajo femenino y análisis de su bibliografía: Barrancos, *Mujeres en la sociedad...*; Lobato, *Historia de las trabajadoras...*; Queirolo, "Mujeres que trabajan...".

almacenes, locales y puestos callejeros, tiendas de ropa, etc. Otras figuras recurrentes en el escenario urbano eran los cocheros y carreros que paraban en plazas y mercados, foguistas y maquinistas ferroviarios, empleados tranviarios y trabajadores portuarios.[48]

Una mirada pormenorizada de estas alternativas laborales evidencia que las ocupaciones declaradas por los habitantes de la ciudad se agruparon en unas pocas categorías que absorbieron la mayoría de la fuerza de trabajo. En efecto, a pesar del notable incremento de la población con empleo, las profesiones que concentraban más de 1.000 trabajadores representaron entre un 7% y un 25% del total consignado en las grillas censales pero absorbían al menos tres cuartas partes del total de la población ocupada. Esta concentración en unos pocos rubros de actividad no era sorprendente ya que, como ha señalado Otero, constituía el resultado lógico de una grilla importada que, diseñada para captar profesiones modernas y muy calificadas -con escasos efectivos en la época-, combinaba estas categorías ocupacionales específicas con otras sumamente agregadas que contenían a la mayoría de la población (peones y jornaleros, trabajadores y trabajadoras domésticas, comerciantes, etc.). De esta forma, el peso abrumador de algunos empleos de bajo nivel de calificación y/o productividad, sumado a la población desocupada, contrastaba con la fascinación que generaba el desarrollo de aquellos sectores de actividad que eran apreciados como "indicadores de progreso" (las actividades agropecuarias, la industria, el empleo público, la educación e instrucción).[49]

---

[48] Para un recorrido por las alternativas laborales de los varones véase: Lobato, Mirta Zaida, "Los trabajadores en la era del progreso", en Lobato (dir.), *Nueva Historia Argentina*...

[49] Otero, Hernán, *Estadística y Nación. Una historia conceptual del pensamiento censal de la Argentina moderna, 1869-1914*, Buenos Aires, Prometeo, 2006, pp. 258-259.

Los jornaleros y peones y el servicio doméstico se destacan nítidamente como las alternativas más frecuentes para la población sin especialización ni oficio y seguramente con bajos niveles de instrucción. Los peones-jornaleros constituyeron una categoría que designó más una modalidad de empleo o una relación particular con el mercado laboral, antes que una ocupación. Se trataba de mano de obra temporal que se movía por la ciudad y la campaña, empleándose indistintamente en el puerto, las barracas, los mercados, las actividades constructivas y obras públicas, los ferrocarriles, las tropas de carreta, las cosechas, entre otras actividades.[50]

En la ciudad de Buenos Aires, los peones-jornaleros fueron el grupo ocupacional más numeroso y uno de los que más creció (en términos relativos y absolutos). Entre 1869 y 1914 constituyeron entre un 12% y un 7% de la población ocupada total; sumaban más de 10.000 para 1869 y alrededor de 82.000 para 1914. Se trató mayoritariamente de hombres y entre ellos predominaron los extranjeros, que constituyeron un 60% y un 90% de estos trabajadores itinerantes. En alusión a esta modalidad ocupacional precaria, Cortés Conde ha señalado que es necesario insistir en esta característica peculiar del elevado número de trabajadores no especializados altamente móviles que no estaban definitivamente ubicados en ningún sector, porque fue una de las situaciones laborales que más caracterizó al mercado de trabajo en la Argentina de esa época.[51]

El otro ámbito en el que se concentró un gran número de trabajadores y trabajadoras fue el servicio doméstico, que, como veremos, constituyó un segmento fundamental del mercado laboral de aquellos años.

---

50 Sábato, H. y Romero, L. A, *Los trabajadores de...*, p. 46.
51 Cortés Conde, Roberto, *El progreso argentino, 1880-1914*, Buenos Aires, Sudamericana, 1979, p. 199.

El servicio doméstico

El servicio doméstico constituía un ámbito complejo de trabajos y relaciones. Implicaba el desempeño de un sinnúmero de tareas y actividades: limpiar, fregar, lavar, planchar, cocinar, pulir, lustrar, barrer, servir la mesa, cuidar niños, hacer mandados, entregar mensajes, etc. Estos y muchos otros trabajos contribuían a la reproducción cotidiana de los miembros de las familias, aunque no de forma exclusiva, ya que muchas veces los límites entre el espacio doméstico y el de los negocios eran difusos y permeables. Además, estas tareas se iban transformando conforme las modas y las tendencias en el consumo, los progresos técnicos, la extensión de la infraestructura y los servicios urbanos, los cambios en las formas de organizar la producción y la reproducción social (recordemos la descripción que en 1904 hacía el redactor del diario *La Argentina*).

Los servicios domésticos eran desempeñados generalmente por "sirvientes" o "domésticos" (las dos formas más extendidas para designarlos). Otras veces, se desdoblaban en diversas figuras ocupacionales que evidencian la existencia de cierta especialización jerárquica en el sector: amas de llaves, mucamos y mucamas, niñeras, amas de leche, cocineros y cocineras, pinches, jardineros, cocheros, valets, lacayos, porteros, etc.

Estos trabajos transcurrían en gran medida (mas no únicamente) en el ámbito doméstico. Los sirvientes formaban parte de la vida de las familias y de la cotidianeidad de sus hogares y era en este espacio de intimidad y proximidad donde se definían las relaciones mutuas. Podían prestar servicios a uno o varios patrones, dependiendo de la modalidad de contratación que les resultara más conveniente o, sencillamente, a la que podían acceder. Estaban quienes se colocaban "con cama", quienes trabajaban "sin cama" para una misma familia o bien, quienes trabajaban "por horas" para varios patrones. Estas formas de trabajo daban lugar a relaciones y formas de dependencia muy diferentes.

Para quienes se colocaban "con cama" -modalidad muy extendida en la Ciudad de Buenos Aires de fines del siglo XIX y principios del XX-, el servicio era una suerte de estado permanente. Estaban completamente a disposición de sus patrones. La ausencia de autonomía se volvía más palpable ya que vivían en el mismo lugar donde trabajaban. Se generaba además una situación de extrema dependencia debido a que era a través de sus patrones que satisfacían sus necesidades de habitación, alimentación y vestido (por mencionar las más básicas). Además, el desarrollo de los aspectos más diversos de sus vidas -los momentos de descanso y de ocio, las relaciones afectivas y familiares, las prácticas religiosas y políticas- estaba condicionado por este medio de vida.

Fue Marcel Cusenier quien desentrañó este elemento estructural de la naturaleza de las relaciones que se establecían entre patrones y sirvientes. En su obra *Les domestiques en France,* de 1912, señaló que la particularidad del doméstico radicaba en que vendía su fuerza de trabajo a un empleador que la consumía exclusivamente. A diferencia de otro tipo de ocupaciones u oficios, entre patrones y sirvientes se establecía una suerte de sistema cerrado de relaciones y de trabajo que no tenía apertura hacia el mundo social. En consecuencia, más que un oficio, ser *sirviente* o *doméstico* era una *condición*.[52]

A principios del siglo XX, se publicó en la Ciudad de Buenos Aires el *Código Social (Argentino)*, una obra que reunía "todas nuestras leyes sociales, las características genuinamente nuestras, y las universales que, como exigencias de la buena educación, se observa[ban] en todo país

---

[52] Como señala Geneviève Fraisse, de la misma forma que existe una condición de ser humano o de ser sexuado, existe una "condición doméstica". Un análisis de los planteos de Cusenier se encuentran en Fraisse, *Femmes toutes mains...*, p. 32 y p. 245. Véase asimismo: Sarasúa, *Criados, nodrizas y amos...*, pp. 5-6.

civilizado".⁵³ En su artículo 1161, indicaba: "son servidores los criados y aquellos que ejercen un oficio humilde, que carece de prestigios intelectuales". Por el contrario, al referirse al estatus de los "empleados", quienes no eran profesionales pero tampoco servidores, los definía como "una categoría aparte que es un tanto difícil de clasificar [...]" aunque "[podían] ser iguales socialmente, al dueño [...]"; lo que sugiere implícitamente que los servidores no lo eran y que su estatus social era claramente inferior.⁵⁴

¿Cómo se cuantifica la población doméstica?

Una serie de factores han atentado contra la visibilidad y medición del servicio doméstico. Los censos no ofrecieron información sobre el sector sino que registraron una serie de ocupaciones que conformaron la categoría "servicios personales". Para contrarrestar posibles distorsiones y complementar la información, se han analizado estos registros a la luz de las cédulas censales y los avisos de empleo publicados en diarios de la época.⁵⁵

---

[53] Montes, Sara H., *Código Social (Argentino)*, Buenos Aires, Cabaut & Cía. Editores, "Librería del Colegio", Alsina y Bolívar, s/f. Se desconoce la fecha de la primera edición. La segunda es de 1918.
[54] *Ib.*, pp. 182-183.
[55] Con las primeras se confeccionaron dos muestras (una para 1869 y otra para 1895) de 1.000 casos cada una. Los registros consultados pertenecen a una zona ubicada en el casco histórico de la ciudad, la sección Nº 3, comprendida entre las calles Rivadavia, Córdoba, Libertad y Maipú. Era una de las áreas de mayor densidad poblacional, muy heterogénea desde el punto de vista socio-económico y ocupacional, pero también muy diversa en la conformación que presentan los grupos habitacionales. Las muestras contienen datos sobre población que aparece en dichas unidades de registro con "ocupación" de *sirviente, doméstico* u otras categorías que formaban parte del plantel de servicio de una casa de familia, tales como *cocinero o cocinera, pinche, ama de leche, ama de llaves,* etc. La incorporación de estas fuentes permite extraer datos individualizados de quienes formaban parte de este segmento laboral (edad, sexo, estado civil, nacionalidad, profesión u oficio, instrucción, cantidad de hijos, etc.); identificar unidades habitacionales, cantidad de personas bajo el mismo techo, la posición que ocupan (como padre, madre,

Al consultar los censos se aprecia que las denominaciones y el número de las categorías profesionales incluidas en los "servicios personales" varían de un relevamiento a otro y que a partir del novecientos, las ocupaciones registradas aumentaron en número y se diferenciaron cada vez más. Esto pudo responder a una complejización efectiva del sector, a una mayor sofisticación del aparato censal para registrar las alternativas laborales, pero también a cambios en la formas de concebir (representar) qué eran los servicios personales en general y los servicios domésticos en particular.

Cuadro N° 1. Ocupaciones del servicio doméstico sobre el total de las categorías consignadas en la sección "servicios personales" en los Censos Nacionales y de la Ciudad de Buenos Aires, 1869-1914

Censo Nacional de 1869	Censo Municipal de 1887	Censo Nacional de 1895	Censo Municipal de 1904	Censo Municipal de 1909	Censo Nacional de 1914
10*	4/7	5/5	11/19	13/25	12/16

*Esta cifra representa las ocupaciones registradas que podían asociarse al servicio doméstico.

En el relevamiento de 1869, el número de ocupaciones presentadas que podían asociarse al servicio doméstico era muy elevado (amas de leche, niñeras, cocheros, jardineros, mayordomos, cocineros, lavanderas, mucamos, planchadoras y sirvientes), sobre todo si lo comparamos con los registros posteriores. Otero señala que el primer censo nacional

---

hijos, sirvientes, etc.), los vínculos que los unen (familiares, laborales), etc. Por su parte, para los avisos de empleo, se tomó el diario *La Prensa*. Las muestras se armaron cada quinquenio, comenzando en 1870 y finalizando en 1910, para contar con una muestra amplia y representativa de ese universo y seguir la evolución y las transformaciones del sector. En la transcripción de los avisos, el subrayado es nuestro salvo que se indique lo contrario.

ofreció una clasificación alfabética extensiva de las profesiones declaradas en las cédulas censales que reprodujo todos los "matices laborales" sin un proceso previo de abstracción ni de reducción de la información. Por el contrario, los censos que le sucedieron modificaron sustancialmente la forma de percibir el universo ocupacional ya que tradujeron la realidad caótica de los formularios a un "cosmos de categorías" ordenadas por sectores de actividad y otros criterios residuales.[56]

En el Censo de 1887, de las siete ocupaciones que conformaron la sección "servicios personales", solo cuatro podían asociarse al sector (domésticos, cocheros, lavanderos y planchadores). Por su parte, en el Censo de 1895 todas las alternativas laborales de dicha sección remitían a ese universo de actividades (cocineros, domésticos, lavanderas, planchadoras, trabajos domésticos). El cambio fue notorio en el relevamiento de 1904. De la veintena de profesiones consignadas, alrededor de la mitad podían conformar aquel segmento laboral (amas de llave, amas de leche, cocineros, domésticos, lavanderos, mucamos, niñeras, porteros, planchadoras, serenos, trabajadores domésticos). En 1909 se amplía aun más el universo, ya que de las veinticinco ocupaciones consignadas, alrededor de la mitad se asociaban a aquel sector (amas de llave, amas de leche, cocineros, domésticos, lacayos, lavanderos, mucamos, niñeras, porteros, planchadoras, serenos, trabajadores domésticos). Por último, en el Censo de 1914, donde el número de ocupaciones se reduce nuevamente, observamos de todas formas que la variedad y cantidad de trabajos que podían estar formando parte del universo del servicio doméstico se mantuvo más o menos estable (amas de leche, amas de llaves, cocineros, cuidadores de casas, damas de compañía, domésticos, gobernantas, mucamos, niñeras, ordenanzas, porteros, serenos).

---

56 Otero, *Estadística y Nación...*, pp. 252 y ss.

Las estimaciones sobre la población potencialmente ocupada en el servicio doméstico en ese período tienen limitaciones porque existieron casos donde una misma denominación condensó profesiones pertenecientes a distintos sectores de actividad, o bien homogeneizó (ocultó) modalidades de empleo distintas. A modo de ejemplo, las amas de leche podían formar parte del plantel de servicio de una familia (criar "en casa del niño") pero también cuidar del niño en sus domicilios particulares ("en su casa") o en la Casa de Expósitos como amas internas o externas.[57] En el caso de los cocineros, cocineras y ayudantes de cocina sucedía algo similar. Muchos se colocaban en casas de familia, pero el censo no discrimina entre estos y aquellos que se empleaban en los cientos de boliches, fondas, bodegones y cafés, y un número similar de hoteles y restaurantes.[58] Los cocheros también conformaban una categoría ambigua, porque si bien por aquellos años había familias que tenían sus coches particulares, esta figura ocupacional designaba en gran medida a quienes se encargaban de trasladar pasajeros que circulaban por las calles o arribaban a las plazas donde se organizaba el servicio de coches públicos.

Los trabajos "domésticos" no fueron privativos del hogar y la expresión "sirvientes" designó a sujetos que realizaban un abanico amplio y variable de actividades. En efecto, los anuncios no sólo ofrecen y demandan sirvientes para hogares particulares sino también para escenarios alternativos como la calle, los comercios u otro tipo de establecimientos.[59]

---

[57] Las condiciones de trabajo de las amas de leche se analizan en el capítulo 6.

[58] Los anuncios son ilustrativos al respecto: "Cocinera *con cama para un matrimonio* se precisa una formal [...]", *LP*, 6 de diciembre de 1870; "Se ofrece un cocinero español *para fonda ó ayudante de Hotel* [...]", *LP*, 11 de agosto de 1875; "Cocinero de profesion, se ofrece [...] *para casa particular ó restaurant* [...]", *LP*, 17 de febrero de 1880.

[59] "Se ofrece *un sirviente joven para ordenanza de alguna oficina de mandados* [...]", *LP*, 20 de febrero de 1875; "se ofrece un *sirviente para una casa de vapores ó casa de cambio* [...]", *LP*, 9 de octubre de 1890.

Muchos de estos trabajos mudaban sus características y coexistían bajo diversas formas. Sin embargo, no siempre es posible dilucidar estas transformaciones a partir de los censos debido a que sus hacedores intentaron conservar las categorías consignadas para favorecer la comparación de los datos. Esta decisión implicó atesorar sus viejos nombres a costa de velar los cambios en las modalidades de contratación, los espacios de trabajo, las relaciones laborales, los niveles de mecanización, entre otros.[60]

Por otra parte, debemos tener en cuenta que la información que aparece en las grillas censales no refleja la totalidad de la estructura ocupacional de la ciudad sino tan solo una parte de esta, dejando por fuera muchos trabajos informales y temporales, aquellos que se realizaban "por horas" y muchos de los que transcurrían en la calle o en el ámbito doméstico (trabajo a domicilio o servicio doméstico).

A los inconvenientes que planteaba la informalidad laboral, se agregan las limitaciones que tuvieron los relevamientos censales para medir la participación económica de las mujeres y los niños. En el caso de las primeras, varias autoras han subrayado que una parte importante de su trabajo era ignorado por los encuestadores por tratarse de actividades muy ligadas al rol tradicional de la mujer, ya que no se diferenciaban claramente de las tareas que ellas realizaban para el hogar.[61] En el caso de los niños y niñas, el problema se asoció al ocultamiento o distorsión de los datos facilitado por los patrones y por los propios familiares, que

---

[60] Como se aprecia en estos avisos, en todos los casos se requieren "lavanderas": "Lavandera se precisa *para medio día para hotel* [...]"; "lavandera *para taller de planchado* se precisa [...]"; "Lavandera que sepa planchar bien se necesita *para casa de familia por mes* [...]", *LP*, 4 de enero de 1910. Algo similar ocurre con las planchadoras: "Se ofrece una planchadora [...] *tanto para casa particular, por día, como en su casa*", *LP*, 11 de febrero de 1875; "Se ofrece una mujer formal *para lavar y planchar en un hotel ó restaurant* [...]", *LP*, 24 de abril de 1880; "Mujer formal portugueza [...] se ofrece *para coser y planchar con pieza y comida para el marido y sueldo* [...]", *LP*, 12 de abril de 1890.

[61] Véase: Wainerman, Catalina y Rechini de Lattes, Zulma, "La medición del trabajo..."; Feijóo, María del Carmen, "Las trabajadoras porteñas...", p. 287.

por miedo a que perdieran el empleo, mentían sobre sus edades, la duración de las jornadas, los horarios y las condiciones de trabajo en general. A esto se agrega la falta de un criterio uniforme en las formas de registrar el trabajo infantil: mientras algunos censos contemplaron parcialmente la participación de los menores de edad (básicamente en la industria y el comercio), hubo relevamientos que directamente no la consideraron.[62]

Asimismo, conforme a una matriz legalista, los censos definieron una edad mínima para requerir información sobre la ocupación. Se estableció que el período laboral se extendía entre los 15 y los 60 años y, en consecuencia, se solicitó información sobre ocupación a "personas mayores de 14 años y más". El corte etario coincidía con el fin del período escolar obligatorio y también con la edad mínima para contraer matrimonio. Esto redundó en la invisibilización de miles de niños y niñas que efectivamente participaban en el mercado de trabajo. Otero ha señalado que "la inadecuación del precepto legalista es particularmente evidente en este punto, ya que la edad al inicio de la actividad laboral era en muchos casos inferior a la establecida por la ley".[63]

A pesar de las dificultades que presenta la reconstrucción del servicio doméstico como objeto de estudio y las distorsiones que ofrecen los datos, lo que estas evidencias revelan es que el servicio doméstico era un ámbito de trabajo de límites difusos y móviles, con muchas zonas grises, pero cuya importancia numérica fue sustancial en la Ciudad de Buenos Aires de fines del siglo XIX y principios del XX. Con niveles nada desdeñables de representatividad, el sector absorbió para 1869 alrededor del 20% del total de la población "con ocupación", es decir, unas 20.000 personas.

---

[62] Véase: Suriano, Juan, "Niños trabajadores. Una aproximación al trabajo infantil en la industria porteña de comienzos de siglo", en Armus Diego (comp.), *Mundo urbano y cultura popular*, Buenos Aires, Sudamericana, 1990, pp. 253 y ss.; del mismo autor: "El trabajo infantil...", pp. 353 y ss.
[63] Otero, *Estadística y nación...*, pp. 253-254.

Su importancia relativa fue disminuyendo hasta representar para 1914 alrededor de un 8%, pero aun así, en términos absolutos este segmento laboral siguió engrosando sus filas y cuadruplicó su número, superando los 90.000.

Como se aprecia en el siguiente cuadro, en relación con el peso relativo de los distintos trabajos y actividades que conformaron el universo del servicio doméstico, las categorías "trabajos domésticos", sirvientes, sirvientas, domésticos, domésticas, mucamos, mucamas y cocineros y cocineras constituían la mayor parte del sector.

Cuadro N° 2. Ocupaciones vinculadas al servicio doméstico consignadas por los Censos Nacionales y de la Ciudad de Buenos Aires, 1869-1914

Ocupaciones consignadas	1869	1887	1895	1904	1909	1914
Amas de llave				73	113	278
Amas de leche	133			520	595	674
Cocineros/as	3.768		9.553	9.450	20.933	25.850
Cuidadores/as de casas					189	662
Damas de compañía						86
Domésticos		29.870	21.571	12.584	36.304	37.989
Gobernantas						300

Jardineros	205					
Lacayos					98	
Lavanderas	3.351	4.536	4.295	3.813	4.301	
Mucamos/as	1.676			10.966	25.968	21.499
Mayordomos	41					
Niñeras				164	1.282	2.215
Ordenanzas						718
Planchadoras	2.393	4.515	6.247	731		
Porteros	98			6.945	956	1.967
Serenos	151			76	155	792
Sirvientes/as	8.325					
Trabajos domésticos			1.016	9.886	44.177	
Total	20.141	38.921	42.682	55.208	135.071	93.030

Fuente: Censos Nacionales de 1869, 1895 y 1914 y Censos de la Ciudad de Buenos Aires de 1887, 1904 y 1909.

A medida que se fue organizando un mercado de trabajo en torno a los avisos de empleo, la demanda se masificó y eran muchos más los anuncios que se publicaban solicitando sirvientas que los que se ofrecían. Efectivamente, la figura ocupacional más solicitada (y posiblemente la que pudo estar sometida a las jornadas de trabajo más intensas) era la denominada "sirvienta" (a secas) o la que se requería "para todo servicio" o "para todo trabajo". Sobre ellas (y decimos ellas porque generalmente eran mujeres las que se colocaban en estas condiciones), recaían gran parte de los quehaceres domésticos y las necesidades de servicio de las familias con las que se colocaban: "Sirvienta se precisa una que sepa su obligacion *para todo trabajo* [...]. Se prefiere estrangera"; "Se precisa una muchacha de 10 á 12 años *para todo servicio*"; "Criada *para todo servicio* que sepa cocinar".[64] Otras veces, las funciones y labores domésticas eran desempeñadas por trabajadores especializados o al menos convocados a través de los periódicos para formar parte de un plantel de sirvientes más o menos numeroso y diferenciado, en el que primaba cierta división del trabajo en el servicio a las familias: "Se necesita en casa de corta familia, *una cocinera de profesion* y de preferencia francesa sueldo hasta 70$, *también mucama de adentro que sepa coser*, sueldo hasta 30$, *y otra de afuera*, sueldo hasta 45$, conociendo sus obligaciones, Paso 770"; "*Niñera de primer orden necesito*, 95$, *además una cocinera, mucama y costurera*, que sepa festonear, Cabildo 732."[65] Sin embargo, las categorías ocupacionales no siempre hacían justicia a la amplitud de tareas llevadas a cabo ya que muchas veces las cocineras lavaban y planchaban, las mucamas cuidaban niños, las sirvientas cocinaban, etc.[66] Como han señalado Guiral y Thuillier, las condiciones de vida y de trabajo de los y las sirvientes estaban en gran medida ligadas al nivel de vida de sus patrones y al lugar que estos les daban al interior de la vida doméstica y

---

[64] *LP*, 6 de agosto de 1875; *LP*, 22 de febrero de 1880; *LP*, 1° de febrero de 1890; *LP*, 3 de enero de 1900; *LP*, 3 de abril de 1905; *LP*, 4 de enero de 1910.

[65] *LP*, 12 de enero de 1910; *LP*, 10 de mayo de 1870; *LP*, 5 de septiembre de 1900; *LP*, 3 de junio de 1905; *LP*, 3 de junio de 1905; *LP*, 5 de mayo de 1910.

[66] "*Sirvienta que sepa lavar y planchar* [...]. *LP*, 1° de diciembre de 1870; "*Mucama para cuidar niño*, se necesita [...]", *LP*, 3 de diciembre de 1870; "[...] se necesita *una cocinera que sepa planchar*", *LP*, 12 de octubre de 1875; "*Se necesita cocinera para el servicio* de tres personas *y lavar y planchar la ropa chica* [...]", *LP*, 25 de enero de 1905.

en la familia, según sus hábitos y costumbres.[67] No era lo mismo trabajar para el abultado servicio de una familia de alta alcurnia que ser la sirvienta "para todo trabajo" de una familia numerosa con recursos limitados.

Para apreciar las dimensiones que adquirió el servicio doméstico en la Ciudad de Buenos Aires, también podemos valernos de mediciones realizadas en otras ciudades. Si lo comparamos con Córdoba, observamos un comportamiento similar del sector en términos relativos (que pasó de representar el 23% de la población mayor de 14 años en 1869, a explicar el 15% en 1906).[68] En términos absolutos la diferencia es sustantiva, ya que el tamaño del servicio doméstico de Buenos Aires es de 4 a 6 veces mayor (en Córdoba los trabajadores del servicio doméstico sumaban algo más de 4.600 en 1869 y menos de 9.000 en 1906). Pero si ponemos en relación el número de sirvientes con la población total de cada una de estas ciudades argentinas, el peso del servicio doméstico fue un poco más significativo en Córdoba que en Buenos Aires.[69]

En Río de Janeiro a fines del siglo XIX, las cifras eran mucho más abultadas. En 1870, se registraron más de 53.000 trabajadores domésticos (casi el triple que en Buenos Aires), que representaban más del 22% de la población total. En 1890, sumaron poco menos de 75.000. Si bien con el cambio de siglo la distancia entre el número de sirvientes de una y otra ciudad se achicó, el peso del sector en la estructura ocupacional resultó ser más importante en Río,

---

[67] Guiral, P. y Thuillier, G., *La vie quotidienne...*
[68] Remedi, "Las trabajadoras del...", pp. 49-50.
[69] La población de la ciudad de Córdoba representaba menos del 10% de la de Buenos Aires.

donde se registraron más de 117.000 trabajadores domésticos en 1906, es decir, más del 14% de la población total de la ciudad.[70]

En París, el tamaño del sector era significativamente superior. Albergó entre 900.000 y un 1.000.000 de personas entre 1850 y 1911, pero con el estallido de la Primera Guerra Mundial cayó abruptamente y solo se contabilizaron 150.000 domésticos, cifras más cercanas a las registradas para Buenos Aires en esos mismos años.[71] En el caso de Madrid, se dispone de información para mediados del siglo XIX: los sirvientes representaban el 10% para 1846, sumando poco menos de 24.000 ocupados, y el 14% para 1860, con unos 45.000 trabajadores.[72]

El lugar del servicio doméstico en la estructura ocupacional de las distintas ciudades fue más o menos similar en términos relativos. Lo que varió es el tamaño del sector en términos absolutos. Este último aspecto estuvo asociado a la cantidad de habitantes que albergaban las ciudades y a las posibilidades que el mercado de trabajo les ofrecía. En relación con otras ciudades latinoamericanas y europeas, el servicio doméstico en Buenos Aires resultó ser más discreto.

El servicio doméstico fue un fenómeno generalizado. No era una costumbre privativa de las clases acomodadas ya que gran parte de la población de Buenos Aires tenía sirvientes a su disposición. Antes del cambio de siglo, un

---

[70] Véase Fernandes de Souza, Flavia, "Entre a convivência e a retribuição: trabalho e Subordinação nos significados sociais da prestação de Serviços *domésticos* (cidade do Rio de Janeiro, 1870-1900)", em *Revista de História Comparada*, Rio de Janeiro, 4-1: 93-125, 2010, pp. 121-122. Disponible en: goo.gl/Xk7ub7.

[71] Durante el período en cuestión estas cifras representaron alrededor del 7% de la población ocupada. Fraisse, *Femmes toutes mains...*, p. 17. Véase: Guiral y Thuillier, *La vie quotidienne...*, pp. 10-12.

[72] Sarasúa, *Criados, nodrizas y amos...*, pp. 70 y ss. Datos cuantitativos para otras ciudades europeas se encuentran en Sarti, Rafaella, "Criados, servi, domestique...", pp. 25 y ss.

observador destacaba que la posibilidad de "hacerse servir" era una aspiración que se extendía a lo largo de toda la escala social:

> [...] El número de los que quieren hacerse servir es mucho mayor de los que sirven. Y se comprende. A causa de la inmigración europea hay permanentemente en Buenos Aires un desequilibrio considerable entre la población masculina y la femenina con la circunstancia agravante de que muchos inmigrantes [...] mejoran pronto su situación y se ponen en condiciones de hacerse servir; añada Ud. que el concubinato entre los pobres es una cosa naturalísima y está bastante extendida; que no hay verdulera que, apenas pueda, no use sirvienta, ni señora que se pase con una ó dos si puede tener tres ó cuatro [...].[73]

Con ocasión de la presentación de un proyecto para reglamentar el servicio doméstico en 1912, un concejal señalaba que "la mayor parte de la población de Buenos Aires, con excepción de la obrera que [vivía] en casas de inquilinato o conventillos, [tenían] sirvientes a disposición".[74]

De todas formas, el estudio de este sector laboral interesa más allá de su importancia cuantitativa. Se trató de un ámbito de trabajo de límites difusos y móviles. Su complejidad constitutiva no solo se tradujo en la existencia de diferentes categorías ocupacionales, tareas y funciones, condiciones de contratación y espacios laborales. Como se mostrará en las páginas siguientes, entre las múltiples formas que asumió el servicio doméstico, se encuentran relaciones de trabajo no remuneradas, "arreglos" en los que lo laboral y lo familiar se yuxtaponen, en

---

[73] Latino, Aníbal, *Tipos y costumbres bonaerenses*, España, Hyspamérica, 1984, pp. 140-141.
[74] Dirección General Centro Documental de Información y Archivo Legislativo (CEDOM), República Argentina, *Versiones Taquigráficas de las Sesiones del H. Concejo Deliberante de la Ciudad de Buenos Aires correspondientes al 1° período de 1912*, Buenos Aires, 1919, p. 260.

el marco de concepciones remunerativas que excedieron al pago salarial. Al conectar al trabajo doméstico con procesos más amplios, los capítulos que siguen permitirán entrelazar el análisis de este objeto con fenómenos tales como la inmigración, la circulación de niños, dinámicas familiares y prácticas de crianza, políticas asistenciales del Estado y, más en general, los mecanismos de reproducción social de las clases trabajadoras.

2

La composición social del servicio doméstico

En el año 1900, *Caras y Caretas* publicó una nota en la que planteaba los enojosos pormenores a los que se enfrentaban los patrones al momento de lidiar con el servicio doméstico.[75] Señalaba que cuando de mucamas se trataba, no era cuestión de "saberlas elegir" ya que no había elección posible, salvo que se hiciera "entre las malas y las peores". Con un tono socarrón, el autor mencionaba algunas de las recomendaciones que le habían dado y los chascos que una y otra vez se había llevado:

> -Tome usted siempre *muchachas recién venidas*, y si son gallegas mejor -nos aconsejaron algunas personas-. No están maleadas, no tienen pretensiones de sueldo, son fieles y como llegan ignorantes de todo, puede usted educarlas a sus gustos y costumbres.
> Y en efecto, de las cinco que tomamos á prueba, una nos dejó sin valija, la otra nos sorprendió con un botín en la sopera, otra no pudo habituarse a vivir sin los dedos en las narices y de las viandas, una nos hizo comer á pequeñas dosis la mitad de su enmarañado cabello y *otra resultó con un almácigo de primos, cuyas visitas la impidieron atender á los que no éramos de su familia*.
> [...] No tome Ud. para el servicio muchachas recién venidas. *Saque una menor*, y ya verá que bien le cumple, por miedo á volver al asilo -nos recomendaron otros.

---

[75] *Caras y Caretas (CC)*, 26 de mayo de 1900, p. 14.

> Y la menor vino á casa, tras las diligencias, expedientes y formalidades de rúbrica.
> Y á los diez ó doce días casi nos pega con la escoba porque le dijimos que el aceite era para cocinar y no para cubrir de manchas el pavimento de madera.
> Déjese de reclutas y busque *una sirvienta veterana*, aunque se haga pagar –nos advirtieron no pocos.
> Y merecimos el honor de que nos admitiera como patrones una que se anunciaba por los diarios [...] Pero sucedió que ella había estado siempre en casa donde su habitación tenía balcones á la calle, y donde se dejaba á su voluntad lo que debía traerse del mercado [...] y donde era lícito el paseo a cualquier instante, en fin donde amos y criados se confundían en un armónico conjunto de niveladoras preeminencias y es claro [...] tuvimos que pasar por la terrible amargura de quedarnos sin veterana que supiera cumplir con su obligación, aunque se hiciera pagar.
> Y hoy con una y mañana con otra y siempre explotados, y jamás bien servidos, van pasando sin que la más mínima esperanza de redención venga á endulzar nuestra arrastrada vida de patrones.[76]

Este pasaje ilustra, por un lado, la melancolía frente a la escasa observancia de las jerarquías sociales tradicionales y, por el otro, el habitual lamento de los patrones frente a (lo que se presentaba como) la desidia y la insolencia de los y las sirvientes, sentimiento que por cierto no era privativo de los porteños ya que se replicaba en distintos contextos nacionales.[77]

Aquella no fue la única oportunidad en la que el *magazine* le concedió un espacio al servicio doméstico, "uno de los grandes problemas que hoy como ayer y como siempre han traído y traen á mal traer á las señoras". En 1910, otra nota hacía referencia a las ventajas que aparejaba tomar un muchacho, señalando que era mejor que cualquier mujer

---

[76] *Ib*. El subrayado es nuestro.
[77] Véase: Moya, *Primos y extranjeros...*, p. 238.

asalariada, "sin contar que queda[ba] así abolido el terrible é inevitable novio de la Menegilda, y sus desplantes y otra no poco despreciable clase de peligros".[78]

Por último, otro artículo, titulado "Poliglotismo doméstico", aludía a la inestabilidad de los vínculos entre patrones y sirvientes relatando las desventuras de un señor que no lograba dar con una sirvienta honesta y leal a sus patrones.[79] Enfatizaba ante todo la frecuente extranjería de quienes prestaban servicios domésticos, sus diversos orígenes nacionales, sus "fabulosas pretensiones", sus "abusos" y sus "ingratas defecciones":

> Don Ventura de Tripotenti se daba con la cabeza contra las paredes, ante la imposibilidad de conservar servicio doméstico por más de quince días; las mucamas que periódicamente iba á recibir en el desembarcadero de la dársena norte, exteriorizaban pretensiones fabulosas, cual queriendo demostrar de primer intento que venían bien informadas acerca de las brillantísimas condiciones económicas de la Atenas del Sur.
>
> Gallegas de Pontevedra, napolitanas de Sorrento y francesas de la frontera belga, inventariaban primeramente con abusiva prolijidad al postulante á la honra de tenerlas á su servicio, indagando si tenía "señora, criaturas menores, perros de cría y loro que tarareara la Marsellesa ó el Himno de Riego".
>
> [...] Acudía invariablemente, cada mes á mediados de semana, al flamante Hotel de Inmigrantes [...] Y cerrado el trato, con á veces desesperantes dificultades de expresión dialectal por ambas partes [...] arreaba a casa con la elegida.
>
> [...] Sucesivamente y al azar de la nacionalidad de sus sirvientas [...] fue aprendiendo distintos idiomas extranjeros, inclusive el guaraní; pero el premio a la abnegación de sus esfuerzos, hasta ahora siempre resultó burlado. Tuvo

---

[78] "El problema del servicio doméstico", *CC*, 15 de octubre de 1910, N° 628, p. 64.
[79] "Poliglotismo doméstico", *CC*, Buenos Aires, 14 de septiembre de 1912, N° 718, p. 117.

servicio español, alemán, inglés, lusitano y doncellas curtidas del Transvaal; por consiguiente aprendió todos los idiomas y dialectos respectivos.

A todas las analfabetas enseño á leer y escribir; les redactaba cartas para el cura, el novio [...] lo peor del caso es que todas las muchachas se le fueron [...] además le sacaban el cuero desde el almacén de la esquina hasta la cueva del carbonero [...].

[...] Hoy en día don Ventura Tripotenti tiene canas [...] ha olvidado uno por uno todos los idiomas que aprendiera en su generoso apostolado instructor... hasta el idioma nacional, el de menor uso en su casa [...].[footnote]*Ib.*[/footnote]

Más allá del grotesco, estas expresiones permiten apreciar que, aunque las relaciones entre patrones y sirvientes se construyeron sobre la base de desigualdades y jerarquías, hubo espacio para acuerdos, negociaciones y conflictos. Pero no todos eran iguales y tampoco se vincularon de la misma forma con sus patrones.

El género fue una de las condiciones que definió a los y las sirvientes, mas no la única.[80] Si la historia de las mujeres ha contribuido a superar la visión de los trabajadores como un sujeto homogéneo y ha incorporado la importancia del género como dimensión de análisis, es fundamental complejizar la mirada y reconocer determinaciones adicionales. En este sentido, el servicio doméstico se constituyó en un espacio social de trabajo donde además del género, las distinciones etarias, étnicas o raciales, y sobre todo de clase,

---

[80] Por "género" nos referimos a la construcción social de la diferencia sexual, a las formas mediante las cuales las diferencias biológicas producen roles diferenciados y formas de organización social en las que subyacen relaciones de poder. El género es el saber sobre la diferencia sexual, el cual no está biológicamente prefijado, sino que se va conformando cultural e históricamente y ordena las relaciones sociales. En palabras de Scott: "el género es un elemento constitutivo de las relaciones sociales basadas en las diferencias que distinguen los sexos y el género es una forma primaria de relaciones de poder". Scott, Joan W., "El género: una categoría útil para el análisis histórico", en Lamas, Marta (comp.), *El género: la construcción social de la diferencia sexual*, México, Miguel Ángel Porrúa Grupo Editor, 1996, p. 289.

ordenaron y conformaron las relaciones entre patrones y sirvientes (y de sirvientes entre sí) y definieron sus posiciones dentro y fuera del hogar.[81]

No es natural que en la organización social de la división sexual del trabajo, a las mujeres se les hayan reconocido (adjudicado) atributos innatos para el desempeño de tareas domésticas y reproductivas, y que sean ellas las que más se ocuparon en este tipo de actividades. En la ciudad de Buenos Aires de fines del siglo XIX y principios del XX, no fueron ellas las únicas que prestaron servicios domésticos. La participación de varones, aunque decreciente, fue significativa y la presencia de niños a partir de arreglos diversos (con padres, familiares o "tutores") también fue un fenómeno insoslayable. La incorporación de inmigrantes europeos fue masiva y por estos años la composición del sector se transformó sustancialmente. La situación familiar de los y las sirvientes era diversa y compleja: si bien algunos no tenían ataduras, otros estaban casados o habían enviudado y muchos tenían hijos o personas a cargo. Sus compromisos afectivos y familiares se trastocaban en función de las condiciones que debían aceptar para conseguir una colocación. Ante las urgencias que les imponía la misma subsistencia, en este escenario urbano era habitual encontrarse con mujeres que se separaban de sus maridos, hombres que se separaban de su mujer y sus hijos, hijos que no podían permanecer junto a sus madres.

---

[81] Por "etnicidad" nos referimos a las prácticas culturales y perspectivas que distinguen a una determinada comunidad de personas. Véase: Giddens, Anthony, "Etnicidad y raza", en Giddens, Anthony, *Sociología*, Alianza Editorial, Madrid, 2000, pp. 277-315.

Varones y mujeres

Las tareas domésticas fueron en general actividades socialmente atribuidas a las mujeres y efectivamente fueron ellas las que más se destacaron en el rubro. En el período que nos ocupa, su participación en el sector se incrementó notablemente en términos absolutos, sumando más de 20.000 para 1887 y más de 57.000 para 1914.[82] De todas formas, en relación con otras actividades que también absorbieron mano de obra femenina, la importancia de las categorías ocupacionales asociadas al servicio doméstico fue disminuyendo a medida que avanzaba el siglo XX porque las mujeres se fueron incorporando a otras esferas del universo laboral. Aun así, para el período en cuestión los niveles de incidencia del servicio doméstico en el total de la participación femenina fueron muy significativos ya que llegó a concentrar al menos un cuarto de las mujeres con ocupación.

Las páginas de los diarios estaban plagadas de avisos que tuvieron a las mujeres como protagonistas. El universo de estas publicidades era inagotable, todos los días podían leerse ofrecimientos y requerimientos de empleo: "Sirvientas buenas, se precisan dos, una para mucama y otra para niñera [...]";[83] "Se ofrece una cocinera vasca española, sin cama, dando buenas recomendaciones de su conducta [...]";[84] "Sirvienta, se necesita una que sea mujer sola y con cama [...]";[85] "Mucama de preferencia francesa o alemana se necesita para casa en Belgrano [...]".[86]

---

[82] En estas cifras no están consideradas las cocineras, que constituyeron un grupo muy numeroso. Para 1895 sumaron algo menos de 7.000 (más del 70% de la categoría "cocineros") y en 1915 se triplicaron sumando más de 21.000 (aproximadamente el 84% de la fuerza de trabajo registrada en dicha categoría). Véase: capítulo 1.
[83] *LP*, 5 de noviembre de 1870.
[84] *LP*, 17 de febrero de 1880.
[85] *LP*, 1 de febrero de 1890.
[86] *LP*, 4 de enero de 1910.

Figura N° 1. "Sirvienta con cama que sepa cocinar"

Fuente: *Caras y Caretas*, 19 de octubre de 1900, N° 107, p. 37.

A pesar de la presencia mayoritaria de mujeres, las cédulas censales evidencian que para el año 1869 aproximadamente 30 de cada 100 sirvientes eran varones.[87]

---

[87] La presencia de varones en el servicio doméstico ha sido observada en otras ciudades latinoamericanas y europeas. En la ciudad de México, algo más del 21% de los sirvientes eran varones para 1910. Goldsmith, Mary, "De sirvientas a trabajadoras. La cara cambiante del servicio doméstico en la ciudad de México", en Lamas, Marta (comp.), *Miradas feministas sobre las mexicanas del siglo XX*, México, FCE, 2007, p. 90. En Río de Janeiro, entre 1870 y 1900 cerca del 20% o 30% del servicio doméstico era masculino. Fernandes de Souza, "Entre a convivência...", p. 122. En París, los hombres representaban el 31,7% de los domésticos en 1851 y el 17% en 1901. Guiral y Thuillier, *La vie quotidienne...*, pp. 10-11. Referencias para otras ciudades europeas se encuentran en Sarti, Rafaella, "Criados, servi, domestique...", pp. 26 y ss.

La importancia relativa de estos tendió a disminuir como correlato de la diversificación y complejización del mercado de trabajo urbano. Sin embargo, un repaso rápido por las columnas de los avisos permite señalar que la presencia de varones que se ofrecían y se solicitaban para este tipo de trabajos fue permanente. La publicación de avisos tales como "Se ofrece un hombre español para cocinero, mucamo o portero [...]";[88] "Se necesita un mucamo que sepa bien su trabajo [...]";[89] "Se ofrece un cochero para casa particular [...]";[90] "Se ofrece hombre italiano [...] entiende de cocina y servicio doméstico [...]";[91] "Muchacho se necesita uno para el servicio de una casa particular [...]"[92], confirman una y otra vez su persistencia a través de los años.

Una mirada pormenorizada de los censos, las cédulas y los avisos sugiere que varones y mujeres tenían inserciones diferentes al interior del rubro. Ellas se desempeñaban como amas de leche, amas de llaves, costureras, lavanderas, niñeras, planchadoras. Ellos, generalmente como mucamos, valets, chefs, pinches, cocheros, porteros, jardineros. Sin embargo, era en los trabajos más habituales -como los de cocineros y cocineras, mucamos y mucamas, sirvientes y sirvientas, domésticos y domésticas- donde varones y mujeres se agolpaban compartiendo experiencias de trabajo y de vida.

---

[88] *LP*, 9 de marzo de 1875.
[89] *LP*, 17 de febrero de 1880.
[90] *Ib.*
[91] *LP*, 3 de enero de 1900.
[92] *Ib.*

Figura 2. Figuras ocupacionales del servicio doméstico

Fuente: *Caras y Caretas*, Buenos Aires, 6 de julio de 1901, N° 144, p.37.

El predominio de las mujeres se acrecentó pasando del 70% al 90% de los sirvientes entre 1869 y 1914. Como bien lo demuestra el siguiente gráfico, la relación entre estas y los trabajos domésticos se reafirmó y con el tiempo este espacio laboral se constituyó en un reducto eminentemente femenino. En efecto, los censos nacionales posteriores evidenciaron que las mujeres representaron el 94% del sector para 1947 y el 97% para 1960.

Gráfico N° 3

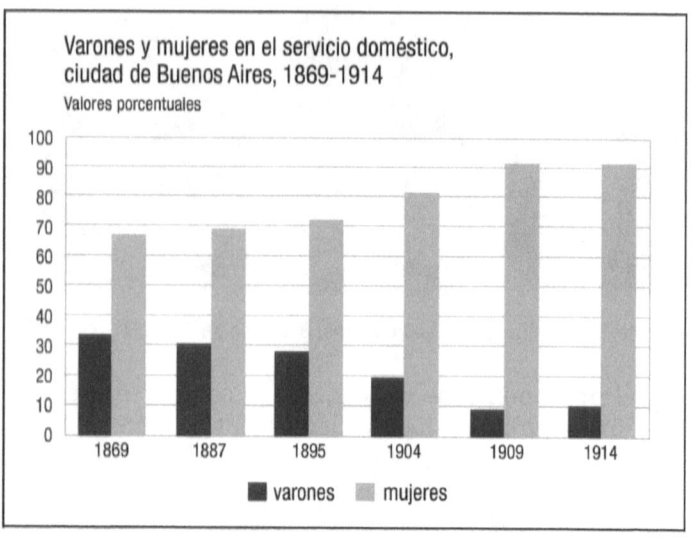

*Los datos para 1869 fueron extraídos de una muestra de 1.000 sirvientes confeccionada a partir de las cédulas censales.
Fuente: AGN, cédulas censales del Censo Nacional de Población de 1869; Censos Nacionales de Población de 1895 y 1914 y Censos de Población de la Ciudad de Buenos Aires de 1887, 1904 y 1909.

Sin embargo, la existencia de varones socava la idea arraigada en el imaginario social que concebía a las mujeres constituidas por "naturaleza" para el desempeño de trabajos domésticos. Los avisos confirman esta tensión al enfatizar en sus líneas una condición muchas veces excluyente al momento de la contratación: la necesidad de saber hacer el trabajo para el cual se ofrecían o solicitaban las mujeres. Son habituales menciones tales como: "Sirvienta extranjera, se necesita una *que sepa bien su oficio* [...]";[93] "Niñera se necesita una *que sepa cumplir con su obligación* [...]";[94] "Se necesita una

---

[93] *LP*, 17 de febrero de 1875.
[94] *LP*, 8 de enero de 1885.

que sea mujer sola y con cama y se le pagará un buen sueldo si sabe cocinar bien, *inútil es se presente si no sabe cumplir con su obligación*";[95] "Sirvienta que sepa coser y planchar se necesita en casa de muy corta familia [...] *inútil presentarse si no es competente*".[96] Estos requisitos evidencian que, al igual que los varones, las mujeres "aprendían" a realizar trabajos domésticos. Lo que ocurre es que estos procesos de aprendizaje generalmente formaban parte de prácticas informales o de experiencias de instrucción en espacios de enseñanza (como asilos de menores o establecimientos religiosos) que no eran reconocidos por no estar formalmente institucionalizados.[97] Se comprende entonces que hubiera mujeres que no conocieran el oficio o que no tuvieran las aptitudes necesarias para realizar trabajos domésticos. En definitiva, se trataba de un *métier*, aunque no siempre fuera reconocido como tal. Las tareas domésticas eran desvalorizadas socialmente y, al estar ligadas a la cotidianeidad de las mujeres en sus hogares y a las condiciones materiales de vida, no siempre eran identificadas como "trabajo".

Ahora bien, el aumento de la participación femenina experimentado a principios del siglo XX en el sector merece atención. Por un lado, la deserción de los varones de este medio de vida estaba claramente asociada a la existencia

---

[95] *LP*, 1 de febrero de 1890.
[96] *LP*, 4 de enero de 1910.
[97] Fernandes de Souza, "Entre a convivência...", p. 96. Si comparamos a las trabajadoras domésticas con el caso de las empleadas administrativas tal vez se evidencia mejor lo antedicho. Queirolo ha señalado que las mujeres que querían emplearse en "trabajos de escritorio" no solo debían saber leer y escribir como un requisito excluyente, sino que además debían capacitarse a través del paso por una densa red de profesores, institutos y academias que las formaban en saberes específicos de mecanografía, taquigrafía, caligrafía, etc. Queirolo, "Las mujeres y los niños...". A diferencia de lo que ocurría con las y los sirvientes, el proceso de capacitación de las empleadas administrativas era formal y estaba institucionalizado. Un análisis de las dificultades en la inserción de las mujeres en el mercado laboral y las trabas impuestas por el sistema educativo formal e informal se encuentra en los trabajos que componen el *dossier*: Ramacciotti, Karina Inés, "Dossier. Mujeres, trabajo y profesionalización". Disponible en: http://goo.gl/eWcKvd.

de alternativas de inserción en el mercado de trabajo más numerosas y tentadoras. Pero el repliegue de los varones de los servicios domésticos estuvo atravesado por otra condición: la edad. Los que mudaron de ocupación fueron, mayoritariamente, los adultos. Los niños permanecieron prestando servicios domésticos, aunque no necesariamente con familias acomodadas, sino más bien modestos patrones que disponían de menores recursos y que, al momento de contratar sirvientes, se contentaban con tomar niños a un muy bajo costo. En este plano, dos grandes universos de empleo se distinguen con claridad. Por un lado, se vislumbra el servicio de las grandes casas, con plantillas numerosas, diferenciadas y jerárquicas. Por otro, el servicio de las familias más modestas y de recursos limitados, que podían tener dos sirvientes (cocinera y mucama, sirvienta y niñera, mucama y criado) o bien la ya mencionada sirvienta "para todo servicio" o simplemente, el "sirviente o sirvienta", el "doméstico o doméstica" o el "muchacho o muchacha", que eran genéricamente las expresiones más utilizadas. Con el paso de los años, las mujeres fueron copando los puestos de esos espacios en sus diversas variantes.

En la Ciudad de Buenos Aires, la feminización del sector se dio junto a otro proceso intrínsecamente ligado al anterior, y de mayor duración: la simplificación e indiferenciación creciente del servicio doméstico como consecuencia de una disminución progresiva de las figuras ocupacionales que lo conformaban. Cárdenas destaca algunas transformaciones. En primer lugar, desaparecieron del escenario doméstico las ocupaciones típicamente masculinas, como los cocheros, choferes, chefs, pinches o ayudantes de cocina, valets, lacayos, entre otras.[98] Además, entre 1914

---

[98] Véase: Cárdenas, *Ramona y el robot...*, pp. 99-100; pp. 110-111. Algunas de estas ocupaciones dejaron de existir y otras se desvincularon del sector hasta autonomizarse y constituirse en un gremio aparte. Seguramente este movimiento les permitió desmarcarse de la desvalorización de los trabajos domésticos e iniciar un camino de resignificación social de sus ocupaciones que se tradujo en algunos casos en mejoras en las condiciones laborales.

y 1947, el número de "empleadas de casa de familia" (cambia la forma de designarlas) disminuye considerablemente, así como las colocaciones "cama adentro", que comienzan a ser reemplazadas paulatinamente por el servicio "cama afuera" o "por horas". Esto pudo deberse a limitaciones en el espacio doméstico o a motivos económicos, pero lo cierto es que los "dueños de casa" se vieron obligados a reducir su personal que redundó en una menor diferenciación de las tareas domésticas. La autora señala que a mediados de siglo comienza a perderse el refinamiento y sofisticación del servicio doméstico y asocia estas modificaciones a los cambios en la composición del sector, porque a diferencia de los inmigrantes provenientes de Europa (varones y mujeres), "las mujeres que llegan de las provincias o de países limítrofes en busca de trabajo por lo general no han concluido la instrucción primaria y tienen una educación precaria.[99] En contraposición a esta perspectiva, es posible considerar que la simplificación en el servicio doméstico responde a cambios en los patrones sociales, culturales y técnicos, y no a cambios en el perfil de la población que se ocupa en el segmento laboral. Ahora bien, si estos movimientos de feminización, disminución, simplificación, indiferenciación del servicio doméstico se sucedieron en forma más o menos simultánea, cada uno tuvo un ritmo y una duración particular.

Niños y niñas

La presencia de niños en el servicio doméstico es difícil de dimensionar, debido a los problemas que tuvieron los relevamientos censales para registrar el trabajo infantil en general y las actividades domésticas en particular. En consecuencia, para poder estimar su importancia cuantitativa se ha recurrido a las

---

[99] *Ib.*, p. 110. *Ib.*, pp. 99-100; pp. 110-111.

cédulas censales de cuyo análisis y procesamiento se constata que el trabajo de niños menores de 14 años en este segmento laboral era muy frecuente y que a partir de los 6 años de edad (si no antes) muchos de ellos eran colocados como sirvientes, criados o niñeras, para ganarse la vida.

El gráfico siguiente permite apreciar los cambios entre ambos censos. Si bien una porción análoga de los sirvientes y sirvientas considerados no superaba los 25 años de edad, en el lapso que separa las dos muestras hubo una sensible disminución de la presencia de niños en el sector. Si para 1869 los menores de 14 años representaban el 26% de la población afectada al servicio doméstico, para 1895 constituyeron el 10%. Este movimiento pudo estar asociado a una baja efectiva de su participación, o bien, a cambios en los criterios que tuvieron los censistas para registrar el trabajo infantil.

Gráfico N° 4

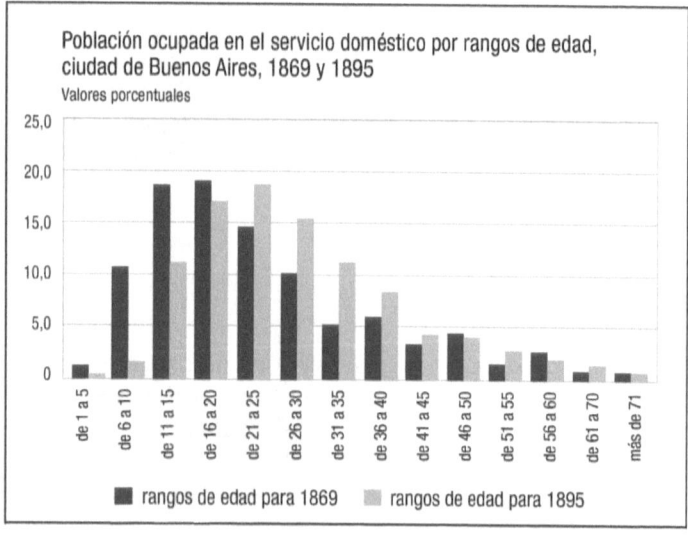

Fuente: cédulas censales del Censo Nacional de Población de 1869 y 1895.

A excepción del primer Censo Nacional de 1869, que procuró registrar a todas las personas con "profesión, oficio, ocupación o medio de vida" sin ningún tipo de exclusión, los Censos Nacionales de 1895 y 1914 solo recogieron información sobre ocupación a "personas de 14 años o más".[100] De todas formas, este criterio no fue absoluto (al menos al momento del registro), ya que muchos niños menores de 14 años quedaron asentados "con ocupación" en las cédulas censales. Esto sugiere que la información que aparece registrada para 1895 es una representación accidentada y parcial que no refleja en toda su extensión la presencia de los menores en el universo de los servicios domésticos.

La falta de este tipo de registros para años posteriores pudo suplirse acudiendo a otras fuentes de información disponibles. En 1901, un artículo publicado en *La Prensa* señalaba que el servicio doméstico ocupaba no menos de 20.000 personas, mujeres y niños en su mayoría, representando estos últimos el 22%.[101] En total se contabilizaron 4500 menores de edad (3500 niñas y 1000 niños sirvientes) estableciéndose entre ellos una relación de 80 niñas sirvientas cada 20 niños de igual condición.

La persistencia de menores de edad en el rubro también se pudo constatar al revisar avisos de empleo. Si bien podemos confirmar la permanencia de población infantil en el servicio doméstico a partir de los anuncios, es difícil dimensionar el volumen de esa participación debido a que estas publicaciones (ofreciendo o solicitando empleo) fueron un mecanismo más de contratación dentro de una serie más amplia. De todas formas, estas fuentes siguen siendo útiles

---

[100] Ese corte etario se definió sobre la base de lo establecido por el Código Civil, que instituyó los 14 años de edad como límite para el cumplimiento con los deberes escolares y para contraer matrimonio. Otero, *Estadística y Nación...*, pp. 253-254.
[101] *La Prensa*, XXIV, 18 de setiembre de 1901. Publicado en González, Ricardo, *Gente y sociedad. Los obreros y el trabajo. Buenos Aires, 1901*, Buenos Aires, CEAL, 1984, pp. 79 y ss.

para abordar el fenómeno, sobre todo para situarlo en relación con otros grupos sociales dentro del rubro y con otros sectores de actividad.

Las páginas del diario *La Prensa* permiten confirmar que era habitual requerir el servicio de niños y niñas para el desempeño de tareas domésticas. Permanentemente aparecen anuncios tales como: "*Muchacho* para el servicio de una corta familia, se necesita uno [...]";[102] "*Muchacha de 10 á 12 años* se necesita una para todo servicio de un matrimonio [...]";[103] "Un sirviente sin cama, se precisa de *uno 12 á 15 años*; es inútil se presente sin informes de buena conducta [...]";[104] "Niñera se necesita *una de 12 á 14 años* [...]";[105] "Muchacha *de 11 á 13 años* se necesita, corta familia [...]";[106] "*Muchacha de 10 años* para poco servicio se necesita [...]".[107]

---

[102] *LP*, 3 de noviembre de 1870.
[103] *LP*, 14 de agosto de 1875.
[104] *LP*, 26 de febrero de 1880.
[105] *LP*, 12 de abril de 1890.
[106] *LP*, 8 de enero de 1905.
[107] *LP*, 4 de enero de 1910.

Figura N°3. Avisos clasificados, 1910

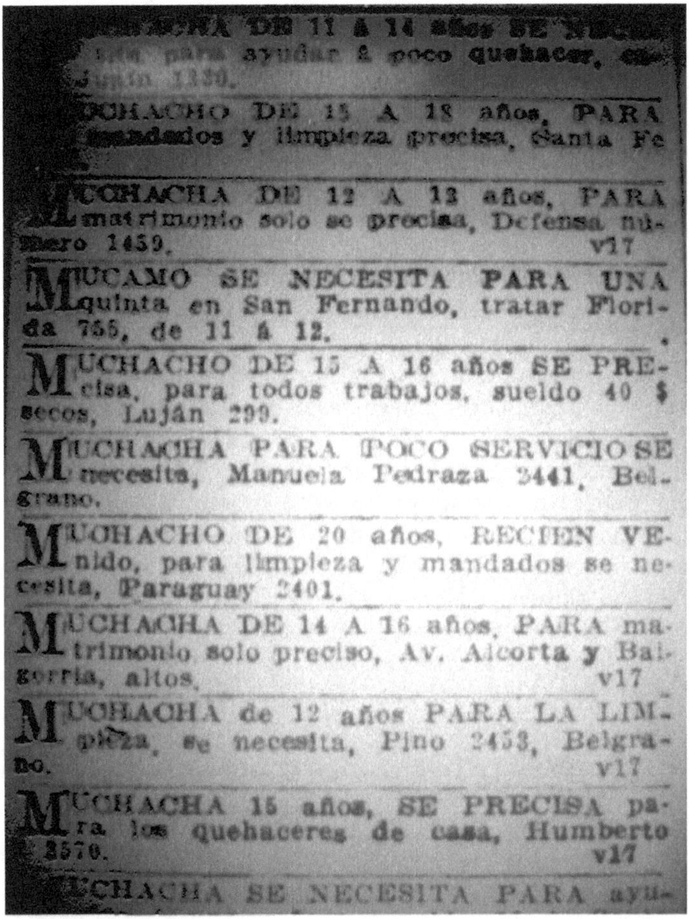

```
[NIÑA] DE 11 A 14 años SE NECE-
sita para ayudar á poco quehacer, es-
Junín 1130.

MUCHACHO DE 15 A 18 años, PARA
mandados y limpieza precisa, Santa Fe

MUCHACHA DE 12 A 13 años, PARA
matrimonio solo se precisa, Defensa nú-
mero 1459.                                v17

MUCAMO SE NECESITA PARA UNA
quinta en San Fernando, tratar Flori-
da 755, de 11 á 12.

MUCHACHO DE 15 A 16 años SE PRE-
cisa, para todos trabajos, sueldo 40 $
secos, Luján 299.

MUCHACHA PARA POCO SERVICIO SE
necesita, Manuela Pedraza 2441, Bel-
grano.

MUCHACHO DE 20 años, RECIEN VE-
nido, para limpieza y mandados se ne-
cesita, Paraguay 2401.

MUCHACHA DE 14 A 16 años, PARA ma-
trimonio solo preciso, Av. Alcorta y Bal-
gorria, altos.                            v17

MUCHACHA de 12 años PARA LA LIM-
pieza, se necesita, Pino 2453, Belgra-
no.                                       v17

MUCHACHA 15 años, SE PRECISA pa-
ra los quehaceres de casa, Humberto
3570.                                     v17

MUCHACHA SE NECESITA PARA ayu-
```

Fuente: *La Prensa*, miércoles 12 de enero de 1910.

Pagani y Alcaraz han analizado en el diario *La Nación* la evolución del mercado laboral de niños y niñas entre 1900 y 1940, y han demostrado no solo la existencia de una oferta y demanda permanente para su desempeño en el servicio doméstico, sino también que los avisos específicos de este sector fueron numéricamente mayores en relación con los de otras actividades como las manufacturas o el comercio.[108] De la contabilización de avisos realizada para el año 1910, surge que la demanda de menores de edad seguía siendo muy importante y, lo que es más interesante aun, que el mercado organizado en torno a los avisos de empleo evidenciaba un déficit crónico, que se tradujo en un desfasaje permanente entre la gran cantidad de menores de edad que se solicitaban y los pocos que se ofrecían (que representaban aproximadamente entre un tercio y un cuarto de los solicitados).

Es posible reconocer cierta segregación ocupacional de los niños por género. Los varones habitualmente participaban de los servicios domésticos en general como sirvientes o mucamos y otras veces en tareas más específicas como la limpieza de patios, los mandados, la ayuda en la cocina: "Se precisa muchacho de 13 ó 12 años *para el servicio de mucamo* [...]";[109] "Muchacho de 13 á 16 años se necesita uno *para sirviente* [...]";[110] "Muchacho se necesita uno de 10 á 12 años, *para mandados y quehaceres de casa* [...]";[111] "Muchacho se ofrece *para peón de cocina de casa particular* [...]";[112] "Muchacho *para servicio de comedor y limpieza* se necesita";[113] "Muchacho se necesita *para servicio y mandados*, de 12 á 14 años [...]";[114] "Muchacho de 12 á 14 años se necesita *para lavar patios y mandados* [...]".[115]

Por su parte, a las niñas se las convocaba generalmente como sirvientas, para cuidar niños, para cargar criaturas, y para todo tipo de servicios: "Muchacha se necesita una

---

[108] Pagani, Estela y Alcaraz, María Victoria, *Mercado laboral del menor (1900-1940)*, Buenos Aires, CEAL, 1991, pp. 35 y ss.
[109] *LP*, 30 de abril de 1875.
[110] *LP*, 24 de abril de 1880.
[111] *LP*, 12 de abril de 1890.
[112] *LP*, 20 de julio de 1900.
[113] *LP*, 26 de noviembre de 1900.
[114] *LP*, 3 de enero de 1900.
[115] *LP*, 4 de enero de 1910.

para cargar una chica [...]";[116] "Muchacha de 12 á 14 años se precisa *para cuidar niños* [...]";[117] "Sirvienta de 13 á 15 años se necesita *para todo servicio* para un matrimonio solo, con recomendación [...]";[118] "Muchacha de 12 á 15 años se necesita *para sirvienta* [...]";[119] "Muchacha de 14 años se ofrece á matrimonio solo, *mucama y servir la mesa*, inútil si no es casa muy seria [...]";[120] "Muchacha de 13 á 16 años se necesita *para todo servicio* [...]";[121] "Muchachita de 12 á 14 años se precisa *para ayudar en el quehacer de muy corta familia* [...].[122]

Los datos y evidencias disponibles permiten suponer que su colocación en el servicio doméstico era una de las primeras experiencias laborales (si no la única) para muchos de ellos, sobre todo si se considera su corta edad y su temprana incorporación al universo laboral.

Nativos y extranjeros

El enfoque del servicio doméstico como un ámbito de trabajo poroso (abierto) se refuerza si se considera que muchos sirvientes compartían otra condición fundamental: la de ser migrantes o extranjeros provenientes de otros países. Estos atributos aparecían frecuentemente en los avisos de empleo a veces señalando el reciente arribo al país de muchos de los que buscaban empleo: "Se ofrece *un joven español recien llegado* para portero, mucamo ó cualesquiera empleo [...]";[123] "Una *señora italiana de Lombardía, recien llegada a esta capital* desea colocarse como cocinera de casa de familia [...]";[124]

---

[116] *LP*, 8 de marzo de 1870.
[117] *LP*, 21 de marzo de 1875.
[118] *LP*, 26 de febrero de 1880.
[119] *LP*, 12 de abril de 1890.
[120] *LP*, 3 de enero de 1900.
[121] *LP*, 3 de abril de 1905.
[122] *LP*, 4 de enero de 1910.
[123] *LP*, 19 de agosto de 1875.
[124] *LP*, 13 de febrero de 1880.

"*Un matrimonio francés recién llegado de Europa* desea colocarse en una casa de familia; la mujer como planchadora [...], el marido como sirviente [...]".[125]

La condición de ser "recién llegado" parece haber sido un atributo valorado, como indicaba el cronista de *Caras y Caretas* al principio de este capítulo, que recomendaba tomar muchachas "recién venidas" porque no estaban "maleadas", no tenían pretensiones de sueldo y como supuestamente "llegaban ignorantes de todo", era posible "educarlas" en los gustos y costumbres del patrón.[126] Del lado de los patrones, esta inclinación podía traducirse en menos expectativas salariales, menos exigencias y la ausencia de ciertos "vicios" que podían tener quienes conocían las características del mercado y la idiosincrasia local. Del lado de los sirvientes, dar cuenta de esta condición podía ser un recurso para evidenciar la vulnerabilidad de la situación que atravesaba quien se ofrecía, la imperiosa necesidad de que los tomaran.

Muchos extranjeros intentaban colocarse en una casa de familia al arribar a la ciudad porteña ya que el servicio doméstico operaba como una puerta de acceso al mercado de trabajo. Las expresiones de un concejal, con ocasión de la presentación de un proyecto para reglamentar el servicio doméstico en 1912, refuerzan esta idea. Haciendo referencia a las características de este gremio en Europa, que -a su entender- era más culto y más educado que el local, señalaba que esto se debía a que en nuestra ciudad el sector se había nutrido con los inmigrantes que llegaban al país "sin conocimientos de ninguna clase" y que iniciaban su vida en América desempeñándose en el servicio doméstico.[127]

---

[125] *LP,* 8 de enero de 1885.
[126] *CC,* 26 de mayo de 1900, p. 14.
[127] Sesión ordinaria del 17 de Mayo de 1912. Proyecto de ordenanza presentado por el concejal Monsegur "Reglamento del servicio doméstico". República Argentina, *Versiones taquigráficas...*, *1º período de 1912*, p. 259.

Con la gran inmigración del último cuarto del siglo XIX y principios del siglo XX, se operó un cambio sustancial en el perfil de los y las sirvientes. Si hasta entonces la mayoría de ellos habían sido criollos pobres, negros y mulatos (muchos de ellos ex esclavos y sus descendientes), "chinos" (indígenas o mestizos), esta relación entre "nativos" y "extranjeros" comenzó a revertirse en favor de los segundos y ya para fines de 1880 su presencia superaba la de aquellos.[128]

Gráfico N° 5

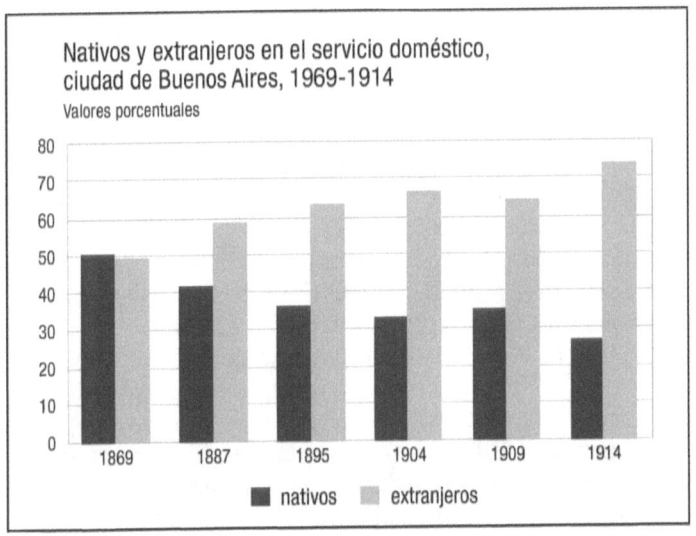

Fuente: cédulas censales de 1869, Censos Nacionales de Población de 1895 y 1914 y Censos de Población de la Ciudad de Buenos Aires de 1887, 1904 y 1909.

---

[128] Moya, *Primos y extranjeros...*, p. 231.

La primacía de extranjeros en esta etapa fue significativa en la mayoría de las ocupaciones. Sin embargo, es necesario destacar que mientras el número de nativos crece muy lentamente en el servicio doméstico y para ellos esta actividad tiende a ser marginal en relación con otras alternativas laborales (sobre todo en el caso de los varones), en el caso de los extranjeros, el sector no solo no pierde significación sino que su número se duplica y en el mediano y largo plazo, la condición de migrante se constituirá en un rasgo permanente de la población ocupada en el sector. En efecto, la presencia de migrantes internos y de países limítrofes (entre los que se destacaron los uruguayos u "orientales" y los paraguayos) será una constante y se incrementará a partir de 1930 y 1950 respectivamente, ya que esta actividad resultó ser una de las opciones más frecuentes para las mujeres pobres de América Latina.[129]

Los avisos evidencian la presencia creciente de extranjeros en el mercado organizado en torno al servicio doméstico, donde el origen europeo era un rasgo destacado: "Ama de leche se ofrece *una italiana fresca* [...]";[130] "Se ofrece *un mucamo español* con buenas recomendaciones e inteligente en el servicio [...]";[131] "*Un alemán* de 24 años, habla inglés y español, con buenas recomendaciones se ofrece como sirviente o para otro puesto en una casa de familia alemana o inglesa [...]".[132] Desde la perspectiva de los patrones, también había diferentes valoraciones de los sirvientes a partir de la nacionalidad. Por ejemplo, las familias acomodadas veían a los franceses o ingleses como un símbolo de prestigio: "Se necesita [...] mucama francesa ó inglesa";[133] "Niñera se necesita [...] *prefiriéndosele que hable idioma francés*";[134] "Niñera mucama *que sepa francés ó ingles* para ir a Europa

---

[129] Véase: Jelin, "Migración a las ciudades...".
[130] *LP*, 2 de noviembre de 1870.
[131] *LP*, 17 de febrero de 1880.
[132] *LP*, 1 de febrero de 1890.
[133] *LP*, 17 de febrero de 1875.
[134] *LP*, 13 de febrero de 1880.

[…]";¹³⁵ "Se necesita hombre para limpieza y mandados, *se prefiere italiano*";¹³⁶ "*Muchacha formal italiana* […] para corta familia se necesita […]";¹³⁷ "*Sirvienta francesa o española* se precisa […]".¹³⁸

Con relación a la población migrante nativa, en 1869 la mayoría de los y las sirvientes (87%) fueron registrados como oriundos de Buenos Aires, aunque pudo haber migrantes de localidades de la campaña bonaerense. Entre los que declararon ser de otros lugares del país (13%) se destacaron quienes provenían de Corrientes y Córdoba y en menor medida, Mendoza, Entre Ríos y Santa Fe. Para 1895, los migrantes internos representaban una mayor proporción (23%) y procedían principalmente de Córdoba, Entre Ríos, Mendoza y San Juan. Si a estos se les suma el 57% que fueron registrados como provenientes de "Buenos Aires" sin más (entre los que se incluyeron a los de localidades de la provincia, pero también seguramente de la ciudad), se observa que los que aparecieron como oriundos de la capital se redujeron sensiblemente (20%).¹³⁹

---

135 *LP*, 5 de mayo de 1910.
136 *LP*, 4 de enero de 1910.
137 *LP*, 4 de enero de 1910.
138 *LP*, 17 de febrero de 1875.
139 Las cédulas censales de 1869 no hicieron distinción entre la ciudad y el resto de las localidades de la provincia de Buenos Aires. Los registros de 1895 sí la hicieron (aunque no siempre del todo clara) y agregaron a veces la localidad de origen (Las Flores, Azul, por ejemplo) o bien especificaron que se trataba de Ciudad de Buenos Aires. La confusión se presenta cuando solo se registró "Buenos Aires" porque no permite saber si se trataba de migrantes provenientes de pueblos de la provincia que se asentaron en la ciudad capital. También puede haber ocurrido que los censados hayan declarado su último lugar de residencia y no el de origen, velando en esos casos también su condición de migrantes. Ver: cédulas censales del Censo Nacional de Población de 1869 y 1895.

Sirvientes solos, con familia o parientes

Varones y mujeres de diferentes edades, de distintas procedencias y con situaciones familiares diversas, se desplazaron de un lugar a otro en busca de un medio de vida. Entre los y las sirvientes, predominaban quienes declaraban ser "solteros", un rasgo probablemente asociado al ciclo vital de quienes estaban afectados a estas actividades. En general se trató de una población joven (alrededor del 50% de los sirvientes tenían menos de 20 años para 1869 y menos de 25 años para 1895), por lo que no es extraño que muchos de ellos aún no hubieran formalizado pareja o asumido compromisos familiares. Frente a este cuadro, cabe preguntarse en qué medida este tipo de ocupaciones que generalmente implicaban vivir en el mismo ámbito donde se trabajaba (en el hogar de los patrones) incidía en que esa soltería se perpetuara, es decir, cómo afectaba la condición de sirvientes el desenvolvimiento de su vida afectiva y familiar.

De todas formas, es importante mencionar que los censos nacionales excluyeron en sus registros todas las prácticas de cohabitación conyugal no sancionadas jurídicamente. Es por eso que solo reconocieron tres posibilidades excluyentes de situación conyugal: "casados", "solteros" y "viudos". Así, el amancebamiento, sumamente extendido por aquellos años, fue ignorado por estas mediciones como modalidad propia del estado civil.[140] Es posible que muchas de las personas ocupadas en el servicio doméstico hayan sido registradas como solteras porque no se habían casado, lo que no implica que no tuvieran pareja (aunque esa situación no haya quedado reflejada en las mediciones). Si tomamos en consideración a la población de "18 años y más" que se ocupaba en este ámbito, lo que se constata es que efectivamente eran los solteros los más numerosos, constituyendo el 57% y el 63% de los casos en 1869 y 1895 entre

---

[140] Otero, *Estadística y Nación*..., pp. 421-423.

varones y mujeres. Por su parte, la presencia de sirvientes que declararon estar casados fue muy significativa ya que representaron entre el 28% y el 26%. Finalmente, entre un 15% y un 11% de los sirvientes señalaron ser viudos.

Ahora bien, si se analiza detenidamente la conformación de los grupos domésticos a los que pertenecían las y los sirvientes al momento de ser censados, es posible encontrarse con "matrimonios de servicio" conformados generalmente por inmigrantes europeos que se desempeñaban en ocupaciones domésticas "con cama", a veces con hijos -que también podían oficiar de sirvientes- que vivían en el hogar de sus patrones. De todas formas, lo más frecuente era que sirvientes casados no convivieran con sus esposos, esposas e hijos.

La diversidad de situaciones familiares se vuelve muy palpable en los avisos de empleo. En general, la existencia de compromisos (por la presencia de hijos o de parejas) operaba en gran medida como un obstáculo para acceder a un empleo y esto se reflejaba en las exigencias o condiciones que explicitaban los patrones al momento de requerir servicios domésticos: "*Sirvienta estrangera joven y sin familia se necesita [...]*";[141] "*Se necesita cocinera con cama, que sea sola [...]*";[142] "*Se necesita una que sea mujer sola y con cama y se le pagará un buen sueldo si sabe cocinar bien*".[143] Como ser "solo" o "sola" era un atributo valorado generalmente en forma positiva, como contrapartida, muchos sirvientes enunciaban esta condición al momento de ofrecerse en el texto de los avisos: "*Cocinera se ofrece mujer seria es sola con ó sin cama, [...]*";[144] "*Cocinera de profesion genovesa, se ofrece, sola, [...]*".[145]

---

[141] *LP*, 27 de junio de 1875.
[142] *LP*, 17 de febrero de 1880.
[143] *LP*, 1 de febrero de 1890.
[144] *LP*, 20 de julio de 1900.
[145] *LP*, 19 de abril de 1905.

Por su parte, la presencia de varones y mujeres con compromisos familiares también se evidencia al analizar los avisos de empleo. En ellos se observa que era habitual el ofrecimiento y/o requerimiento de matrimonios para colocarse en una casa de familia: *"Se ofrece un matrimonio italiano* ambos para mucamos [...]";[146] *"Se ofrece un matrimonio sin hijos,* el hombre para cocinero y pastelero de profesion, y la muger para mucama [...]";[147] *"Se ofrece una mujer para todo servicio* de una casa de 2 0 3 personas, *teniendo cama y comida para su marido,* en tratos convencionales [...]";[148] *"Matrimonio español recién llegado,* se ofrece ella para cocinera y el para jardinero, con buenos informes [...]";[149] *"Matrimonio se ofrece,* cochero y cocinera ó para sirviente [...]".[150]

Estas solicitudes tenían su contrapartida en una demanda más bien minoritaria (aunque permanente) de patrones que optaban por tomar matrimonios para el servicio: "Matrimonio se necesita uno en la calle de Maipú 343, con buenas recomendaciones y que sepa cocinar la muger";[151] "Matrimonio se precisa, *la mujer para cocinera y el marido para cochero* en el Caballito, se prefiere extranjero [...]";[152] "Se necesita *un matrimonio para todo servicio,* que sepa desempeñar su obligacion, se prefiere italiano [...]";[153] "Matrimonio se necesita para corta familia, se prefiere *el marido cocinero y limpieza de patios y ella niñera ó sirvienta* [...]";[154] "Matrimonio se desea para el servicio de un hombre solo, *ella como cocinera (a la francesa), él como sirviente;* inútil se presenten sin buenas recomendaciones [...].[155]

---

[146] *LP,* 1 de diciembre de 1870.
[147] *LP,* 28 de abril de 1875.
[148] *LP,* 1° de febrero de 1890.
[149] *LP,* 8 de enero de 1905.
[150] *LP,* 4 de enero de 1910.
[151] *LP,* 28 de febrero de 1875.
[152] *LP,* 12 de abril de 1890.
[153] *LP,* 1° de junio de 1890.
[154] *LP,* 28 de abril de 1900.
[155] *LP,* 8 de enero de 1905.

Figura N°4. "Matrimonio práctico desea colocación"

Fuente: *Caras y Caretas,* 19 de octubre de 1900, N° 107, p. 37.

Es posible que esta preferencia por contratar matrimonios fuera una forma de garantizar cierta armonía entre los sirvientes del hogar, o bien que por el hecho de tomar a ambos (situación que si bien era frecuente, no era predominante) los patrones pudieran negociar (rebajar) el costo de sus servicios. Había familias que aceptaban tomar una sirvienta casada y hospedar a su marido: "Sirvienta que sepa cocinar se necesita [...] *si es casada, se da casa y comida al marido,* sueldo 35$";[156] "Sirvienta que sepa cocinar, *se le da pieza al marido ó con chico* [...]";[157] "Matrimonio, sirvienta se necesita, *se da cuarto al marido* [...]";[158] "Se precisa mujer para poco servicio de corta familia, *se le toma con marido ó viuda con criatura*[...]".[159]

Otras veces, no eran matrimonios sino familiares o parientes los que se ofrecían para colocarse juntos. Este tipo de ofrecimientos también fueron considerados como una opción válida para algunos patrones, seguramente porque podían tomar a dos personas para los trabajos domésticos

---

[156] *LP,* 19 de septiembre de 1905.
[157] *LP,* 4 de enero de 1910.
[158] *LP,* 5 de mayo de 1910.
[159] *LP,* 20 de agosto de 1910.

a un precio menor o "por un mismo sueldo": "Sirvienta se precisa una persona formal para todo servicio de un matrimonio solo; *y si tiene algún chico en su compañia es mejor* [...]";[160] "Mujer formal *si es posible fuera con una hija de doce á quince años*, se precisa para el servicio de tres personas, se prefiere italiana [...]";[161] "Mujer formal, *sola ó con hija, ambas para el servicio* de corta familia [...] se necesita";[162] "*Madre é hija ó dos hermanas se necesitan para todo servicio* de matrimonio [...]";[163] "Se necesita sirvienta que entienda de cocina, *se admitirá con hijo mayor de 7 años* [...]".[164]

Las situaciones familiares y laborales más difíciles de resolver eran las de mujeres trabajadoras que habían sido madres solas y que tenían hijos demasiado pequeños como para ser considerados "útiles" económicamente: "Se ofrece una *señora formal* para todo servicio, para mucama, cocinera ó planchadora, *tiene dos hijos pequeños*; dará garantías de su conducta [...]";[165] "*Se ofrece una señora sola*, vasca española, *con un niño de 12 meses*, sabe planchar ropa de señora y de hombre y un poco de cocina, para servicio de un matrimonio solo [...]";[166] "*Madre é hija con una chica de 4 años* se ofrece para todo trabajo, ciudad ó campo [...]";[167] "*Señora viuda con chico de 2 años*, se ofrece para sirvienta, entiende de cocina [...]".[168] En estos casos, cuando sus ofrecimientos no llegaban a buen puerto y no podían establecer ningún acuerdo laboral, las mujeres que no tenían con quién dejar a sus hijos debían separarse (al menos de forma transitoria). Algunas contrataban amas de leche, otras los ingresaban en la Casa de Expósitos de la ciudad (donde los cuidaban y alimentaban otras amas de leche internas o externas

---

[160] *LP*, 20 de abril de 1875.
[161] *LP*, 12 de abril de 1890.
[162] *LP*, 19 de abril de 1905.
[163] *LP*, 2 de septiembre de 1905.
[164] *LP*, 4 de enero de 1910.
[165] *LP*, 24 de abril de 1880.
[166] *LP*, 12 de abril de 1890.
[167] *LP*, 25 de enero de 1905.
[168] *LP*, 19 de abril de 1905.

contratadas por el mismo establecimiento), los abandonaban mediante artilugios o los mataban (situación que fue más bien excepcional).[169]

Recién cuando sus hijos tenían 6 o 7 años aproximadamente, las mujeres podían intentar colocarse con ellos ofreciendo sus servicios personales: "Se desea colocar una señora con un niño de 6 años, para el servicio de adentro ó sea para la cocina de un matrimonio sin hijos, sin pretension de mucho sueldo, solo desea habitación [...]";[170] "Una sirvienta se ofrece con una chica de 8 años tiene buenos informes de conducta [...]";[171] "Cocinera hija del país que sabe desempeñar su obligación se ofrece, con un hijo de 13 años [...]";[172] "Se ofrece una sirvienta italiana con una hija de 12 años [...]";[173] "Se ofrece una sirvienta con un chico de 9 años [...]".[174]

El perfil demográfico y social de las y los sirvientes, reflejado también en el tenor de los avisos, permite apreciar la existencia de una gran diversidad de sujetos, situaciones y de "tipos" de trabajadores del sector. Al tratarse de actividades asociadas a la cotidianeidad de los hogares y a las condiciones materiales de vida, los servicios domésticos permitieron la inserción en el mercado laboral a quienes no tenían experiencia o calificación suficiente para participar de otros ámbitos de trabajo.

En la Ciudad de Buenos Aires de fines del siglo XIX y principios del XX, el fenómeno de la domesticidad estaba muy extendido y tener un sirviente resultaba muy accesible desde el punto de vista económico. La extensión del fenómeno salta a la vista, máxime cuando se constata la existencia de mujeres y niños que prestaban servicios no siempre a

---

[169] Se volverá sobre estos temas en el capítulo 5.
[170] *LP*, 12 de abril de 1890.
[171] *LP*, 22 de febrero de 1880.
[172] *LP*, 9 de octubre de 1890.
[173] *LP*, 3 de enero de 1900.
[174] *LP*, 4 de enero de 1910.

cambio de un salario sino -dependiendo del tipo de arreglo- a cambio de habitación, comida o vestido, de promesas de formación laboral, o de educación moral y religiosa.

Para muchas familias porteñas, las características de sus sirvientes -y no solo la posibilidad de contratarlos- eran importantes al momento de delimitar fronteras sociales. Más que la existencia de sirvientes, entonces, lo que operó como un mecanismo de diferenciación social fue el "tipo" y la cantidad de sirvientes a los que se podía acceder. En virtud de sus perfiles sociales y laborales y de la diversidad de condiciones que los afectaban se puede inferir que este ámbito de trabajo dio lugar a distintas experiencias de domesticidad.

3

Canales de acceso y sistemas institucionales de colocación en el servicio doméstico

Entre los y las sirvientes se encontraban quienes habían nacido en la Ciudad de Buenos Aires, los que provenían de poblados de la campaña bonaerense, de rincones más alejados del país o de alguna nación vecina, pero sobre todo, los que procedían de Europa. Muchos llegaban solos, otros con familia. A veces eran convocados por parientes o amigos que ya se habían instalado en Buenos Aires.[175] Estas figuras eran fundamentales porque además de ser un sostén hasta que encontraban un empleo o medio de vida, eran muchas veces el nexo a través del cual conseguían una colocación. Podía ocurrir también que los migrantes arribaran a la ciudad en calidad de sirvientes escoltando a patrones que se los traían después de un viaje. Por último, estaban quienes se lanzaban a migrar con más imprecisiones que certezas y al arribar al puerto (o a la estación del ferrocarril), se enfrentaban muchas veces con una ciudad que distaba mucho de lo que imaginaban. Cuando no se disponía de contactos en Buenos Aires, los primeros tiempos podían ser muy duros. Para estos casos, existía la posibilidad de albergarse en el Hotel de Inmigrantes, donde una

---

[175] Devoto, *Historia de la inmigración...*, pp. 247 y ss.

vez desembarcados, tenían un techo garantizado por cinco días y, entre sus prestaciones, una oficina de trabajo para atender los pedidos de empleo.[176]

Al respecto, *Caras y Caretas* publicó una nota en 1912 en la que reproducía algunas observaciones de un delegado proveniente de España:

> [...] Hay dos argentinismos característicos, inconfundibles -[decía] en uno de sus apuntes-. Todo argentino que necesite servicio femenino nos hablará del problema de la *sirvienta* y de que una de las fórmulas usuales de resolverlo es la de *ocurrir* al Hotel de inmigrantes. No hay argentino que en su lenguaje usual, omita emplear el término *ocurrir* en vez de *acudir* y que de una sirvienta o una criada, no haga *una sirvienta*. Pues bien: en beneficio y comodidad, tanto de las inmigrantes como de las señoras que han menester de sus servicios, la Dirección General de inmigración ha establecido una oficina especial atendida por señoritas, las que intervienen en el ajuste del salario, condiciones de trabajo, etc. [...] ¿Quién más indicado, en efecto, que estas señoritas para morigerar las exigencias de las señoras y para infundir ánimo a las timoratas criadas en ciernes? [...].[177]

Una vez vencidos los plazos de la estadía en el hotel, los pensionistas debían acomodarse como podían en habitaciones de viejas casas, en ranchos o casillas.[178] En su clásico estudio sobre la Ciudad de Buenos Aires, Scobie ha señalado que los conventillos recibían a los recién llegados y luego, una vez aclimatados, ellos o sus hijos se encaminaban hacia los barrios.[179] Estas viviendas colectivas -muchas de ellas abandonadas por las familias de clase alta- eran frecuentemente habitadas por los trabajadores y sus familias y

---

[176] El primer establecimiento fue creado en el año 1887. La inauguración definitiva del hotel se realizó en 1911. Cibotti, "Del habitante al...", pp. 370-371.
[177] "Dirección General de Inmigración. El delegado de la misión española", en *CC,* 21 de diciembre de 1912, N° 742, p. 91.
[178] Liernur, "La construcción del país...", p. 412.
[179] Scobie, *Buenos Aires. Del centro a los barrios...*, p. 275.

predominaron sobre todo entre 1880 y 1900 en el centro de la ciudad y en algunos lugares por entonces depreciados de la zona sur, como La Boca, Barracas, Constitución y San Cristóbal.[180]

Ahora bien, ¿qué opciones tenían los sirvientes que buscaban una colocación? ¿Cómo hacían los patrones para tomar sirvientes? En el año 1912, con ocasión de la presentación de un proyecto de ordenanza para reglamentar el servicio doméstico en el Concejo Deliberante, uno de los expositores planteó de forma somera pero con mucha claridad cuáles eran los "medios y vías para que la oferta y demanda del servicio doméstico" se encontraran.[181] El concejal Aguilar explicó que, mientras las ciudades tuvieron baja densidad poblacional y una extensión geográfica acotada, el "intercambio" se llevaba a cabo generalmente mediante *encuentros directos* entre sirvientes y patrones, una modalidad que permitía que la gente cultivara vínculos de mutuo conocimiento, lo que facilitaba el contacto entre ellos pero también el acceso a la respectiva información. A medida que las ciudades se volvieron populosas, con "elementos nativos o extranjeros" y con mayor razón en el último de los casos (señalaba el expositor), los dos factores -la oferta y la demanda- se volvieron inaccesibles. Fue en ese momento que surgieron una serie de "intermediarios" que intentaban contactar a las partes, haciéndolas tratar y armonizar las expectativas y necesidades.

---

[180] El número de personas por vivienda pasó de 8,8 a 13 entre 1869 y 1887, y descendió a 12 para 1895. La cantidad de familias por vivienda también aumentó de 1,6 en 1869 a 2,5 en 1887 con pocas variaciones hasta 1914. En los inquilinatos y conventillos se hacinó una porción importante de la población urbana, llegando a 21,6% en 1881 y sin descender del 17% hasta 1919, año en que disminuyó al 8,9%. Gutiérrez, Leandro H., "Los trabajadores y sus luchas", en Romero, J. L. y Romero, L.A. (dirs.), *Buenos Aires. Historia...*, pp. 72-73. Un tratamiento de la historia de la vivienda popular se encuentra en Yujnovsky, Oscar, "Del conventillo a las villas miseria", *ib*.

[181] Proyecto Ordenanza Reglamentaria del Servicio Doméstico, presentado por el concejal Aguilar. CEDOM, República Argentina, *Versiones taquigráficas del H. Concejo Deliberante de la Ciudad de Buenos Aires correspondientes al 2º período de 1912*, Buenos Aires, 1912, pp. 866 y ss.

En el relato del concejal, los intermediarios tenían una función positiva y no era posible ni deseable erradicarlos: por eso era necesario controlarlos. Entonces, desde su perspectiva, los intermediarios particulares, las agencias de colocaciones, los avisos en la prensa, las bolsas de trabajo de los sindicatos facilitaban los contactos y los arreglos laborales en las grandes urbes.

No fueron esas las únicas formas de inserción laboral y de reclutamiento, sin embargo. El servicio doméstico fue un ámbito que se constituyó y dinamizó a partir de la coexistencia de lógicas económicas, prácticas sociales, procesos culturales y políticas institucionales con distintas racionalidades. Además de aquellas modalidades propias del mercado de trabajo urbano, era posible recurrir a otro tipo de circuitos. Quienes querían conseguir un muchacho o muchacha "para servir", además de publicar un aviso, tenían la posibilidad de dirigirse a una serie de establecimientos de beneficencia pública o a una dependencia del Ministerio Pupilar de la Ciudad, donde se entregaban menores de edad mediante la celebración de un contrato que establecía las condiciones de la colocación. Las señoras de la Sociedad de Beneficencia y los defensores de menores de la capital dotaron a las familias porteñas de mano de obra a muy bajo costo ya que a través de ellos se podía acceder al servicio de mujeres y niños indígenas "distribuidos" en el marco de políticas implementadas (a decir de las autoridades) para contribuir a su "civilización y redención".

Intermediarios particulares y asilos para sirvientas

Para quienes necesitaban una colocación, la forma más elemental de iniciar esa búsqueda era a través de relaciones o contactos en la ciudad. Intentar vincularse con algunas "figuras de referencia" en el barrio, sujetos que por el lugar que ocupaban o la función que desempeñaban participaban (y retroalimentaban) esa suerte de "solidaridad orgánica" que podía prevalecer en el vecindario. Podían ser marchantes, almaceneros, fonderos, puesteros del mercado o porteros los que, en su actividad cotidiana, entablaban conversaciones con un sinnúmero de vecinos y clientes, nucleando relaciones e informaciones potencialmente útiles.

De la misma forma, los patrones que querían tomar sirvientes podían comentárselo a estas mismas personas que solían estar informadas de lo que ocurría en el entorno. Entre esas novedades podía haber datos de algún ofrecimiento o solicitud para el servicio doméstico. En las páginas de los diarios se puede observar que aquellos que buscaban trabajo muchas veces indicaban la dirección de un comercio, o bien apuntaban dos direcciones diferentes: una donde obtener "razón" o "informes" y otra para "tratar".[182] Como señala Martin-Fugier, ya sea por buena voluntad o porque en alguna medida el intercambio de este tipo de informaciones formaba parte de sus transacciones cotidianas, estas figuras podían facilitar perfectamente el encuentro entre patrones que buscaban sirvientes, y sirvientes que buscaban colocación.[183] Aunque estas situaciones remiten a otro tipo de estrategia (publicar un aviso de empleo) también permiten suponer que los postulantes contaban con algún tipo de contacto o figuras de referencia que aportaban informaciones sobre ellos, oficiando de intermediarios entre unos y otros.

Ahora bien, además de estas oficiosas colocaciones, existía otra posibilidad para las mujeres migrantes que no tenían contactos y que llegaban a la ciudad con intenciones de desempeñarse como sirvientas. Desde el año 1912,

---

[182] "Madre é hija de 15 años se ofrece, para todo servicio, para campo ó ciudad, *Alsina 1521 y 25. Almacén*", LP, 25 de enero de 1905; "Se ofrece para una familia de cuatro personas lo mas, una sirvienta española sin hijos, necesita pieza para el marido que tiene oficio y en cambio de la comida puede prestar algún corto servicio, *para informes 591 zapateria, para tratar Chile 1930, pieza 12*", LP, 1° de febrero de 1890.

[183] Martin-Fugier, *La Place des bonnes...*, pp. 41 y ss.

funcionaba en la calle Pueyrredón N° 312 un Colegio Asilo para las jóvenes que venían de otras provincias o países "para la profesión de sirvientas".[184] Este establecimiento dirigido por la "Asociación Protectora de la Joven Sirvienta" ofrecía instrucción "intelectual y moral" y las formaba también en el lavado, planchado, cocina "y demás incumbencias de una sirvienta".[185]

Bajo diferentes denominaciones, instituciones de este tipo funcionaron desde principios del siglo XIX en algunas ciudades de Alemania, Bélgica y Francia. En París, sobre todo a partir del último tercio de siglo, los asilos que ofrecían albergue y colocación para sirvientas se multiplicaron. En general, estaban dirigidos por órdenes religiosas (católicas o protestantes) que establecían restricciones concernientes al culto, la nacionalidad o la edad para el ingreso y estaban pensados como lugares de tránsito (no de permanencia) y, al parecer, quienes no podían afrontar esos gastos pagaban con su trabajo el alojamiento.[186]

---

[184] Para dirigir el colegio, vinieron desde Europa miembros de la Congregación Religiosas de María Inmaculada. *La Gaceta de Buenos Aires*, 27 de septiembre de 1912. Información extraída de goo.gl/giLJRw, consultado el 20 de marzo de 2013.

[185] Biblioteca Nacional (BN). *Estatutos Generales de la Asociación Protectora de la Joven Sirvienta*, Buenos Aires, Casa Editora Alfa y Omega, 1914, pp. 3-6. La comisión directiva de la asociación estuvo formada en sus inicios por Mercedes Avellaneda de Dellepiane (presidenta), Susana Funes de Pizarro Lastra (vicepresidenta), Luisa Madero de Martínez de Hoz (secretaria), María Susana Castilla (vicesecretaria), Alcira Gianello Lértora (tesorera), Delia O´Gorman (vicetesorera). *Ib*, pp. 12-13.

[186] Las fuentes literarias de la época son muy expresivas y han dejado descripciones más bien críticas de este tipo de establecimientos y de las experiencias de las jóvenes allí asiladas. Un tratamiento sobre estos temas se encuentra en Guiral y Thuillier, *La vie quotidienne...*; Martine-Fugier, *La Place des bonnes...*

Avisos de empleo

La publicidad fue uno de los medios que más ayuda proporcionaba para ofrecer y solicitar servicio, y era una de las modalidades más antiguas después del conchabo directo. Tan es así -señalaba el concejal Aguilar- que en la década de 1830, cuando todavía ni se pensaba en la existencia de agencias de colocaciones, ya se publicaban avisos de empleo en *La Gaceta de Buenos Aires*.[187] Posiblemente, esta forma de búsqueda laboral permitía una difusión de la información, accesibilidad y practicidad únicas: si el diario no se podía adquirir por falta de dinero, seguramente era facilitado por algún vecino, conocido o por la misma editorial; si no era posible leerlo (por no saber hacerlo), algún alma caritativa podía facilitar el acceso al texto escrito.

El diario *La Prensa* apareció por primera vez el 18 de octubre de 1869 y a diez años de su fundación ya se encontraba entre los impresos más importantes de la ciudad porteña. Desde la tirada de sus primeros números informó a sus lectores que se publicarían "toda clase de avisos, á un precio módico".[188] La publicidad era una fuente fundamental de financiamiento, sobre todo si se considera que, a diferencia del resto de los periódicos que circulaban en el ámbito porteño, este proyecto editorial buscaba insertarse sin depender del respaldo económico de las subvenciones del gobierno o de partidos políticos. De esta manera, como ha señalado Bressan, el mantenimiento de la circulación estaba supeditado al aumento de las ventas de los ejemplares y

---

[187] Presentación y fundamento del Proyecto Ordenanza Reglamentaria del Servicio Doméstico, presentado por el concejal Aguilar. República Argentina, *Versiones taquigráficas..., 2° período de 1912*, pp. 866 y ss.
[188] *LP,* 20 de octubre de 1869.

de los avisos publicitarios.[189] En sus comienzos entonces, por un peso (1,00$) la línea, el diario mantenía el anuncio impreso durante seis días.[190]

El periódico constaba únicamente de dos páginas y presentaba una estructura un tanto desorganizada. Los *avisos* se publicaban en la segunda hoja mezclados con la gacetilla, los hechos locales y variedades.[191] En noviembre de ese mismo año, esta publicación amplió su tamaño y número de páginas a la vez que modificó su formato. Aun así, los avisos continuaron ocupando la última página (junto con la sección comercial y de aduana, las diversiones públicas, los horarios de salida y arribo de vapores). A lo largo del período en cuestión, la estructura del diario fue cambiando y en un momento dado, los anuncios se ubicaron en las primeras páginas. La sección fue extendiéndose notablemente, y de exhibir unos pocos anuncios marginales, pasó a presentar varias páginas atiborradas de los avisos más diversos.

---

[189] Para un análisis de este diario en su primera década de existencia véase: Bressan, Raquel Valeria, *La Prensa, 1869-1879. Un acercamiento al mundo periodístico a partir de la primera década del diario*, Tesis de Maestría en Investigación Histórica, Universidad de San Andrés, 2010.
[190] *LP*, 22 de octubre de 1869.
[191] Bressan, *La Prensa, 1869-1879...*, pp. 49 y ss.

Figura N° 5. Avisos clasificados

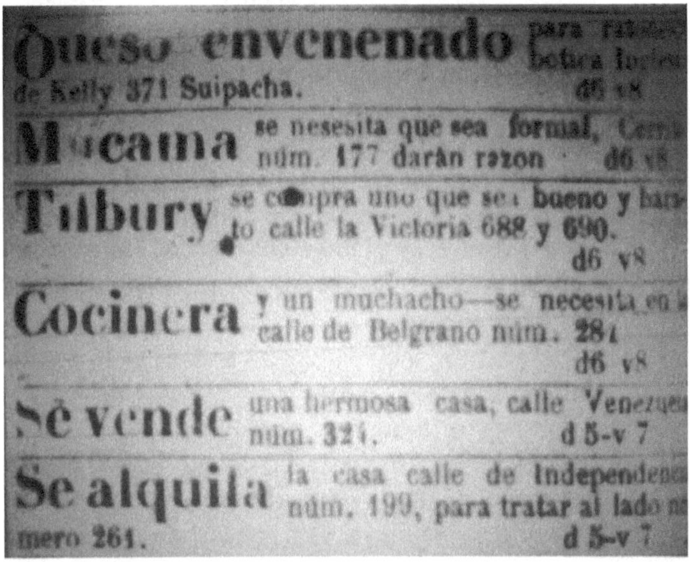

> **Queso envenenado** para rat... ...tica lo... de Kelly 371 Suipacha. d6 v8
>
> **Mucama** se nesesita que sea formal, Ce... núm. 177 darán razón d6 v8
>
> **Tilbury** se compra uno que sea bueno y bar... to calle la Victoria 688 y 690. d6 v8
>
> **Cocinera** y un muchacho—se necesita en calle de Belgrano núm. 28¼ d6 v8
>
> **Se vende** una hermosa casa, calle Venezue... núm. 324. d 5-v 7
>
> **Se alquila** la casa calle de Independen... núm. 199, para tratar al lado n... mero 261. d 5-v 7

Fuente: *La Prensa*, martes 6 de diciembre de 1870.

Los clasificados del diario ofrecieron una variedad de contenidos considerable que no se redujo a la oferta y demanda de trabajadores, pues una gran diversidad de bienes, inmuebles y servicios se propagaban caóticamente en las páginas. A mediados de la década del 1880, los clasificados comenzaron a ordenarse alfabéticamente y, posteriormente, para facilitar su lectura y comprensión se organizaron en rubros específicos y en apartados "empleos", "inmuebles", "servicios", etc. Por su parte, en el caso de la sección de empleos, se diferenciaron y presentaron con el tiempo dos bloques separados, "ofrecidos" y "pedidos".

A las dos semanas de la aparición de este impreso se publicó un aviso que fue el preludio de lo que en breve se constituiría en el sector de actividad más importante de la sección de empleos: la oferta y demanda de servicio doméstico. En aquella ocasión, se solicitaba en la calle Temple Nº 13 (actual Viamonte) "un mucamo inteligente para comedor y limpieza de patios, que [pudiera] dar garantías de su conducta".[192]

La expansión de las columnas de anuncios del servicio doméstico fue tan vertiginosa que en muy poco tiempo se convirtió en un importante canal de acceso al mercado laboral y hacia fines de la década de 1880, la oferta y demanda de servicios domésticos se presentó de forma separada (en distintos apartados) del resto de las solicitadas de empleo, práctica que se mantuvo (al menos) hasta la década de 1930.

Figura Nº 6. Avisos clasificados "Pedidos servicio doméstico"

Fuente: *La Prensa*, miércoles 3 de enero de 1900.

---

[192] *LP*, 8 de noviembre de 1869.

Los avisos brindaban información considerada importante para establecer un vínculo laboral. Lo primero que debía indicar el anunciante era si ofrecía o solicitaba servicio doméstico ("se ofrece" o "se necesita"). Nunca debía faltar, por otra parte, la dirección adonde había que dirigirse para establecer contacto y "tratar". Además de estas dos referencias básicas, tanto del lado de los que buscaban colocación como de los que buscaban sirvientes, se indicaban una serie de atributos y/o condiciones que permiten conocer cuáles eran las cualidades valoradas (positiva o negativamente) y cuáles las exigencias de quienes participaban de este mercadeo. Una referencia ineludible era el sexo de los sirvientes, sobre todo en aquellos trabajos "mixtos" en los que se desempeñaban mujeres y varones. La terminación de la denominación de las distintas especialidades del rubro era clave (sirvientes/as, mucamos/as, cocineras/os) y, cuando era indistinto que fuera uno u otro, generalmente se lo aclaraba.[193]

Los anunciantes también indicaban la edad, y si no la explicitaban, de todas formas al utilizar términos como "mujer formal", "hombre formal", "joven", "muchacha o muchacho", sugerían -al menos de forma aproximada- la etapa que estaban transitando quienes buscaban una colocación, así como las preferencias de quienes solicitaban personal.[194]

---

[193] "*Se precisa una cocinera ó cocinero* con cama que sepa cocinar regular y una muchacha de 14 á 15 años, para mucama. Calle Corrientes núm. 992", *LP*, 26 de febrero de 1880; "*Muchacha ó muchacho* bueno, de 9 á 11 años, se necesita para el servicio de corta familia, se le dará instruccion, casa, comida y un pequeño sueldo, ocurrir corrientes 346, 2° piso, buen trato", *LP*, 5 de septiembre de 1900.

[194] "Se ofrece *un hombre* formal y con buenas recomendaciones para portero y también entiende un poco de jardinero y cocina. Cangallo núm. 9", *LP*, 1 de abril de 1880; "*Muchacha se necesita una de 13 á 15 años* para pequeños servicios de familia, Cambaceres 189 altos", *LP*, 12 de abril de 1890; "Se necesita urgente *una mujer* formal para todo servicio, que sepa planchar, sueldo 30 $ con cama; Méjico 2745"; *LP*, 3 de enero de 1900; "*Joven* con buenas recomendaciones y que entienda de limpieza, como segundo mucamo se necesita, Paraguay 920", *LP*, 5 de mayo de 1910.

Como ya se señalara en el capítulo anterior, otro elemento que se ponía de manifiesto era la nacionalidad de los sirvientes. El hecho de que al buscar trabajo se destacara el país de origen o el haber arribado recientemente de Europa, evidencia que muchos patrones consideraban especialmente esa condición. En efecto, eran ellos los que habitualmente indicaban esa preferencia o directamente solicitaban que se abstuvieran personas de determinada procedencia.[195]

Además del sexo, la edad y la nacionalidad, era frecuente la referencia a la situación familiar de los sirvientes. Expresiones como "solo/a" o "sin hijos", "matrimonio", "con hijo/a" eran habituales ya que el hecho de tener (o no) ese tipo de compromisos era una condición valorada, aunque no siempre de la misma forma.[196]

Los avisos también brindaban información sobre las características del empleo o servicio deseado por unos y otros. Lo más habitual era que se pidieran u ofrecieran sirvientas "para todo servicio" o "para todo trabajo" o bien, que estas mismas aparecieran bajo el apelativo "sirvienta" o la expresión "para el servicio de una familia" sin más referencias al respecto.[197]

---

[195] *"Se necesita en la calle de San Martin núm. 206 una mucama francesa ó inglesa, se exije sepa planchar"*, *LP*, 17 de febrero de 1875; *"Cochero francés se ofrece para casa particular, Paraguay 1269"*, *LP*, 26 de agosto de 1890; *"Mucama y niñera o gobernanta de niños, extranjeras, que no sean españolas se necesitan, bien recomendadas, buen sueldo. Tucumán 1434"*, *LP*, 26 de noviembre de 1900; *"Mucamo, joven, español, se ofrece para casa particular, para ciudad ó campo, con buenas recomendaciones. Independencia 353"*, *LP*, 8 de enero de 1905.

[196] *"Matrimonio sin hijos se necesita el marido para cocinero y la mujer para mucama es escusado se presentaren sino saben su oficio, para tratar calle Venezuela 495"*, *LP*, 6 de diciembre de 1870; *"Se ofrece una sirvienta con una niña de 8 años para la ciudad ó la campaña, ocurrir calle Lima núm. 169"*, *LP*, 26 de febrero de 1880; *"Hombre formal italiano solo se ofrece para el servicio doméstico, sereno ó cuidar casa, sabe cocinar, recomendado, Sarandí 1358, pieza 18"*, *LP*, 3 de abril de 1905; *"Se precisa sirvienta con hijo de 12 á 14 años, 25 de Mayo 218"*, *LP*, 4 de enero de 1910.

[197] *"Se ofrece un hombre formal de nacionalidad español, para todo servicio de una casa bien sea en la ciudad ó en la campaña garantiendo su buena conducta ocurrir calle de Esmeralda núm.12"*, *LP*, 19 de agosto de 1875; "se necesita

Por su parte, cuando se necesitaba un sirviente para viajar o salir de la ciudad o había disposición por parte de los mismos para trasladarse, se indicaba esa posibilidad.[198] Cuando se requería que el sirviente viviera en el hogar de la familia que lo contrataba se aclaraba esa condición con la expresión "con cama". Por el contrario, cuando se necesitaba uno con retiro después de finalizar la jornada, se indicaba con la frase "sin cama".[199]

El tamaño de la familia era subrayado sobre todo cuando la cantidad de personas a servir era limitada ("para familia reducida", "para anciana sola", "para tres personas") o cuando no había niños en la casa ("matrimonio sin hijos", "no hay niños").[200] Estos datos deben haber sido fundamentales para quienes buscaban colocación, ya que en ocasiones eran ellos mismos los que señalaban esa preferencia o directamente la establecían como una condición.[201] En relación con esto último, en 1906 *Caras y Caretas* comentaba:

---

una sirvienta *para todo servicio en casa de familia*, Azcuénaga 157", *LP*, 12 de abril de 1890; "sirvienta *para todo trabajo* de matrimonio se necesita, sin cama, recomendada, Florida 772", *LP*, 25 de enero de 1905.

[198] "Mucama general [...] *que quiera ir al Tigre para la temporada* se necesita [...]", *LP*, 21 de abril de 1875; "Morena de 12 á 20 años *que quiera acompañar á una familia á Europa* para el cuidado de un niño se precisa, [...]", *LP*, 17 de febrero de 1880; "Niñera mucama que sepa francés ó ingles *para ir a Europa*, se necesita, [...]", *LP*, 5 de mayo de 1910.

[199] "Sirvienta extranjera que sea joven se precisa una *con cama*, en la calle de Salta n. 545 para todo servicio de una corta familia, se le pagará buen sueldo y se le dará buen trato", *LP*, sábado 28 de agosto de 1875; "Sirvienta para todo trabajo de matrimonio se necesita, *sin cama*, recomendada, Florida 772", *LP*, miércoles 25 de enero de 1905.

[200] "Muchacha se necesita una de 14 á 15 años *para el servicio de una señora sola* calle de Tucumán núm. 578", *LP*, 25 de febrero de 1875; "se necesita un muchacho de 14 á 16 años *para el servicio de una corta familia* en Flores, es inútil presentarse sin recomendación [...] Bolivar 22", *LP*, 22 de febrero de 1880; "Sirvienta de 13 á 15 años se necesita para todo servicio *para un matrimonio solo*, con recomendación, se preferiría sea blanca, Solis 348 [...]", *LP*, 26 de febrero de 1880; "Se necesita una criada para todo servicio, sin cama, *no hay niños*, Viamonte 1616", *LP*, 19 de septiembre de 1905.

[201] "Se ofrece una mujer formal con un chico de 4 años *para una corta familia*, [...]", *LP*, 1° de febrero de 1890; "*Se ofrece señora* con niña de dos años *para matrimonio solo*, prefiere buen trato y poco sueldo [...]", *LP*, 19 de abril de 1905.

[...] No hay más que leer los avisos en que se ofrecen mucamas y fregonas para convencerse de que están en peligro á grande orquesta los seres de pequeña edad. No hay sirvienta posible sino "para matrimonio solo o de corta familia". Es la formula consagrada por la inmigración servil [...] llegando á estos países de Indias se sienten llamados á tan cómodo destino, que no soportan ni la idea de agotar su naturaleza sirviendo á matrimonios que no gocen en su favor y provecho "la soledad de dos en compañía".[202]

Con el cambio de siglo comenzó a hacerse referencia a los sueldos (fenómeno que no se constata en los avisos de empleo pertenecientes a otros rubros de actividad). Si no se indicaba una cifra concreta era muy común hacer alusión a la remuneración ("buen sueldo", "poco sueldo", "sin pretensiones") o a otras formas de retribución que hacían a las condiciones de trabajo ("se dará habitación", "sueldo y vestido", "pago bien y aprende oficio"). [203]

Otro elemento llamativo es la referencia al "buen trato", insistencia que permite pensar que con frecuencia los patrones maltrataban a los sirvientes, o bien que el buen trato no era algo que iba de suyo.[204] Ahora bien, si los sirvientes reclamaban buenos tratos, los patrones exigían garantías respecto de las personas que iban a introducir en sus casas. En los avisos se aprecia que quienes contaban con

---

[202] *CC*, 10 de febrero de 1906, N° 384, p. 32.
[203] "Sirvienta se necesita una para corta familia en la campaña, para planchar y lavar, *se le pagará buen sueldo*, teniendo buenas recomendaciones, ocurrir Santa Fé 586. *LP*, 22 de febrero de 1880; "Muchacha ó muchacho bueno, de 9 á 11 años, se necesita para el servicio de corta familia , *se le dará instruccion, casa, comida y un pequeño sueldo*, ocurrir corrientes 346, 2° piso, buen trato", *LP*, 5 de septiembre de 1900; "Muchacha para servicio de matrimonio, *pago bien y aprende oficio*. Rodríguez Peña 2026", *LP*, 4 de enero de 1910.
[204] "Sirvienta extranjera que sea joven se precisa una con cama, en la calle de Salta n. 545 para todo servicio de una corta familia, se le pagará buen sueldo y *se le dará buen trato*", *LP*, 28 de agosto de 1875; "Se ofrece una mujer para todo servicio de una casa de 2 o 3 personas, teniendo cama y comida para su marido, *en tratos convencionales*, calle Andes 1183", *LP*, 1° de febrero de 1890; "Se ofrece señora con niña de dos años para matrimonio solo, *prefiere buen trato y poco sueldo*. Entre Rios 1077", *LP*, 19 de abril de 1905.

"buenos informes" o con "recomendaciones" lo destacaban al tiempo que, para muchas familias, esta era una condición excluyente y generalmente solicitaban que se abstuvieran de postularse quienes no cumplieran con ese requisito.[205]

Pero además de las recomendaciones y del conocimiento del *métier*, los patrones reclamaban de forma explícita cierta integridad moral a los sirvientes ("formal", "de confianza", "de respeto").[206] Esas pretensiones de formalidad, seriedad, respetabilidad y honradez parecen haber interpelado a todos los sirvientes pero sobre todo a las trabajadoras en su integridad como "mujeres", más que nada en lo concerniente a su moral sexual.

Si se considera la masa de anuncios, es posible sostener que los contactos laborales a través de este medio fueron cuantiosos. A modo de ejemplo, y para disponer de una aproximación a las dimensiones de este mercado, una muestra aleatoria de avisos, en distintos momentos del año 1910, permite apreciar que la sección dedicada al servicio doméstico publicaba entre 500 y 1.000 avisos diarios. Las

---

[205] "Muchacha para criar un chico, *se necesita una, con buenas recomendaciones*, podrá ocurrir á la calle del Parque 319", *LP*, 6 de diciembre de 1870; "Cochero se precisa en la calle Cangallo núm. 138, *es escusado se presente sin buenas recomendaciones*", *LP*, 5 de diciembre de 1870; "Una sirvienta se ofrece con una chica de 8 años *tiene buenos informes de conducta*. Ocurrir Lima 169", *LP*, 22 de febrero de 1880; "Se ofrecen madre é hija para la cocina y mucama, con cama, *buenos informes*. Charcas 3421", *LP*, 3 de enero de 1900; "Niñera mucama que sepa francés ó ingles para ir a Europa, se necesita", Guido 156 [...] *inútil presentarse sin excelentes recomendaciones*", *LP*, 5 de mayo de 1910.

[206] "*Mujer formal*, se necesita á quien en cambio de muy poco servicio, se le dará una hermosa pieza seca y aseada y mantención, en casa de familia. Es más como una compañía [...]", *LP*, viernes 9 de diciembre de 1870; "Se necesita una *señora de respeto* que tenga buenas recomendaciones para cuidar una niña para vivir en casa de su padre [...]", *LP*, jueves 25 de febrero de 1875; "Se necesita una mucama y una cocinera [...] *personas serias* [...]", *LP*, viernes 13 de febrero de 1880; "Sirvienta *formal y honrada* se necesita [...]", *LP*, sábado 1 de febrero de 1890.

solicitadas de trabajo se constituyeron en un medio dinámico que contribuyó a la estructuración del mercado de trabajo urbano.[207]

Agencias de colocaciones y oficinas de trabajo

Las agencias tuvieron su origen en Francia a principios del siglo XIX. En el caso de la ciudad de Buenos Aires, si bien su existencia es previa a 1870, las primeras referencias a ellas se encuentran en el diario *La Prensa* a los pocos meses de su creación. Las agencias de colocación o de conchabos (como se las denominaba en aquel tiempo)[208] también operaban como intermediarias facilitando el contacto entre patrones y sirvientes. A cambio de la búsqueda y colocación, los agentes cobraban una comisión que era, por cierto, la principal base de su comercio y la fuente de su rentabilidad.

Esta lógica de funcionamiento no siempre favorecía a las partes implicadas, sobre todo cuando la búsqueda del lucro se volvía indiscriminada. El beneficio de las agencias dependía de la inestabilidad de los vínculos laborales. Si no prosperaban, los agentes sacaban provecho viendo volver al ruedo a sus clientes para cobrarles nuevas comisiones por más búsquedas y colocaciones. Muchos jugaban con la posibilidad de presentar sirvientes que no se ajustaran a las exigencias de los patrones, o bien de enviar sirvientes a hogares conflictivos para que las partes se vieran obligadas

---

[207] Una columna contenía alrededor de ochenta a cien avisos y en una página entraban siete columnas. Aproximadamente la mitad pertenecía a los apartados "servicio doméstico pedido" y "servicio doméstico ofrecido". La relación entre ofrecidos y pedidos dentro del rubro estaba bastante equilibrada aunque generalmente eran más numerosos los anuncios de la demanda que los de la oferta.

[208] En este libro se mantiene la doble ortografía de la palabra "conchabo" y "conchavo" ya que en aquellos años las dos formas coexistieron. Si bien la segunda opción cayó en desuso, en el período de estudio ambas alternativas eran consideradas correctas.

a cambiar (de sirviente o de patrón, según el caso). En definitiva, de lo que se trataba era de lograr la mayor cantidad de colocaciones posibles. [209]

Las agencias publicaban anuncios que aparecían junto a los avisos de empleo (en los clasificados del diario). Si bien ofrecían y solicitaban trabajadores y trabajadoras para diferentes rubros y actividades, eran las especialidades del servicio doméstico y los peones "para distintos trabajos" las alternativas con las que más se promocionaban.[210] Con el paso de los años, la preeminencia de este tipo de ocupaciones se continúa al punto que se encuentran anuncios de agencias dedicadas únicamente a la búsqueda y colocación de distintas especialidades del servicio doméstico como así también otras dedicadas exclusivamente a la colocación de nodrizas.[211]

Si bien las agencias interpelaban a patrones y sirvientes en sus anuncios, era a los primeros a los que más intentaban captar destacando no solo la multiplicidad de opciones

---

[209] Para un análisis de la lógica de funcionamiento de estas agencias y los intentos de controlar este comercio por parte de las autoridades públicas en Francia véase: Guiral y Thuillier, *La vie quotidienne...*, pp. 227 y ss. Martine-Fugier, *La place des bonnes...*, pp. 48 y ss.

[210] "Conchavos. En la Agencia calle de Potosí No. 427, se necesitan dos peones vascos, un matrimonio, mucamas y cocineras, y hay para colocar mayordomos, dependientes, cocheros, mucamos, cocineros y peones". *LP*, jueves 2 de junio de 1870. La tendencia manifiesta en las publicidades de las agencias como también en los avisos de empleo de los diarios refuerza los planteos realizados en el primer capítulo, donde mostramos que peones, jornales y sirvientes eran mayoritarios en la estructura ocupacional de la ciudad y los más ofrecidos y requeridos en la dinámica del mercado de trabajo urbano.

[211] "Agencia de las dos señoras francesas. Calle Tacuarí. Hay colocación para cocineras, mucamas, niñeras y también se buscan con recomendación las personas que quieren honrarnos de su confianza serán servidas con actividad. También se buscan sirvientes de todas clases siendo este pedido gratis por los patrones. Agencia Tacuarí 287", *LP*, 27 de agosto de 1880; "A las amas de leche. Desde hoy las amas de leche pueden pasar a la oficina de nodrizas calle Tacuarí 185, la primera establecida en Buenos Aires, donde obtendrán excelentes colocaciones. Horas de oficina de 9 á 5 de la tarde", *LP*, 24 de abril de 1880; "Amas de leche. Hay solamente de primer orden, vasca, lombara, sueldo de 30 a 60$. Corrientes 1566, agencia Irene Gay", *LP*, 3 de junio de 1905.

que les ofrecían ("sirvientes de toda clase", "de todas las nacionalidades", "para campo y ciudad") sino también subrayando que los aspirantes a los puestos de trabajo que ellos procuraban eran una garantía ("servicio especial", "con recomendaciones garantidas", "de confianza", "con buenos informes").[212] Estas diferencias en las estrategias publicitarias transmiten en cierta medida la situación diametralmente opuesta en la que se encontraban quienes pretendían "ser servidos" y quienes necesitaban "servir". Aquellos podían elegir y había que captarlos; los otros, estaban más constreñidos y tenían márgenes de acción más acotados ya que no debe haber sido posible para muchos de ellos pagar anticipadamente a varias agencias para que les consiguieran una colocación, sobre todo si estaban desempleados.

La expansión de estas casas estuvo asociada a la incesante llegada de inmigrantes que se lanzaban al mercado de trabajo, y ya en 1870 las autoridades de gobierno habían creado una Oficina de Trabajo para intentar limitar la acción de las agencias privadas.[213] Esta decisión, y el hecho de que las ordenanzas municipales hayan intentado reglamentar y controlar su funcionamiento desde el año 1875, permite pensar que el flujo de contactos y conchabos que por su intermedio se efectuaban era sustantivo.[214] Aunque en esa ocasión la normativa no pudo implementarse, resulta reveladora su existencia porque indica que las agencias y el comercio que en torno a ellas se generaba eran percibidos como un problema al que había que atender.

Durante las décadas siguientes, y con la intensificación de los ritmos migratorios, las agencias privadas expandieron su número y actividad. Y con el paso de un siglo a otro,

---

[212] "Servicio doméstico. Las familias que precisen un *servicio especial, de confianza y con buenas recomendaciones*, lo hallarán siempre, de buenos cocineros y cocineras, de mucamos y mucamas, de niñeras, amas de leche, porteros, jardineros, etc., etc., en la ajencia de la calle Cerrito número 51 entre Piedad y Cangallo", *LP*, 2 de octubre de 1880.
[213] Falcón, *El mundo del trabajo...*, pp. 66-72.
[214] El Reglamento del servicio doméstico de 1875 se aborda en el capítulo 4.

se sancionaron nuevas ordenanzas, unas concebidas para regular el funcionamiento de las agencias de colocaciones en general y otras que, reglamentando la lactancia asalariada, incorporaron disposiciones destinadas a controlar específicamente a las casas que comerciaban con la oferta y demanda de nodrizas. La intervención de las autoridades públicas en este comercio no cesó, aunque, como se verá en el capítulo siguiente, la capacidad de control, inspección y sanción del Estado fue deficitaria.[215]

A juzgar por la consideración que tuvieron en los asuntos públicos, podemos pensar que las agencias estuvieron entre las vías de acceso más importantes al servicio doméstico. La cantidad de colocaciones efectuadas por su intermedio representaron un fenómeno que no se puede desdeñar. El Departamento Nacional del Trabajo (DNT) contabilizó en 1906 la existencia de catorce agencias que habían procurado trabajo a 24.755 personas. Ocho de ellas se dedicaban específicamente al servicio doméstico, cinco operaban con toda clase de trabajos y una tomaba nodrizas únicamente. Las colocaciones para el servicio doméstico representaron en ese año al menos el 40% del total. En el año 1912, el número de agencias particulares prácticamente se cuadruplicó y efectuaron 171.294 colocaciones. De las cincuenta casas registradas en la ciudad, la mitad se

---

[215] En 1908, se sancionó una ordenanza para mejorar la regulación de las agencias de colocación. Frente a la ineficacia de los controles municipales, nuevos proyectos reglamentarios de las agencias vinculadas al servicio doméstico fueron presentados en 1912 pero no tuvieron asidero. La única modificación que sufrió la normativa tuvo lugar en 1913 y estuvo orientada a perfeccionar los registros que confeccionaban las agencias para reforzar las formas de identificación y control del servicio domestico. República Argentina, *Digesto Municipal de la Ciudad de Buenos Aires. Recopilación de leyes, ordenanzas y decretos por José Matías Zapiola (hijo)*, Edición Oficial, Buenos Aires, Talleres Gráficos de L. J. Rosso y Cía., 1918, capítulo XX: "Reglamentación del servicio doméstico y oficios", pp. 477-478.

especializaba en el servicio doméstico. Según los informes, consiguieron empleo a más de 41.000 sirvientes, esto es, realizaron más de 100 colocaciones diarias.[216]

Circuitos institucionales de colocación de niños y niñas

Junto a los conchabos directos e indirectos propios del mercado de trabajo urbano, donde se ofrecían y demandaban sirvientes, se desarrollaron una serie de prácticas institucionales de entrega y colocación de niños y jóvenes a familias particulares para que prestaran servicios domésticos, prácticas que no respondían necesariamente a una lógica mercantil. Aunque menos importantes desde el punto de vista cuantitativo, este tipo de colocaciones imprimieron gran complejidad al sector. Eran oficiadas y sostenidas por el Ministerio Pupilar a través de los defensores de menores y por las autoridades de asilos, muchos de los cuales dependían de la Sociedad de Beneficencia.[217]

Las colocaciones institucionales fueron un fenómeno tan extendido que algunos autores han caracterizado a las defensorías como "agencias laborales" aludiendo justamente al rol de sus funcionarios como agentes oficiales que ubicaban niños y niñas huérfanos o abandonados en las casas

---

[216] Los datos ofrecidos solo contabilizan las colocaciones de las agencias especializadas en el rubro. Quedan por fuera las colocaciones para el servicio doméstico realizadas por otras agencias (generales) por no poder diferenciarlas. República Argentina, *Boletín del Departamento Nacional del Trabajo*, N° 27, agosto 1 de 1913, Buenos Aires, Imprenta "Alsina", 1913, pp. 497 y ss.

[217] El análisis de las prácticas de entrega y colocación efectuadas por defensores de menores y por la Sociedad de Beneficencia se basa en notas, comunicados e informes contenidos en el Fondo "Instituciones de la Sociedad de Beneficencia y Asistencia Social (1823-1952)", disponible en el AGN. Véase: Coni, Emilio R., *Asistencia y previsión social. Buenos Aires caritativo y previsor*, Buenos Aires, E. Spinelli, 1918.

de familia para realizar distintos trabajos.[218] Si bien esta apreciación sirve para dar cuenta de la dinámica de las colocaciones oficiales, tiende a reducir su complejidad analítica, ya que estos circuitos tuvieron una serie de mediaciones que no pueden reducirse ni asemejarse a la lógica mercantil de las agencias antes descriptas.

Desde principios del siglo XIX, la asistencia de los niños pobres, huérfanos y abandonados era un campo de acción compartido (y disputado) por órdenes religiosas, funcionarios públicos y por la Sociedad de Beneficencia (entre otras asociaciones análogas).[219] Esta institución había sido creada en 1823 por el gobierno de la provincia de Buenos Aires y, en ese mismo acto, fue encomendada su administración y dirección a mujeres pertenecientes a familias distinguidas del ámbito local. La asociación recibía recursos públicos para el sustento de colegios, asilos y hospitales destinados a mujeres y niños que habían quedado bajo su gestión, pero también para la creación de otros establecimientos afines.[220] En 1880, con la federalización de la Ciudad de Buenos Aires, pasó a ser dependencia del gobierno nacional, situación que le permitió seguir creciendo pero

---

[218] Véase: Szuchman, Mark D., *Order, family, and community in Buenos Aires, 1810-1860*, Stanford, California, Stanford University Press, 1988, p. 71; Aversa, María Marta, "Colocaciones y destinos laborales en niños y jóvenes asilados en la ciudad de Buenos Aires (1890-1900)", en Lionetti Lucía y Míguez, Daniel (comp.), *Las infancias en la historia argentina. Intersecciones entre prácticas, discursos e instituciones (1890-1960)*, Rosario, Prohistoria ediciones, 2010, p. 38.

[219] Sobre la asistencia social, las relaciones entre el Estado y la Iglesia católica y el desarrollo de las instituciones de caridad, véase Moreno, José Luis, "Introducción", en Moreno, José Luis (comp.), *La política social antes de la política social (caridad, beneficencia y política social en Buenos Aires, siglos XVII a XX)*, Buenos Aires, Prometeo Libros, 2000, pp. 7 y ss. Sobre la construcción de este campo de la beneficencia oficial y las relaciones entre estos actores institucionales, véase: Villalta, *Entregas y secuestros...*, pp. 17 y ss.

[220] En un principio se incorporaron a su administración el Colegio de Niñas Huérfanas, la Casa de Niñas Huérfanas, el Hospital Betlemita y la Casa de Niños Expósitos, y se avanzó en la creación de una serie de escuelas para niñas en la ciudad y la campaña bonaerense.

generó una mayor dependencia respecto de los recursos públicos, tendencia que, según Moreno, se acrecentó y se sostuvo hasta su disolución en 1946.[221]

Junto a la Sociedad de Beneficencia se erigía otra institución fundamental de la época, el Defensor de Menores, que, desde sus orígenes y más allá de la mayor o menor ampliación de sus facultades legales, también debió intervenir en los conflictos familiares y proteger a los niños pobres, huérfanos y abandonados que habitaban la ciudad.[222] En 1881, en el marco de la organización de la Justicia de la Capital de la República (Ley 1144), se crearon dos defensorías y se especificaron sus funciones. En su articulado se explicitó que estos funcionarios debían ejercer la guarda y protección oficial de los menores e incapaces; cuidar de los huérfanos o abandonados colocándolos "convenientemente" y atender las quejas por "malos tratamientos" dados por sus padres, parientes o encargados.[223] Por su parte, el Reglamento para las Defensorías de Menores de la Capital

---

[221] Véase Moreno, "Introducción", en Moreno (comp.), *La política social....*, pp. 11 y ss. Pita, Valeria Silvina, *La casa de las locas. Una historia social del Hospital de Mujeres Dementes. Buenos Aires, 1852-1890*, Rosario, Prohistoria, 2012, pp. 16 y ss.

[222] Sobre las atribuciones y ámbitos de intervención y su relación institucional, tensiones y conflictos con la Sociedad de Beneficencia, véase Kluger, Viviana, "El Defensor General de Menores y la Sociedad de Beneficencia. La discusión de 1887 en torno a sus atribuciones", en *Revista de Historia del Derecho*, N° 17, Instituto de Investigaciones de Historia del Derecho, Buenos Aires, 1989, pp. 411-430. Disponible en: goo.gl/o7odz8.

[223] Sobre las atribuciones de los defensores de menores véase también: Villalta, Carla, "¿De quién son los niños pobres? El debate por la tutela administrativa, judicial o caritativa en Buenos Aires de fin de siglo pasado", en Tiscornia, Sofía; Pita, María Victoria (comps.), *Derechos humanos, tribunales y policías en Argentina y Brasil*, equipo de Antropología Política y Jurídica, FFyL, UBA, Buenos Aires, Antropofagia, 2005; Freidenraij, Claudia, "El caso Manuel Sicar. Resistencias y disputas en torno a los niños tutelados por el Estado (Buenos Aires, fines del siglo XIX)", en *Trashumante. Revista Americana de Historia Social*, N° 8, 2016, pp. 154-175. Disponible en: goo.gl/tmv5uI.

de 1884 les confirió la autoridad para celebrar contratos de locación con particulares que tomaran menores a su cargo.[224]

Ahora bien, ¿quiénes eran estos menores? Varios estudios del campo de la minoridad y la infancia han señalado que los "menores" no existían como tales, sino que se trataba de una categoría clasificatoria que se aplicaba a un segmento de la población infanto-juvenil que habilitó a una serie de organismos e instituciones a intervenir sobre ella. Se trataba de niños y jóvenes de ambos sexos que, se consideraba, estaban expuestos a situaciones de abandono y desamparo, vinculados a actividades "peligrosas" o, sencillamente, inmersos en contextos familiares precarios que no les garantizaban sustento material ni contención moral.[225] En este sentido, "menores" eran los huérfanos, los hijos ilegítimos de madres solteras, aquellos desvinculados de sus núcleos familiares, con oficios callejeros (canillitas, lustrabotas), los que no tenían un domicilio fijo conocido, los que delinquían, pero también, aquellos cuyos padres eran calificados como "incapaces" debido a su situación de

---

[224] Aversa, "Colocaciones y destinos...", p. 38. El Reglamento también les confirió la guarda interina de los menores que, hallándose bajo la patria potestad o bajo la acción de un tutor o encargado, sufrieran malos tratos o estuvieran expuestos a situaciones de abandono moral o material. Kluger, "El Defensor General...".

[225] Un análisis de la irrupción de la infancia abandonada como problema social se encuentra en Aversa, María Marta, "Infancia abandonada y delincuente. De la tutela provisoria al patronato público (1910-1931)", en Lvovich, Daniel y Suriano, Juan (eds.), *Las políticas sociales en perspectiva histórica, Argentina, 1870-1952*, Buenos Aires, Prometeo Libros, 2006. Sobre las condiciones de emergencia de la figura del menor y los sentidos atribuidos a esa categoría véase: Zapiola, María Carolina, *La invención del menor: representaciones, discursos y políticas públicas de menores en la ciudad de Buenos Aires, 1882-1921*, tesis presentada ante el Instituto de Altos Estudios Sociales de la Universidad Nacional de General San Martín para optar por el título de Magíster en Sociología de la Cultura y Análisis Cultural, 2007. Un análisis de las prácticas, los sentidos y los actores que constituyeron dicha categoría se encuentra en Villalta, *Entregas y secuestros...*

pobreza. En otras palabras, menores eran básicamente -y en gran medida- los niños pobres o muy pobres que habitaban la ciudad.[226]

Los "menores" llegaban a las defensorías por intermedio de la policía que los arrestaba y desde ahí se los remitía, por otras instituciones (como hospitales o juzgados), por denuncias de vecinos o solicitudes de los propios padres.[227] Algunos eran devueltos a sus familias. Otros, los que quedaban a disposición de los defensores, eran enviados a asilos para menores o casas correccionales en los que quedaban internados hasta resolver su situación. Las dimensiones de este problema se evidencian en los censos municipales, que registraron en 1887 más de 4.500 menores asilados en la ciudad, y entre 1904 y 1910, algo más de 6.500 de 0 a 14 años bajo la tutela de asilos públicos o privados.[228] Por su parte, Emilio Coni identificó para 1917 la existencia de unos 35 asilos para menores en la Ciudad de Buenos Aires.[229]

Los establecimientos donde eran ingresados los menores no dependían de los defensores sino que estaban en su mayoría bajo la égida de la Sociedad de Beneficencia. Por otra parte, la facultad para colocarlos no era privativa de aquellos funcionarios: la Sociedad también tenía amplias

---

[226] Zapiola, *La invención del menor*... Siguiendo a esta autora, se emplea aquí esta categoría para hacer referencia a esas poblaciones.

[227] Muchos padres solicitaban la internación de sus hijos haciendo uso de "derecho de corrección", facultad establecida por el Código Civil de Vélez Sarsfield (Art. 278) por medio de la cual los padres podían "corregir o hacer corregir" a sus hijos (con intervención de un juez) solicitando su detención en un establecimiento correccional por el término de un mes. Algunos estudios han señalado de todas formas que argüir problemas de conducta también era un recurso utilizado por los padres para conseguir un lugar para sus hijos en los establecimientos sin que fueran considerados "abandonados". Véase: Villalta, *Entregas y secuestros*..., pp. 47-48.

[228] Aversa, "Infancia abandonada y...", p. 95. Zapiola, María Carolina, "Niños en las calles: imágenes literarias y representaciones oficiales en la Argentina del Centenario", en Gayol, Sandra y Madero, Marta, *Formas de Historia cultural*, Prometeo-UNGS, Buenos Aires, 2007, p. 5.

[229] Información extraída de Ciafardo, Eduardo O., *Los niños en la ciudad de Buenos Aires (1890/1910)*, Buenos Aires, CEAL, 1992, pp. 22 y 62.

prerrogativas, y no reconocía limitaciones para el desarrollo de estas prácticas de entrega y colocación.[230] Pretendía conservar la misma tutela sobre los menores internados en sus asilos y sobre los que eran colocados, mientras que los defensores argüían que solo les correspondía la tutela de los que ingresaban "directamente" a sus establecimientos, y que aun así, esta cesaba y pasaba a ser ejercida por ellos una vez que los niños eran colocados en casas de familia. Estos entrecruzamientos dieron lugar a interacciones (y conflictos) permanentes, que giraron en torno a los niños que los defensores derivaban y que las benefactoras albergaban, pero así también en derredor de las colocaciones que ambos viabilizaban.[231]

La permanencia en los establecimientos solía ser transitoria, ya que el destino habitual de la mayoría de los menores era la colocación. Como ha señalado Aversa, las autoridades públicas y asilares tenían a su disposición herramientas administrativas y redes instituidas de entrega y circulación de menores mediante las cuales procuraban protegerlos y "regenerarlos", encauzando de esta forma esas trayectorias de vida que causaban preocupación por estar ancladas en la miseria y ser fronterizas al mundo del delito.[232]

---

[230] Tales atribuciones tuvieron sustento jurídico con la sanción del Código Civil en el que se estableció que "los niños admitidos en los hospicios, o en las casas de expósitos por cualquier título, y por cualquier denominación que sea, estarán bajo la tutela de las comisiones administrativas" (art. 396). Invocando este artículo y posteriormente un decreto del 18 de junio de 1904 que las respaldaba, reivindicaban el derecho para disponer libremente de todos los menores asilados en sus establecimientos, aun los que habían sido remitidos por los defensores. Villalta, *Entregas y secuestros...*, pp. 46-53. De la misma autora: "¿De quién son...".
[231] *Ib.*
[232] Aversa, María Marta, *Un mundo de gente menuda. El trabajo infantil tutelado. Ciudad de Buenos aires, 1870-1920*, Tesis de Doctorado en Ciencias Antropológicas, Facultad de Filosofía y Letras, UBA, 2014. Un análisis de las colocaciones familiares y laborales para un período posterior se encuentra en Silvestrin, Ana María, *Los desamparados de la vida... Estrategias de la Sociedad de*

La idea de la "recuperación" de los menores por medio del trabajo estaba legitimada por un amplio espectro de médicos, juristas, higienistas, abogados (en calidad de intelectuales y de funcionarios públicos), pero también por las damas de la beneficencia y las órdenes religiosas. El trabajo era concebido como una herramienta de disciplinamiento y moralización de las clases menesterosas y como un mecanismo de contención e integración de los niños pobres que, una vez identificados como menores, debían ser objeto de tutela y protección oficial. Una vez ingresados al "ciclo tutelar", permanecían en un estado de minoridad jurídica y social que se perpetuaba.[233]

Las colocaciones laborales debían cumplir una serie de funciones. Por un lado, satisfacer las necesidades de alimentación y vestimenta de los niños, de esta forma el Estado y su brazo asistencial (la Sociedad de Beneficencia) se desligaban del sustento material de los mismos al tiempo que descomprimían los asilos -siempre atestados y con recursos limitados-.[234] Por otro lado, debían instruirlos en un oficio que les proporcionara un medio para vivir y les permitiera integrase al orden social como trabajadores "útiles". Además, los menores colocados debían corregir hábitos y

---

Beneficencia de la Capital dirigidas a la inserción social y laboral de los asilados (1925-1945), Tesis de Licenciatura en Historia, Universidad Nacional de Luján, 2004.

[233] Para el abordaje del ejercicio tutelar, véase el *Código Civil de la República Argentina*, Buenos Aires, Pablo E. Coni, 1874, Título VII "De la tutela", arts. 377 y ss. Véase asimismo: Villalta, *Entregas y secuestros...*, pp. 58-60; Aversa, "Colocaciones y destinos...".

[234] En 1891, la presidenta de la Sociedad envió una nota al defensor de menores Ramón de O. Cesar en la que planteaba que no podía hacer frente a la cantidad de niños que diariamente solicitaban admisión en la Casa de Huérfanos porque se encontraba "sumariamente escasa de recursos". El defensor le respondió que frecuentemente se presentaban en la defensoría personas "bien acomodadas" solicitando la guarda de menores "para encargarse de su crianza y educación". Le solicitaba a la presidenta una nómina de los menores en condiciones de ser entregados, para darles "colocaciones adecuadas". Nota del 3 de julio de 1891, AGN, Sociedad de Beneficencia de la Capital (SBC), *Defensoría de Menores*, Legajo 57, 1824-1895, vol. 1, folio 131.

costumbres nocivas adquiridas en el medio social de origen del cual eran "rescatados" -la calle, el conventillo, la familia-.[235]

Las colocaciones efectuadas por la Sociedad eran registradas y se formalizaban mediante un "formulario de compromiso" donde quedaban explicitadas las cargas de las partes. A modo de ejemplo, la Casa de Huérfanas utilizaba a fines de siglo un modelo de contrato en el cual se establecía que la presidenta de la Sociedad "entregaba" al depositario (en masculino) una niña menor de edad "para que le sirva".[236] Este la tomaba a su cargo bajo la condición de "cuidarla y educarla moral y religiosamente" y de "atender á su alimentación y vestido". A su vez, se explicitaba que no se establecía una obligación salarial hasta que la menor cumpliera 18 años de edad, momento en el cual debía fijarse un sueldo "acordado" con el defensor de menores. La menor colocada podía ser retirada de la casa donde se encontraba en caso de fallecimiento del depositario o si no se cumplía con las obligaciones contraídas. Además podía prestar conformidad (o no) a lo pactado en el compromiso una vez que alcanzara los 14 años (edad establecida por el Código Civil). Este debía ser ratificado por el defensor de menores, quien a su vez, tenía que controlar su cumplimiento.[237]

Hacia fines del siglo XIX, las colocaciones domésticas no fueron los únicos destinos laborales posibles. En efecto, los menores (sobre todo los varones) comenzaron

---

[235] *Ib*. Villalta ha señalado que las prácticas mediante las cuales los niños menores eran distribuidos en los asilos y en las casas de familia se apoyaban en una retórica "salvacionista". La intención era sustituir el medio en el que vivían y "trasplantarlos" para que se convirtieran en otros sujetos. Villalta, *Entregas y secuestros...*, pp. 62-63.

[236] En dichos formularios solo se consignaban: del lado del depositario, el nombre y domicilio; del lado de la menor, el nombre, el número adjudicado para su identificación y el establecimiento en el que se encontraba al momento de ser retirada. Tomamos como modelo un "Compromiso" celebrado en el año 1887. Nota del 30 de septiembre de 1887. SBC, *Casa de Huérfanas*, 1823-1912, legajo 46, vol. 2, folios 110 a 111.

[237] *Ib*.

a ser ubicados en comercios, talleres, estancias o destacamentos militares a medida que aumentaban las necesidades de control del territorio por parte del Estado y se transformaba la economía local.[238] De todas formas, las entregas en calidad de sirvientes y "criados" nunca menguaron y continuaron siendo un destino ineludible para la mayoría de ellos. Como se observa en el gráfico siguiente, entre 1883 y 1907, las colocaciones domésticas efectuadas (o ratificadas) por los defensores representaron entre el 72% y el 100% de las registradas por las dos defensorías de la ciudad. En términos absolutos, su número fue variable, fluctuando en un rango que iba desde las 200 a las 1.000 entregas de menores de edad en calidad de criados, sirvientes o aprendices (en menor medida) por año.[239]

---

[238] Los varones podían ser enviados a los cuerpos de línea en calidad de músicos, a batallones particulares, a escuelas de grumetes o al ejército (una vez creada dicha institución). Aversa, "Colocaciones y destinos...", pp. 38 y 44.
[239] Los registros de las defensorías no dan cuenta del total de las colocaciones institucionales. Las autoridades de los asilos de menores también podían efectuar colocaciones y esto no siempre era informado a los funcionarios. En efecto, permanentemente nos encontramos con notas que evidencian las tensiones que se generaban entre defensores y damas benefactoras debido a las irregularidades al momento de informar sobre los destinos de los niños.

Gráfico N° 6

Fuente: Aversa, María Marta, *Un mundo de gente menuda. El trabajo infantil tutelado, Ciudad de Buenos Aires 1870-1920*, tesis para optar por el grado de Doctora en Historia, Facultad de Filosofía y Letras, Universidad de Buenos Aires, 2014, p. 331.

Hacia el cambio de siglo, los defensores comenzaron a cuestionar abiertamente a las damas de la beneficencia por promover esa práctica tan extendida de retirar menores asilados para que se desempeñaran como sirvientes sin remuneración.[240] En 1895, Adolfo E. Carranza, defensor de menores de la sección sud, elevó una nota al ministro de Justicia e Instrucción Pública señalando que la Sociedad entregaba menores sin control a quienes los solicitaban con el pretexto de "adoptarlos como hijos" bajo condiciones objetables.[241] Frente a esta situación, el defensor sostenía que desde los 8 años los niños colocados podían prestar servicios y que para compensar el trabajo realizado había que

---

[240] Véase: Villalta, "De quien son los…".
[241] Nota del 20 de mayo de 1895. SBC, *Defensoría de Menores*, Legajo 57, 1824-1895, vol. 1, folio 334.

asignarles un sueldo módico. Proponía que los contratos se celebraran en la defensoría y que se aplicara una escala salarial, planteando sin rodeos que las relaciones creadas bajo el régimen de las colocaciones se centraban en el trabajo.[242]

Las propuestas del defensor no tuvieron una respuesta favorable y con el paso de los años, surgieron nuevos cuestionamientos.[243] La objeción se reiteraba: resultaba excesivo el número de años establecido (18 años de edad) para que los niños y niñas colocados comenzaran a ganar sueldos por sus servicios. Además, se trataba de prácticas "no controladas" que no se ajustaban a las leyes civiles del país en lo que se refería al ejercicio de la tutela y a la edad establecida para que los menores comenzaran a cobrar un sueldo (15 años de edad).[244] De allí que lo que se solicitaba era que se modificaran los términos del compromiso y que se facultara a las defensorías para controlar a las damas benefactoras.

A mediados de 1904, la Sociedad logró que el gobierno nacional aprobara mediante un decreto un nuevo formulario para la colocación de menores.[245] En este convenio se establecía que la presidenta confiaba al "cuidado" de una Señora (en femenino) a una menor, que se obligaba a proceder como "madre cariñosa", a la "educación moral y religiosa" y a satisfacer todos los gastos de sostenimiento de la

---

[242] Cuando el menor cumplía 8 años, debían depositarles en la defensoría 2 pesos al mes hasta los 12 años; desde esta edad hasta cumplir los 14 años, 4 pesos; en adelante 6 pesos hasta cumplir los 16 años y, desde esa edad, 8 pesos, debiendo proveer asimismo sus necesidades de alimentación, vestuarios y calzado "de la mejor manera posible". *Ib.*

[243] Nota de diciembre de 1895. SBC, *Defensoría de Menores*, Legajo 57, vol. 1, folio 344; Notas del 28 de noviembre de 1903. SBC, *Defensoría de Menores*, Legajo 4, años 1896-1904, vol. 2, folios 251 a 261.

[244] El Código Civil establecía que "el que hubiese criado a alguna persona, no [podía] ser obligado a pagarle sueldos por servicios prestados, hasta la edad de quince años cumplidos. Tampoco [serían] obligados a pagar sueldos los tutores que [conservaban] en su compañía a los menores de quince años, por no poder darles acomodo". *Código Civil de la República Argentina...*, cap. VIII, "De la locación de servicios".

[245] Nos referimos al decreto del Poder Ejecutivo del 18 de junio de 1904. Véase: Villalta, *Entregas y secuestros...*, p. 52.

persona que recibe.²⁴⁶ Si bien este convenio ya no explicitaba que la menor era entregada a su depositaria "para que le sirva", se trataba igualmente de una relación laboral desde el momento que uno de sus artículos establecía que, a partir de los 14 años de edad, la menor ganaría un sueldo que debía ser depositado en el Banco Nación en una libreta a su nombre y a la orden de la Sociedad. Como bien ha señalado Villalta, el resto de las cláusulas estaban destinadas a especificar y a reafirmar las facultades que tenía la Sociedad para conservar la tutela sobre los menores colocados.²⁴⁷

Si bien los defensores cuestionaban las colocaciones domésticas que efectuaba la Sociedad, sus oficios no arrojaban resultados muy diferentes. Preocupados por sacarlos de las calles, ubicaban a los niños y niñas donde podían y, bajo la consigna de formarlos en un oficio, terminaban por facilitar el acceso a mano de obra infantil a muy bajo costo. Así, como señala Aversa, debido a fisuras y tensiones propias de la dinámica cotidiana, estas prácticas de colocación lejos de velar por una instrucción en oficios ligados a las demandas y necesidades de la economía, terminaron por constituirse en un mecanismo de entrega de niños y niñas como sirvientes y "criados" sin demasiadas expectativas de progreso.

---

246 Del lado de la "cuidadora", la novedad en los datos consignados era que, además del nombre y el domicilio, se asentaba su estado civil. De lado de la menor, se registraba su nombre, su número de identificación y el nombre que en adelante podía usar. Para describir el nuevo formulario nos basamos en un convenio firmado el 1° de agosto de 1904. SBC, *Casa de Huérfanas*, 1898-1912, legajo 46, vol. 3, folio 75.

247 El convenio establecía que la depositaria tenía la obligación de presentar a la menor toda vez que la Sociedad o el Ministerio de Menores así lo requirieran. No podía sacarla del país sin sus autorizaciones ni "traspasar" sin consentimiento escrito de dichas autoridades. En caso de fallecimiento, debía dar aviso y constancia de la enfermedad que la había causado. Al cumplir 14 años la menor debía dar su consentimiento para continuar bajo el cuidado de la depositaria ante el Ministerio de Menores. Por último, se firmaban tres ejemplares, uno quedaba en posesión de la Sociedad, otro de la Señora y el tercero en el Ministerio de Menores. *Ib*. De esta forma, a las niñas no les quedaba copia de los "convenios".

Había pocos requisitos y aun menos controles para "retirar" niños. Los interesados se hacían presentes en los asilos o las defensorías y/o elevaban notas a sus autoridades. Una de las pocas "formalidades" que debían llenar por precaución era que los solicitantes fueran recomendados por dos personas "honorables" o de "buena posición social".[248] Además, un inspector del asilo del cual dependían los menores debía emitir un informe (previa visita a la casa de la familia) dando el visto bueno para que se efectuara la colocación. Los niños y niñas asilados debían tener una permanencia mínima de tiempo que en un momento fue de dos años y medio en los establecimientos antes de ser colocados, para evitar posibles conflictos -que de todas formas se suscitaban- con familiares que los reclamaban. Si en ese lapso nadie solicitaba su restitución, la Sociedad procedía a su entrega.[249]

---

[248] A modo de ejemplo, en 1888, el defensor de menores Pedro Roberts se dirigía a la Sociedad apoyando el pedido del señor Eduardo Pieves solicitando uno de los niños que se hallaban en el asilo de huérfanos *con el fin de darle un trato verdaderamente fraternal*. Nota del 14 de julio de 1888, SBC, *Defensoría de Menores*, Legajo 57, vol. 1, folio 59. Unos años más tarde, el defensor Ramón de Oliveira Cesar le "suplicaba" a la presidenta confiar a los cónyuges Sres. Vasconcellos una niña expósita asegurándole que dada su buena posición harían su felicidad pues tomarían a esta *en carácter de hija adoptiva*. Nota del 23 de abril de 1892, SBC, *Defensoría de Menores*, Legajo 57, vol. 1, folio 157. En 1900 el cura Hicario Costebarria, recomendaba a la presidenta el pedido del Dr. Justo López Novillo, que deseaba le mandasen del asilo *una niña de doce a catorce años para niñera* para cuidar una criatura de seis meses. Nota del 18 de septiembre de 1900. SBC, *Defensoría de Menores*, Legajo 57, 1827-1904, vol. 1, folio 275. Ver además Nota del 2 de julio de 1903. *Ib.*, folio 370. El subrayado es nuestro.

[249] El *Reglamento de la Casa de Huérfanas* de 1883 reconocía dos tipos de menores asiladas, las ingresadas por sus deudos o tutores y las "huérfanas expósitas". Sobre estas últimas establecía que la Sociedad velaría por ellas "empleándolas en sus establecimientos ó *colocándolas del modo más conveniente*" (art. 8°), aunque indicaba que "*no podía colocarse ninguna huérfana sin que haya cumplido su tiempo de internado, salvo* en aquellos casos *que sean solicitadas para ocupar el lugar de hijas*" (art. 10°). El subrayado es nuestro. *Reglamento de la Casa de Huérfanas de la Merced* [1883]. SBC, *Casa de Huérfanas*, 1823-1912, legajo 46, vol. 2, folios 42 y 43. Por su parte, el Reglamento de 1909 no difie-

A juzgar por las irregularidades y conflictos que se suscitaban y por la cantidad de niños y niñas que se fugaban de los hogares donde eran colocados, estas prácticas de entrega y colocación constituyeron una posibilidad de acceder a mano de obra muy barata, sin demasiados controles ni exigencias contractuales por parte de las autoridades.[250] Los circuitos se asentaban en comportamientos sociales ya establecidos, debido a que se trataba de prácticas consuetudinarias que excedieron los mecanismos propiamente institucionales.[251]

Por otra parte, como ha señalado Zapiola, las relaciones entre los defensores, las benefactoras, los niños y niñas pobres y sus familias evidenciaban la persistencia de "modelos antiguos", en los cuales las autoridades públicas compartían con los particulares la responsabilidad de proteger a los "huérfanos y abandonados".[252] En este sentido, los sistemas de entrega y colocación de niños fueron la expresión más clara del carácter dual (público y privado) de las políticas destinadas a ese segmento de la infancia pobre, pero así

---

re demasiado en lo que a las colocaciones se refiere. Véase: SBC, *Casa de Huérfanas*, 1898-1912, legajo 46, vol. 3, folios 241 y ss. El subrayado es nuestro.

[250] La Sociedad de Beneficencia colocaba niños como sirvientes, pero también como "hijos". Desde el punto de vista legal, al no existir la figura de la "adopción", estas colocaciones *no* creaban relaciones de familia por lo que en esos hogares los niños no tenían parientes y no tenían derecho a heredar. No hay que perder de vista que recién en 1948 fue sancionada la Ley 13252, que fue la primera en reglamentar las adopciones. La Sociedad seguía siendo la "tutora legal" de los menores colocados y podía solicitar su devolución en caso de irregularidades. Villalta, *Entregas y secuestros...*, pp. 46-47. Sobre la primera ley de adopción de niños: *ib.*, pp. 91 y ss.

[251] Cicerchia, Ricardo, "Familia: la historia de una idea. Los desórdenes domésticos de la plebe urbana porteña, Buenos Aires, 1776-1850", en Wainerman, Catalina H. (comp.), *Vivir en familia*, Buenos Aires, Unicef-Losada, 1994, p. 60; Cicerchia, Ricardo, "Las vueltas del torno: claves de un maltusianismo popular", en Fletcher, Lea, *Mujeres y cultura en la Argentina del siglo XIX*, Buenos Aires, Feminaria, 1994, p. 204. Se volverá sobre estos temas en el capítulo 6.

[252] Zapiola, *La invención del menor...*, pp. 43-44.

también de la importancia que en ellas tuvieron los hogares particulares y, en definitiva, las prácticas privadas informales y extralegales.

Distribución de indígenas

Los niños y niñas pobres de la ciudad no fueron los únicos sujetos "minorizados" en su condición jurídica y social. Durante la denominada "conquista del desierto", cientos de mujeres y niños indígenas fueron objeto de entregas informales y extralegales y forzados a trabajar una vez "distribuidos" entre las familias porteñas a fines del siglo XIX.[253] Estas entregas eran masivas y espasmódicas, pues estaban supeditadas a los avatares de las campañas militares (que se traducían en la posibilidad de controlar territorios y someter poblaciones), a rutinas administrativas (en las que intervenían militares, policías, jueces de paz, sacerdotes), o a las necesidades de traslado de estas poblaciones cautivas.

El destino de muchos indígenas fue encomendado por el gobierno nacional a las damas de la beneficencia. Así, por ejemplo, en 1878 con una carátula que decía "Protección á indígenas y su colocación" se consignó "la lista de indígenas colocados por la Sociedad de Beneficencia" durante el mes de diciembre de ese mismo año:

> [...] A la casa de Expósitos se mandó una india cautiva con un hijo y una india con dos hijos [...].
> [...] Al Asilo de Huérfanos una india vieja con una hija de 18 años [...].
> [...] Sra. Carolina L. del Campo, Temple 631, se le entregó una indiesita [...].
> [...] Sra. Paz domiciliada Calle Rivadavia 710 se le entregaron dos indiesitos chicos, uno varon y mujer la otra [...].

---

[253] Masés, Enrique H., *Estado y cuestión indígena. El destino final de los indios sometidos en el sur del territorio (1878-1930)*, Buenos Aires, Prometeo, 2009.

[...] Sra. Petrona E. de Mones (Pueblo de Belgrano) llevó una india con dos hijos [...].
[...] Sra. De Walls un chinita [...].
[...] Nicolasa de Terrero un indio de 10 años llamado José María hijo de Casimira [...].
[...] Sra. Francisca C. de Campos recibió á la india Benita de 8 á 10 años [...].
[...] Sra. Dolores Maldonado de Conde, Cuyo 553, una india de 8 años hija de Manuela Morales. Llevó también á esta [...].
[...] Petrona D. de Debacino, Corrientes N° 674 llevó a la india Isabel Torres de 24 á 25 años [...].
[...] Sra. Manuela V. de Novoa, Andes 56, llevó una india Micaela de 30 años más o menos [...].
[...] Avelina C. de Camelino, Cangallo 873, llevó a Carmela de 30 á 35 años con un hijo de un año [...].
[...] Adelaida B. de Burgos – Rivadavia N° 652 llevó a la india Remigia con un hijo de un mes [...].
[...] Señor Doctor Manuel Augusto Montes de Oca un indiesito hijo del cacique Pincen – llamado Merenao como de 7 años [...].[254]

En total sumaron 285 las mujeres y niños indígenas repartidos en esa oportunidad. La forma de registro los cosificaba. Apuntaban sus entregas muchas veces sin sus nombres, denominándolos "india", "india vieja", "indiesito/a", "india con hijo/s". La condición de minoridad jurídica y social a las que quedaban reducidos justificaba la necesidad de la tutela ejercida. Es notorio el contraste entre la forma de identificación del depositario o depositaria mediante su nombre y apellido completo, y la forma de registro de las mujeres y niños colocados, mucho más irregular, imprecisa, impersonal, anónima. Además, luego del detalle que consignaba datos (ínfimos) del depositario y de los indígenas entregados, en el margen derecho de la hoja se sumaban

---

[254] SBC, *Servicios Extraordinarios* (sin catalogar), 1823-1900, vol. 1, folios 128 a 135. La expresión "china" o "chinita" designaba a las personas de ascendencia india o mestiza.

(utilizando números, cual tabla de contabilidad) la cantidad de indígenas colocados con esa persona y al final de la página se trazaba una línea y se colocaban los subtotales que se sumaban al final de la lista.[255] En el año 1885 otra oleada de colocaciones se realizó a pedido del ministro de Guerra. En esta oportunidad una legión de 325 indígenas fue distribuida mediante la celebración de contratos entre la Sociedad de Beneficencia y los particulares.[256]

En la conformación y expansión del mercado del servicio doméstico hubo diferentes circuitos de acceso y colocación. De su descripción y análisis surge una imagen del sector parcial, incompleta, ya que cada uno de ellos estuvo sujeto a dinámicas específicas. Por momentos se presenta como un ámbito de actividad mercantilizado, donde prevalecieron relaciones laborales asalariadas organizadas a partir de la oferta y demanda de trabajadores "libres" para contratar (aunque siempre condicionados por circunstancias y contextos socio-históricos específicos). La caterva diaria de avisos de empleo, las numerosas agencias de colocación emplazadas en la ciudad y los acuerdos a los que se llegaba para iniciar un vínculo laboral constituyen buenos ejemplos de ello. En otros casos, el sector incorporó sujetos que lejos estuvieron de poder elegir su destino. Tal es el caso de los niños y niñas colocados como sirvientes y "criadas" o bien, el de las poblaciones indígenas que fueron distribuidas para el servicio de las familias porteñas.

Estas evidencias suponen un desafío para la historia del trabajo en la medida que el servicio doméstico dio lugar a relaciones asalariadas pero también a otras formas remunerativas, a diversos "arreglos" que incluyeron el trabajo no remunerado, a vínculos de dependencia y subordinación, a contextos forzados de trabajo. Todas estas situaciones se

---

[255] El listado ocupaba 13 páginas tamaño oficio.
[256] Sobre las cargas del depositario o la depositaria respecto a la o el indígena a su cargo, véanse los Contratos de colocación de indígenas, año 1885. SBC, *Servicios Extraordinarios...*, vol. 1, folios 151 a 136. Folios 165 y ss.

suman a otras evidencias disponibles y desestabilizan aquellas interpretaciones que suponen que con los procesos de modernización económica en nuestro país únicamente se establecieron relaciones de trabajo libre.[257] Asimismo, invitan a reflexionar sobre las limitaciones que las categorías tradicionales imponen a la comprensión de aquella vasta realidad socio-histórica.

---

[257] En los años noventa, Campi señaló que con el desarrollo de la agro-industria azucarera en la segunda mitad del siglo XIX en Tucumán, los métodos coactivos (leyes de conchabo, vagancia, peonaje por deudas) fueron fundamentales para el reclutamiento de mano de obra para los ingenios y plantaciones. Aunque estas herramientas legales fueron derogadas o cayeron en desuso, de ninguna manera desaparecieron en sus efectos. Véase: Campi, Daniel, "Captación forzada de mano de obra y trabajo asalariado en Tucumán, 1856-1896", *Anuario IEHS*, num. 8, Tandil, 1993; del mismo autor, "La conformación del mercado de trabajo en Tucumán (1800-1870)", en *Trabajo y Sociedad. Indagaciones sobre el empleo, la cultura y las prácticas políticas en sociedades segmentadas,* N° 5, vol. IV, septiembre-diciembre de 2002, Santiago del Estero, Argentina. Disponible en: goo.gl/g7Qlih. Recientemente, Aversa ha mostrado la importancia que tuvo el trabajo forzado de menores en contextos de encierro y en los circuitos de entrega y colocación oficial antes mencionados. Aversa, *Un mundo de gente menuda...* Un balance sobre estos temas se encuentra en Pita, Valeria: "Historia social del trabajo con perspectiva de género en Argentina: aspectos de un entramado en construcción", en Pérez Toledo, Sonia y Solano de las Aguas, Sergio P. (eds.), *Pensar la historia del trabajo y los trabajadores en América, siglos XVIII y XIX,* Iberoamericana Vervuert, 2016.

4

De tentativas reglamentarias y sirvientes organizados

Este capítulo aborda la relación que estableció el Estado con el servicio doméstico, es decir, los posicionamientos que distintas dependencias o instituciones públicas tuvieron en relación con este sector laboral. Desde el punto de vista analítico, podemos identificar diferentes instancias de esa estatidad. Por un lado, una serie de intentos de regulación municipal que desde el último cuarto del siglo XIX afectaron de una u otra forma a los y las sirvientes. Por otro, los avances en las leyes de protección del trabajo que comienzan a sancionarse en el Congreso Nacional desde principios del siglo XX, de las cuales este sector se ve excluido, lo que cristaliza una situación de vulnerabilidad que se ha reiterado en distintos contextos nacionales y regionales.[258] Por último, una serie de circuitos oficiales de entrega y colocación de niños y de indígenas en casas de familia que se sostuvieron durante el siglo XIX y (al menos) las primeras décadas del XX, tal como ha sido abordado en el capítulo anterior, y serán retomados más adelante.

---

[258] Una referencia pionera para América Latina: Chaney y García Castro (eds.), *Muchacha, cachifa, criada...* Algunos abordajes más actuales: Oficina Internacional del Trabajo, *Trabajo decente para los trabajadores domésticos*, Ginebra, OIT, 2009; Valenzuela, María Elena, "Esfuerzos concertados para la revaloración del trabajo doméstico remunerado en América Latina", en Valenzuela, María Elena y Mora, Claudia (eds.), *Trabajo doméstico: un largo camino hacia el trabajo decente*, Santiago de Chile, OIT, 2009; Pereira, Milena y Valiente, Hugo, *Regímenes jurídicos sobre trabajo doméstico remunerado en los Estados del MERCOSUR*, Montevideo, Cotidiano Mujer. Disponible en: goo.gl/s46Sep.

En Argentina, al igual que en otros países de América Latina, el servicio doméstico se constituyó en una de las principales fuentes de empleo femenino urbano. Sin embargo, a pesar de su importancia en términos numéricos y sociales, esta actividad fue una de las más relegadas, tanto respecto de las condiciones de trabajo y salariales, como de su marco legal. Excluido una y otra vez de los beneficios que la legislación del trabajo comenzaba a otorgar a otros grupos o sectores de actividad (descanso dominical de 1905, reglamentación del trabajo de mujeres y menores de 1907, accidentes de trabajo de 1915, entre otros), los reclamos y los proyectos para incorporar al sector comenzaron tempranamente, pero todos fracasaron. A tal punto fue así que las trabajadoras domésticas fueron las últimas en incorporarse a las instituciones de protección social y al derecho laboral.[259]

Hasta mediados del siglo pasado, fue el Código Civil el que ofreció algunas herramientas para regular este segmento del mercado de trabajo.[260] En su artículo 1624, estableció que el sector debía ser reglamentado por disposiciones

---

[259] Un tratamiento de la construcción de esa exclusión se encuentra en Pérez: "Un 'régimen especial'...; Tizziani, "El Estatuto del..."; Poblete, "Empleo y protecciones...".

[260] El contrato de locación de servicios fue la forma jurídica que adoptó el vínculo laboral en nuestro país. Conforme a la tradición liberal, fundaba su razón en el libre consentimiento de quienes quedaban afectados en la relación contractual. A su vez, reafirmaba la idea de la igualdad de las partes en la medida que presuponía que estas contaban con la posibilidad de rechazar el acuerdo. La figura del contrato marcaba claramente su pertenencia al ámbito de lo privado ya que vinculaba bilateralmente a los individuos. De todas formas, ese acuerdo implicaba necesariamente a un tercero garante, el Estado, el que al tiempo que regulaba la acción, ofrecía el marco legal que lo hacía posible. A fines del siglo XIX comenzó a desarrollarse el Derecho Laboral, que se fue nutriendo de nuevas fuentes y doctrinas que lo alejaron de la tradición civil. Esta nueva vertiente partía del reconocimiento de la asimetría entre las partes que conforman las relaciones de trabajo. En este nuevo marco, el Estado se fue haciendo más visible al asumir un lugar cada vez más importante como regulador de las relaciones laborales. Stagnaro, Andrés, *Los tribunales de trabajo como el escenario del conflicto entre el capital y el trabajo. 1948-1960,* tesis para optar por el grado de doctor en Historia, Universidad Nacional de La Plata, La Plata, 2013, pp. 79 y ss.

especiales: "el servicio de las personas de uno y otro sexo que se conchabaren para servicio doméstico, [debía] ser juzgado por las ordenanzas municipales o policiales de cada pueblo [...]".[261] Conforme a lo instituido, en el caso de Buenos Aires, a partir de la década de 1870, hubo varios intentos de reglamentación de ese segmento laboral. Algunos de los proyectos fueron sancionados, mientras que otros, una vez presentados en el Concejo Municipal (luego Deliberante), no volvieron a ser considerados. De todas formas, esto no disminuye su valor heurístico; por el contrario, estas propuestas normativas permiten comprender mejor cuáles eran las preocupaciones que este sector suscitaba y cuáles las consideraciones que tenían los ediles, los patrones y los propios trabajadores sobre las y los sirvientes.

La sociedad porteña había buscado regular algunas actividades durante la segunda mitad del siglo XIX, intentando someterlas a un registro, reglamentación y control. Frente a la escasez y la inestabilidad de la oferta de brazos, la escasa propensión de la población vernácula a permanecer en un empleo fijo y la existencia de medios de subsistencia alternativos al trabajo asalariado, las clases propietarias y las elites estatales implementaron instrumentos jurídicos y prácticas coactivas para disciplinar a las clases laboriosas. Era necesario conformar una fuerza de trabajo regular, disciplinada y dispuesta a vivir de un empleo asalariado mediante medidas concretas: regímenes de aprendizaje, contratos de trabajo, papeletas, pasaportes, entre otros.

Muchas de las tentativas por regular el trabajo urbano quedaron plasmadas en los *Digestos de Ordenanzas, Reglamentos, Acuerdos y Disposiciones de la Municipalidad de Buenos Aires*, que comenzaron a publicarse en el año 1873. Estos compendios debían recoger todas las disposiciones vigentes

---

[261] *Código Civil de la República Argentina...*, capítulo VIII, "De la locación de servicios", art. 1624.

consignando asimismo modificaciones o sustituciones que se hubieran efectuado en el cuerpo normativo entre una publicación y otra.[262]

En ellos, el orden de presentación de las disposiciones no respondió a la fecha de sanción, sino a grandes temas de interés público. Así, por ejemplo, el Digesto de 1877 introducía en la materia "HIGIENE PÚBLICA" el tratamiento dado a la prostitución junto a reglamentos sobre mercados de abasto, mataderos públicos, hospitales y hospicios, limpieza pública y vacunación de niños, entre otros. De la misma forma, disposiciones de lo más variadas sobre materias inflamables, establecimientos a vapor, inspección del alumbrado público, reglamentos y tarifas de los carruajes de la plaza, se presentaban junto a ordenanzas que prohibieron la mendicidad y reglamentaron a los mozos de cordel y al servicio doméstico bajo el gran rótulo de la "SEGURIDAD".

Prostitutas, changadores, cocheros, carreros, mozos de cordel, sirvientes y camareras fueron objeto de intervención temprana de los poderes públicos locales, pero es necesario señalar que remitieron a diferentes universos dentro de la amplia gama de problemas urbanos. Esto adquiere importancia debido a que algunos estudios sobre la prostitución en Buenos Aires han señalado la existencia de una estrecha relación entre la ordenanza que reguló esa actividad y la del servicio doméstico. Al ser sancionadas con cuatro meses de diferencia, en enero y mayo de 1875 respectivamente, se ha presentado generalmente a esta última como un complemento de la anterior.[263] Sin embargo, mientras que la primera reguló las "casas de tolerancia" e intentó erradicar el ejercicio de la "prostitución clandestina" a partir del control de despachos de bebidas o bodegones

---

[262] Los debates y proyectos que no fueron sancionados quedaron registrados en las versiones taquigráficas del Concejo Deliberante de la Ciudad de Buenos Aires.
[263] Véase: Guy, Donna J, *El sexo peligroso: la prostitución legal en Buenos Aires, 1895-1955*, Buenos Aires, Sudamericana, 1994; Carretero, Andrés, *Prostitución en Buenos Aires*, Buenos, Aires, Corregidor, 1998.

que en ocasiones funcionaban (o eran sospechados de operar) como burdeles encubiertos, la regulación del servicio doméstico intentó contrarrestar la creciente amenaza del anonimato, el miedo a la simulación y las nuevas prácticas delictivas, fenómenos vinculados al crecimiento exponencial de la población y su extranjerización y al aumento de la criminalidad urbana.[264] Por su parte, el hecho de que la normativa fuera extensiva a otras ocupaciones o trabajos que a simple vista no son asimilables a los sirvientes se explica por la forma en la que los representantes del poder municipal definieron el universo de los servicios domésticos, lo que por cierto generó no pocas resistencias.

Reglamentaciones que generan resistencias

El 7 de mayo de 1875 se sancionó el Reglamento para el servicio doméstico. Los representantes del proyecto justificaron su relevancia señalando que el Código Civil había dejado al cuidado de las municipalidades la reglamentación de las relaciones entre los sirvientes y los patrones y que era necesario dar respuesta a una cuestión reconocida por todos: que el servicio doméstico "había llegado á ser una plaga, cuyas malas consecuencias era necesario remediar".[265]

---

[264] Sobre la relación entre la ordenanza que reguló las casas de prostitución y los establecimientos comerciales y de sociabilidad masculina (cafés, cigarrerías, fondas, bodegones), véanse: Guy, "El sexo peligroso..."; Gayol, Sandra, *Sociabilidad en Buenos Aires: hombres, honor y cafés, 1862-1910*, Buenos Aires, Ediciones del Signo, 2000, pp. 69 y ss. Schettini, Cristiana, "O negócio do prostíbulo: municipalidade e trabalho sexual", *Revista do Arquivo Geral da Cidade do Rio de Janeiro*, Rio de Janeiro, N° 9, 2015, pp. 175-190; de la misma autora, "Ordenanzas municipales, autoridad policial y trabajo femenino: la prostitución clandestina en Buenos Aires, 1870-1880", *Revista Historia y Justicia*, N° 6, Santiago de Chile, abril 2016, pp. 72-102.

[265] Según consta en las actas, el proyecto fue aprobado en general y, en la discusión en particular, se plantearon una serie de modificaciones que fueron aceptadas sin demasiados rodeos, quedando sancionado en el mismo día.

El Reglamento constaba de ocho capítulos referidos a una gran variedad de temas: definición de las ocupaciones comprendidas dentro del servicio doméstico; registro e identificación de los sirvientes; relaciones entre estos y sus patrones; control médico de las amas de cría; el servicio de menores de edad; las agencias de conchabo; la creación de una oficina de servicios domésticos, entre otros.[266] Un repaso por los elementos más significativos de este cuerpo normativo permite conocer su naturaleza y comprender mejor las reacciones que suscitó.

Las "Disposiciones Generales" explicitaron quiénes serían considerados "sirvientes" a los efectos de la ordenanza: "los cocineros y cocineras, los mucamos y mucamas de toda clase y denominación, las amas de cría, las niñeras, los cocheros, los lacayos y palafreneros de casas particulares, los porteros y los mozos de hoteles, cafés, casas de comida y casas de huéspedes".

¿Qué tenían en común esas ocupaciones o actividades para que fueran objeto de una misma reglamentación? El criterio que primó no parece haber sido el lugar de trabajo, porque se desempeñaban en distintos espacios (la casa, la calle, los locales comerciales). Tampoco el tipo de actividades, ya que se trataba de tareas diversas que dependían en gran medida de las exigencias (siempre variables) de los patrones. Es posible que prevaleciera como criterio la forma de caracterizar las relaciones que se entretejían entre quienes trabajaban en el servicio doméstico y sus patrones.

Como se ha señalado, los trabajos domésticos no eran privativos del hogar en tiempos donde, por cierto, los límites entre lo público y lo privado no estaban tan claramente

---

Actas de la Comisión Municipal de la Ciudad de Buenos Aires correspondiente al año 1875, Publicación ordenada por el presidente del H. Concejo Deliberante Dr. Carlos M Coll, Buenos Aires, Talleres Gráficos "Optimus", 1912.

[266] Reglamento para el servicio doméstico sancionado el 7 de mayo de 1875. *Digesto de Ordenanzas, Reglamentos, Acuerdos y Disposiciones de la Municipalidad de la Ciudad de Buenos Aires por Mariano Obarrio*, Publicación Oficial, Buenos Aires, Imprenta de la Nación, 1877, pp. 484-494.

demarcados. Muchas viviendas eran espacios de trabajo al tiempo que los locales comerciales hacían las veces de morada para patrones y empleados, y los trabajadores de comercio solían realizar tareas de limpieza y prestar servicios en los locales, es decir, tareas de "sirvientes". La mayoría hacía arreglos para trabajar y vivir en los mismos establecimientos estrechando complejos vínculos personales y de trabajo con sus patrones, con los que compartían un espacio privado a partir de la convivencia.[267] Esa cohabitación implicaba una cuota de cotidianeidad, proximidad e intimidad que permitía pensar esas relaciones como si fueran de "tipo domésticas".[268]

Retomando las disposiciones establecidas en el Reglamento, una vez identificadas las figuras ocupacionales que serían objeto de regulación, se procedía a establecer la modalidad que asumiría el registro y control de esa población. De esa forma, quienes tuvieran o quisieran tomar la ocupación de sirviente deberían ser inscriptos en la "Oficina de Servicio Doméstico" (la que sería creada a partir del mismo acto normativo). Asimismo, los y las sirvientes deberían portar una libreta con una serie de datos personales y laborales que sería expedida por dicha dependencia pública.[269]

---

[267] En su estudio sobre la sociabilidad en los cafés y despachos de bebidas en Buenos Aires, Gayol ha señalado que en estos locales las mujeres se desempeñaban como lavanderas o cocineras en la trastienda (ya que generalmente no atendían el mostrador) y las fuentes relevadas se referían a ellas como "sirvientas". Las actividades que desempeñaban las y los trabajadores en estos comercios eran múltiples: atender el mostrador, conservar la limpieza del local y del resto de la casa, mantener el orden evitando disputas y echando a los ebrios, etc. Generalmente empleados y patrones cohabitaban y esto daba lugar a un contexto "familiar" de trabajo y de vida entre ellos, lo que no impedía, por cierto, la existencia de enfrentamientos violentos y de relaciones conflictivas. Véase: Gayol, *Sociabilidad en Buenos Aires...*, pp. 51 y ss.
[268] Fernandes de Souza, "Entre a convivência...", pp. 107 y ss.
[269] Tanto en el registro como en la libreta debía constar: el número de orden, el nombre del sirviente, la filiación (y rasgos físicos que debían permitir particularizarlo/a), la nacionalidad, la edad, su estado, la clase de ocupación, el nombre y el domicilio de la persona que la tenía a su servicio.

La primera inscripción y la entrega de libretas serían efectuadas por empleados municipales "a domicilio" (casa por casa). De esta forma, quienes tuvieran personas a su servicio tendrían la obligación de registrarlas. Quienes dejaban el servicio de una familia y tomaban el de otra, debían manifestarlo para su registro y anotación en un "libro de certificado de conducta". Por último, se establecía que, tanto el "registro de inscripción de sirvientes" como el "libro de certificado de conducta" estarían a disposición de los jueces y de la policía, "siempre que lo solicitasen para la averiguación de crímenes".[270] Para poder acreditar la identidad y la honestidad de los sirvientes y evitar que se colaran "elementos malsanos" en el gremio, el Reglamento detallaba las características de las libretas y la obligatoriedad de su uso explicitando los criterios que garantizarían su fidelidad y veracidad (sellos y firmas, entre otras autenticaciones), los costos de las mismas y las multas por extravío.[271]

Se prohibió tomar personas para el servicio si no tenían libreta y certificado de buena conducta confeccionados por el último patrón que las tuvo a su servicio. En consecuencia, todo "jefe de casa" debía apuntar en la libreta de su sirviente la fecha de entrada y su ocupación (como chofer, cocinero/a, ama de llaves, niñera) y, al dejar su servicio, debía hacer constar la razón de su salida y cómo había sido su conducta "bajo sus órdenes".[272]

La ordenanza avanzó sobre otros aspectos de las relaciones entre patrones y sirvientes. Ningún sirviente podía abandonar la casa de sus patrones sin un aviso previo (con diez días de anticipación) a menos que acreditara una enfermedad que le impidiera trabajar, que no recibiera el pago de su sueldo o sufriera maltrato físico. Por su parte, ningún

---

[270] CEDOM. Reglamento sobre servicio doméstico..., capítulo I, "Disposiciones Generales", arts. 1 al 6.
[271] 5 pesos si podían justificar la pérdida y 200 si no podían dar pruebas de ello. Reglamento sobre servicio doméstico..., capítulo II, "De las Libretas", arts. 7 al 10.
[272] *Ib.*

patrón podía despedir a su sirviente sin previo aviso (con diez días de anticipación), a menos que le abonase la parte del sueldo correspondiente a esos días o que mediasen circunstancias tales como incumplimiento de servicio, enfermedad, ebriedad, insolencia, robo u algún otro delito.[273]

Además de establecer los plazos y los posibles motivos de ruptura del vínculo laboral, el reglamento explicitaba algunas de las obligaciones de cada una de las partes mientras persistiera el vínculo. Para los sirvientes, obedecer en todo a su patrón (a menos que sea ilícito o contrario a lo convenido); vigilar los intereses del mismo y evitar (en lo posible) cualquier daño a que se hallase expuesto; responder por las pérdidas y daños que sufriese por culpa suya. Por su parte, el patrón debía "tratar bien" a su sirviente y darle habitación y alimento apropiado; subsanar los daños o pérdidas que sufriere por culpa suya o por defender sus intereses; socorrerlo en caso de enfermedad, "a costa de su sueldo, si no quisiese hacerlo por caridad" y, en caso de un mal contagioso o que se prolongase más de ocho días, conducirlo a un hospital o al lugar que el sirviente desease.[274] El patrón tenía el derecho de descontarle parte del sueldo al sirviente por daños y pérdidas que el mismo le hubiese causado.

Los capítulos siguientes incluyeron menciones especiales sobre dos grupos en particular: las amas de cría y los menores de edad. En el caso de las primeras, a las exigencias de registración y la obligatoriedad de la libreta se les sumó el control médico por parte del municipio. Este chequeo debía realizarse cada vez que se cambiara de domicilio o de patrón.[275] El tratamiento dado a las amas se acercaba más al procedimiento implementado con las prostitutas, una intervención de tipo médico-higiénica por parte de

---

273 Reglamento sobre servicio doméstico..., capítulo III, "De la relación entre patrones y sirvientes", arts. 15 y 16.
274 *Ib.*, arts. 17 y 18.
275 Se planteaba en esos términos porque las amas podían criar en su casa o en la de los padres del niño.

las autoridades públicas (aunque con claras diferencias en los resultados del control y la vigilancia, al menos en un principio).[276]

En relación con el vínculo laboral, en el caso de las amas se estableció que el servicio duraría lo que la nutrición y crianza de la criatura. Solo se podía justificar el despido antes de terminar el contrato en caso de fallecimiento de la criatura, maltrato de la misma, enfermedad o vicios que tornasen peligrosa la lactancia (para el niño), falta o descomposición de la leche, robo u otro delito cometido en la casa. Los motivos que justificaban el abandono de la crianza eran similares a los del resto de los sirvientes: falta de pago, maltrato físico, enfermedad, etc. Si las amas eran despedidas sin razón, sin embargo, tenían derecho a cobrar sus sueldos hasta el fin del contrato. Por último, se prohibía criar a más de un niño a la vez, "bajo la pena de multa o prisión".[277]

El caso de los menores de edad que trabajaban como sirvientes también mereció una mención particular. El reglamento reconoció dos tipos de colocación que supusieron obligaciones distintas para sirvientes y patrones. Por un lado, hacía referencia a los menores colocados como "sirvientes a sueldo", quienes estarían afectados por la normativa al igual que los adultos, aunque serían los padres o tutores los responsables de su cumplimiento y el manejo de los contratos por el servicio prestado. Por otro, reconocía la existencia de menores "en servicio de sus tutores o encargados de alimentarlos y educarlos". Estos no serían afectados por la reglamentación ya que estaban exceptuados

---

[276] Véase: Guy, *El sexo peligroso...*
[277] Reglamento sobre servicio doméstico..., capítulo IV, *"De las amas de lactancia"*, arts. 20 al 26. Si bien en esta primera instancia normativa, las amas de cría fueron asimiladas al servicio doméstico, con el cambio de siglo comenzaron a ser objeto de un tratamiento diferencial y a asociarse a políticas de protección de la primera infancia. Sobre estos temas se volverá en el próximo capítulo.

de la obligación de la inscripción en la Oficina, por lo tanto, no serían identificados ni controlados por dicha dependencia pública.[278]

La ordenanza de 1875 también se encargó de regular la operatoria de las "agencias de conchavos". Entre otras especificaciones, señalaba que para abrir un negocio de este tipo en la ciudad había que matricularse en una dependencia municipal, la "Oficina de Servicio Doméstico", y solo podrían inscribirse como agentes quienes acreditasen "buena conducta". Se prohibía colocar sirvientes que no tuvieran la "libreta" y el "certificado de conducta" confeccionado por el último patrón en cuestión. Debía llevarse un registro de los datos personales y laborales de los sirvientes a colocar y de todos los conchabos realizados (no así de los patrones). Por último, se establecía que los agentes debían cobrar su comisión una vez efectuada la colocación (y no de forma anticipada, como usualmente ocurría).[279]

Si bien la ordenanza fue sancionada, nunca pudo implementarse por una combinación de resistencia a su aplicación y debilidad de las autoridades municipales para imponerla. Unos años más tarde, el concejal Lindolfo Dávila insistió en la necesidad de poner en vigencia el Reglamento y propuso un nuevo "modelo de libreta", que serviría para la inscripción del servicio doméstico y del "formulario para los boletos de contrato" entre los patrones y los sirvientes. Asimismo planteó una serie de modificaciones para facilitar la inscripción de los últimos y economizar gastos.[280]

---

[278] Reglamento sobre servicio doméstico..., capítulo V, *"De los menores de edad"*, arts. 27 al 29.
[279] La Oficina nunca se creó. *Digesto de Ordenanzas...*, 1877, pp. 485-494. Ver además, Reglamento sobre servicio doméstico..., capítulo VI, *"De las agencias de conchabo"*, arts. 30 al 37.
[280] Modificaciones presentadas por Lindolfo Dávila en la sesión de 26 de mayo de 1879. ; Véase Sesión del 25 de abril de 1879. CEDOM, *Memoria del Presidente de la Comisión Municipal al Concejo correspondiente al ejercicio de 1879*, Tomo primero, Buenos Aires, Imprenta de Martín Biedma, 1880, pp. 256-258.

Estas propuestas no volvieron a ser consideradas y el Reglamento de 1875 fue reeditado en su forma original en el año 1881.[281] La pretensión de imponer la "libreta" a los sirvientes originó una serie de protestas entre los distintos trabajadores y trabajadoras que fueron afectados por la medida. La corporación de los mozos de hoteles y demás dependientes asimilados por la ordenanza al servicio doméstico (y por tanto, afectados a la reglamentación) resistieron su puesta en práctica por resultarles ofensiva. Los gremios en cuestión agradecieron a la prensa local por haberse hecho eco de sus protestas, explicaron que lo que estaba en juego era su "dignidad profesional" y destacaban que la autoridad municipal "reparaba su error" al hacer desaparecer a tiempo las causas de aquella inquietud y agitación. Por su parte, los patrones -que no parecían estar inclinados a tener conflictos con sus subalternos-, también se resistieron a consignar informes respecto de la conducta y las aptitudes de aquellos, y se negaron a aceptarla.[282]

Una vez más, la implementación de la normativa quedó suspendida. No obstante, a tan solo un año de estos incidentes, la *Ley Orgánica Municipal* en su art. 47, inciso 4, estableció que el Concejo Deliberante debía dictar una ordenanza reglamentando el servicio doméstico.[283] Aunque la incapacidad de las autoridades públicas para intervenir en ese ámbito persistía, la administración local subrayaba que las dos tentativas para hacer efectiva la normativa no habían fracasado por su culpa, sino "á causa de que el

---

[281] Marotta, Sebastián, *El movimiento sindical argentino. Su génesis y desarrollo*, Tomo I, período 1857-1907, Buenos Aires, Ediciones Lacio, 1960, p. 35.
[282] *Ib.*
[283] *Digesto de Ordenanzas, Reglamentos, Acuerdos y Disposiciones de la Municipalidad de la Ciudad de Buenos Aires*, por Mariano Obarrio, Publicación Oficial, 1884, p. 484.

mal elemento" al que no convenía su implementación había "conseguido sublevar a la parte honrada y laboriosa, que podía exhibir siempre su libreta de buena conducta".[284]

Con impulso renovado, en enero de 1887 la municipalidad reeditó una vez más aquella ordenanza. En respuesta a esa decisión, los trabajadores designados como "sirvientes" anunciaron la realización de una asamblea por considerar que la misma era "lesiva para su dignidad".[285] La policía antepuso su prohibición al considerar que esa reunión podía alcanzar las "proporciones de un mitin" y en respuesta a esto la Sociedad de Artes Culinarias de la Capital Federal (uno de los sectores asignados como "sirvientes") declaró la huelga y convocó por telegrama a los mozos y cocineros de los hoteles que estaban en Mar del Plata para que se plegaran a la medida de fuerza. Los cocheros -que también estaban afectados- resolvieron ir a la huelga.[286]

Ese mismo año se consideró un nuevo proyecto en el Concejo Deliberante, lo que permite suponer que la tentativa anterior finalmente fracasó. Y si bien este último tampoco prosperó, cabe mencionar que incorporó una modificación en la forma de definir a los sirvientes. En ese nuevo texto se estableció que formaría parte del servicio doméstico "toda persona que se [conchabara] en el *servicio privado*, por un salario mensual, como mucamo, cocinero, nodriza, niñera, palafrenero, peón de labor y todo aquel que, viviendo en la casa, o fuera de ella, *sirva 'mediante un salario en los quehaceres domésticos'*". El texto introducía, entonces, la posibilidad de que el sirviente solicitara la libreta si la deseaba y le convenía (por lo que su uso dejaba de ser obligatorio).

---

[284] *Ib.*, p. 484. Esta distinción entre sirvientes honrados y "elementos malsanos" será una representación que persistirá en el tiempo.
[285] "Liga internacional de domésticos", *CC*, Buenos Aires, 6 de julio de 1901, N° 144, p. 37.
[286] Marotta, *El movimiento sindical...*, pp. 46 y ss.

Esta debía ser completada por quien hiciera las veces de "dueño" pero ya no serían permitidas "anotaciones relativas a la conducta del sirviente".[287]

A pesar de tratarse de un proyecto más flexible en su aplicación y más conciliatorio con los intereses de los sujetos que serían alcanzados por él, también parece haber sido resistido por los diferentes gremios. En efecto, en el Digesto publicado en 1894 ya no se incluyó ninguna ordenanza que reglamentara el servicio doméstico, lo cual puede indicar que fueron derogadas o que cayeron en desuso.[288] Sin embargo, las iniciativas regulatorias no cesaron y nuevos proyectos asomaron hacia el Centenario, en un contexto diferente.

Organizaciones que reclaman reglamentaciones

La posibilidad de las y los trabajadores de oponer sucesivas resistencias al poder municipal en sus intentos de avanzar en la vigilancia y control de los sirvientes se entiende en un contexto caracterizado por la emergencia de la *cuestión social,* un incremento generalizado de la conflictividad obrero-patronal asociada a la pobreza, el déficit habitacional, los problemas sanitarios, las nuevas formas de organización y difusión de corrientes ideológicas que desafiaron la validez de las instituciones políticas y económicas vigentes a fines del siglo XIX.[289] Al tiempo que

---

[287] El proyecto fue presentado el 23 de marzo de 1888 por los concejales Díaz, Pieres, Almeida, Cigorrarra, Rodríguez, Seeber y Ruiz. La información disponible no permite dilucidar si el proyecto fue presentado y nunca se trató o si fue sancionado y no pudo implementarse. Ver pp. 47-48. El subrayado es nuestro.

[288] Esta ausencia de reglamentación en torno al servicio doméstico se reiteró en los digestos publicados posteriormente, en los años 1894, 1898, 1904, 1907.

[289] La llamada "cuestión social" argentina se remonta a fines del siglo XIX y hace referencia a un conjunto de problemas urbanos expresados en materia de vivienda, salud y sanidad; fueron asociados al aumento de la criminalidad urbana, la prostitución, el alcoholismo, pero también, al surgimiento de las

socialistas y anarquistas multiplicaban sus actividades en su afán de organizar y dirigir a los trabajadores, fueron surgiendo sociedades de resistencia, las organizaciones obreras más importantes vinculadas directamente al mundo del trabajo (aunque no las únicas). Distintos grupos de trabajadores -albañiles y yeseros, panaderos, ferroviarios, carpinteros, entre otros- reclamaban mejoras en los salarios, el establecimiento de una jornada "justa" y la readmisión de trabajadores despedidos como consecuencia de conflictos laborales.[290]

A principios de 1890, la crisis económica y social se había agudizado y había dado lugar a una fuerte ola de desempleo, al incremento de los precios de productos de primera necesidad (como la carne y el pan) y al de los alquileres.[291] El malestar estalló con crudeza al despuntar el novecientos, inaugurándose un ciclo de huelgas, boicots y manifestaciones que generaron preocupación entre las elites y las autoridades de gobierno. El problema obrero ya no se podía obviar.[292]

---

organizaciones obreras y de sus nuevas formas de protesta, a la irrupción de fuerzas político-ideológicas contestatarias y al creciente influjo del terrorismo anarquista. Véase: Zimmermann, *Los liberales reformistas...*, pp. 11-13. Suriano, "Introducción", en Suriano, *La cuestión social...*

[290] Para 1896, eran 30 las sociedades de resistencia que accionaban en la ciudad. Falcón, *El mundo del trabajo...* pp. 83 y ss; Lobato, "Los trabajadores en...", pp. 489 y ss.

[291] Esta situación generó la emigración de vastos contingentes hacia otros países. González, *Historia Testimonial Argentina...*, 1984, pp. 9 y ss.

[292] Sobre el debate historiográfico en torno a la vinculación de la "cuestión social" y las políticas sociales, laborales, higiénicas, Zimmermann asocia la emergencia de estos programas a la formación de una "corriente reformista liberal" proveniente del campo liberal, socialista y católico, crítica del liberalismo económico clásico. Desde otra perspectiva, Panettieri, Suriano y Lobato enfatizan la importancia de la protesta social. Para estos autores, la aparición de ideas reformistas sería el resultado de la irrupción pública de la cuestión social a partir de la emergencia de un nuevo actor en la arena social y política: el movimiento obrero. Panettieri, José, *Las primeras leyes obreras*, Buenos Aires, CEAL, 1984; Zimmermann, *Los liberales reformistas...*; Suriano, "Introducción", en Suriano (comp.), *La cuestión social...*; Lobato, "Los trabajadores en...".

"Las perturbaciones económicas y el malestar se hacen sentir en todos los gremios", señalaba *La Prensa* en un artículo de una serie de cuarenta que fueron publicados en el año 1901 con el propósito explícito de elaborar un informe "exhaustivo" de las condiciones de vida y trabajo de las clases laboriosas (fenómeno inusual dentro del periodismo de la época que no puede disociarse de dicho contexto).[293]

Haciendo referencia a la coyuntura, un cronista indicaba que si bien había algunos grupos que no pertenecían propiamente a la "categoría del obrero", era igualmente interesante conocer su situación.[294] De allí que se detuviera en algunos "servidores de secundaria categoría" entre los que ubicaba a quienes se dedicaban al servicio doméstico.[295] Señalaba que este gremio también sufría las consecuencias de la crisis, especialmente a causa del gran número de personas que "a falta de trabajo" se dedicaban a dicha actividad. El sector había aumentado "con una masa de población sin pericia para el oficio" que, desplazada del campo de la industria, buscaba "en esa ocupación un medio de subsistencia". Por su parte, las familias también participaban de las dificultades que presentaba el servicio porque ellas (en tanto empleadoras) no podían satisfacer las exigencias del gremio debido a la decadencia de la economía en sus gastos de familia, "de acuerdo con la merma de la venta y de la remuneración de su trabajo y también con la elevación de los consumos". Todo esto, concluía, redundaba en una baja general de los sueldos de los sirvientes, que en ese momento marcaban un notable descenso en comparación con los que se pagaban años atrás.[296]

---

[293] González, "Prólogo", *Historia Testimonial Argentina...*, pp. 10 y ss.
[294] "Revista de gremios. El exceso de personal. Perjuicios que causa. Los corredores, maestros y profesores, el servicio doméstico, empleados de correos y telégrafos", *La prensa*, 18 de septiembre de 1901. Artículo extraído de González, *Historia Testimonial Argentina...*, pp. 79-81.
[295] Se refería explícitamente a sirvientas y sirvientes, cocineras y cocineros, niñeras y mucamas y mucamos, adultos y menores de edad.
[296] *Ib.*

Fue en medio de esta crisis que el 12 de mayo de 1901 se creó la "Liga Internacional de Domésticos", organización sindical de raigambre socialista que pretendió aglutinar a todos los sirvientes: mucamos, porteros, cocheros, cocineros.[297] En su declaración de principios, los portavoces de la flamante sociedad hicieron el siguiente diagnóstico sobre la situación de la domesticidad porteña:

> [...] Siendo las condiciones en que actúa el gremio de domésticos malísima en su forma económica, moral y social, que los sujeta a una vida de imposiciones que denigran a la persona, privándolos de la familia, la libertad y de toda actuación en la sociedad de la cual forman parte, y siendo las causas de ese malestar del gremio su indiferencia y despreocupación de su propio estado y en esencial la competencia que los mismos domésticos se hacen entre sí, La Liga Internacional de Domésticos, representada en asamblea por los miembros que la componen, declara:
> Que, o el gremio de domésticos continúa desunido haciéndose la competencia, que determinará necesariamente su empeoramiento progresivo hasta un estado inaguantable y humillante dentro de la actual civilización, o se organiza en sociedad gremial para conseguir la unión de la mayoría de los domésticos de ambos sexos, a fin de implantar la "instrucción, protección y mejoramiento" en el gremio, con lo que se pondrá dique a la tendencia de empeoramiento y se conquistarán condiciones de vida más humanas, justas y equitativas.[298]

El planteo era claro: el problema de los sirvientes era que aún no se habían organizado en defensa de sus intereses. *La Vanguardia*, órgano de prensa del Partido Socialista,

---

[297] Desde sus inicios la Liga estuvo conformada por "socios" y "socias". Celebró su primera asamblea el 1° de junio de ese mismo año con una asistencia de 150 asociados y fue presidida por Felipe Gauna. En el local de la calle Paraguay 856 estuvieron presentes Alfredo Palacios, Gino Alfredo Cartei y Marcelino Blanc. *La Vanguardia*: 17 de agosto de 1901; 21 de septiembre de 1901; 19 de septiembre de 1903; 2 de octubre de 1927; 28 de enero de 1905; 5 de agosto de 1905.
[298] *LV*, 2 de octubre de 1927.

se complació en anunciar el movimiento de organización emprendido por un gremio tan "importante y meritorio" como el de los domésticos de la capital, quienes habían constituido una "poderosa asociación" para mejorar sus condiciones del trabajo.[299] Por su parte, *Caras y Caretas* recibió con entusiasmo la noticia señalando que para no perjudicarse se han unido "si no todos los miles, algunos de los pertenecientes al gremio".[300]

Figura N° 7. "Liga Internacional de Domésticos"

Fuente: *Caras y Caretas,* Buenos Aires, 6 de julio de 1901, N° 144, p. 37.

---

[299] *LV*, 21 de septiembre de 1901.
[300] "Liga internacional de domésticos", *CC*, Buenos Aires, 6 de julio de 1901, N° 144, p. 37. Resulta llamativo que la forma de denominar a los sujetos que forman parte de la organización sea siempre masculina, a pesar de la presencia de mujeres. Este llamado vale tanto para las fuentes como para la bibliografía consultada.

Las tensiones en relación con la identidad política de los y las sirvientes se expresaron en un conflicto ocurrido al interior de la Liga al poco tiempo de su creación.[301] Con ocasión de la realización de un "mitin de protesta" por el asesinato de un obrero, *La Prensa* divulgó una nota en la que se mencionó a la asociación entre los adherentes a dicha sociedad. Esa publicación hirió la susceptibilidad de algunos de sus miembros que -por miedo a que se pudiera "hacer creer" que la asociación era socialista- decidieron sacar una solicitada en *La Voz de la Iglesia* desmintiendo esa posibilidad. Esta medida generó un gran disgusto entre otros compañeros, que vieron en ella la intención de hacer aparecer a la Liga como clerical. Un colaborador de *La Vanguardia* observaba que el problema radicaba en querer definir el carácter de la asociación. Si se declaraba socialista, la Liga se enfrentaba abiertamente a los patrones, quienes podían "influir directamente sobre su marcha" y también contra las ideas de los miembros que no hubieran llegado aún a "independizar su voluntad" y siguieran "en servil sumisión á los patrones". Sin embargo, si se declaraba "clerical", atentaba contra aquellos que si bien no podían manifestar aún lo que pensaban, sabían cuál era el valor de las doctrinas del socialismo. Frente a esa disyuntiva, recomendaba prescindir en esa instancia de toda idea política o religiosa y darle a la sociedad un carácter exclusivamente económico, que propendiera al mejoramiento moral e intelectual del gremio, ya que consideraba que la mayor parte de sus componentes necesitaban instruirse. De esa forma, podían evitarse conflictos internos y "hacer simpática la sociedad á todos", lo que no implicaba que sus miembros estuvieran impedidos de ser socialistas.[302]

---

301 *LV*, 9 de noviembre de 1901.
302 El posicionamiento "anti-político" de este activista se ubica en el marco de un debate más amplio sobre la cuestión de la autonomía de las organizaciones gremiales respecto de los partidos políticos. Una de las características de las sociedades sindicales fue el anti-politicismo de muchos de sus dirigentes, sobre todo los que eran de orientación anarquista y las corrientes que poste-

Los esfuerzos por posicionarse en el escenario político y social no cesaron. En marzo de 1903, la Liga participó junto a otras cuarenta sociedades de resistencia del país de la fundación de la Unión General de Trabajadores, y Felipe Gauna (quien fuera su presidente) formó parte de la primera junta ejecutiva nacional.[303]

El desenvolvimiento de esta sociedad de resistencia no distó demasiado de la experiencia de otras que existieron en aquellos años.[304] Desde sus primeros tiempos, se planteó la necesidad de avanzar en una serie de iniciativas para vigorizar su movimiento organizativo. Cobró vida a partir de la sanción de un estatuto, la celebración periódica de asambleas y la elección de una comisión directiva. Intentó ampliar su campo de acción a partir de la creación de una oficina de trabajo, una caja de socorros, una biblioteca social, una escuela para los socios y sus hijos y un periódico para la defensa de los intereses del gremio.[305] Otra de las modalidades utilizadas para incitar a la participación de los

---

riormente darían lugar a la emergencia del sindicalismo revolucionario. Los socialistas, por su parte, tuvieron una concepción diferente -aunque no unívoca- en la que el sindicato aparecía más ligado a la actividad política partidaria y a su acción parlamentaria. Falcón, *El mundo del trabajo...*, p. 97; Lobato, "Los trabajadores en...", p. 491.

[303] La UGT fue conformada por el Partido Socialista en 1903 después de abandonar la Federación Obrera Argentina (FOA), organización que había creado junto a los anarquistas en 1901 (que quedó en manos de estos últimos y se convertirá en la Federación Obrera Regional Argentina (FORA) a partir de 1904). Véase: Marotta, *El movimiento sindical...*, pp. 129-132; Iscaro Rubens, *Historia del movimiento sindical*, Buenos Aires, Editorial Ciencias del Hombre, 1974, p. 112; Lobato, "Los trabajadores en...", pp. 491 y ss. En ese marco, una publicación de la *Unión Obrera*, órgano de prensa de la UGT, realizó una serie de "afirmaciones inexactas" que presentaban a la Liga como una sociedad de socorros mutuos. Frente a esa situación, sus socios aclararon públicamente que la Liga siempre había sido -y sería- una sociedad de carácter gremial. *LV*, 24 de octubre de 1903. Un paso más dieron a los pocos meses, cuando en asamblea resolvieron confeccionar una "bandera social roja", sin lugar a duda un claro gesto político en aquellos años. *LV*, 2 de abril de 1904.

[304] Véase: Falcón, *El mundo del trabajo...*, pp. 83 y ss.

[305] El 1° de junio de 1902 se lanzó un periódico mensual *Unión del Doméstico*, cuya redacción estuvo a cargo de F. Figueredo. *LV*, 24 de mayo de 1902.

domésticos de la ciudad fue la realización de actividades recreativas y sociales como conferencias, bailes familiares, rifas y matinées.[306]

La Liga resistió el paso de los años y sus iniciativas corrieron distinta suerte.[307] Más allá del puñado de activistas y asociados que le daban impulso, esta organización no parece haber tenido demasiada influencia entre los trabajadores y trabajadoras domésticas de la ciudad. Si en 1901 eran 150 los asociados, una década más tarde no llegaban a mil. Y si bien frente a la desaparición de muchas otras sociedades, es notable que esta haya persistido aumentando además su número de afilados, no es menos cierto que los sirvientes en la ciudad se contaban por varias decenas de miles y que en torno al Centenario su alcance era limitado.[308]

Los miembros de esta asociación se abocaron desde un primer momento a la lucha contra las agencias de colocación. Desde su fundación sostuvieron una activa campaña de agitación contra esas "casas indeseables". Las condenaron enérgicamente, catalogándolas de "verdaderos centros de explotación de la ignorancia y la miseria del pobre", y a los agencieros de "plaga", "zánganos", "comerciantes indecentes", "aves de rapiña". Denunciaban que una nación "civilizada" no contara con "oficinas de trabajo" que resguardaran al

---

[306] Ver: *LV*, 10 de mayo de 1902; *LV*, 27 de junio de 1903; *LV*, 8 de octubre de 1904; *LV*, 13 de mayo de 1905.

[307] Es probable que haya atravesado por momentos difíciles porque se mudaban frecuentemente y otras veces compartían el espacio con otras sociedades. *LV*, 5 de agosto de 1905.

[308] Falcón ha señalado que el número de socios no reflejaba el peso real de las sociedades, ya que en ciertas ocasiones, las organizaciones tenían una capacidad de convocatoria mucho más amplia, atrayendo a muchos trabajadores no sindicalizados. Por otra parte, debido a su carácter predominantemente combativo, estas sociedades no generaban una participación constante y tuvieron un papel muy reducido como centros de integración social y política de los trabajadores. Falcón, *El mundo del trabajo...*, pp. 88-89 y p. 96.

trabajador, y batallaban por la desaparición de las agencias privadas y la creación de una bolsa de trabajo que fuera subvencionada por el municipio.[309]

Frente a la proliferación de estas casas, la Liga acudió a diversas estrategias para avanzar si no en su abolición, al menos en su reglamentación. Presentó solicitudes ante la municipalidad para que regularan su funcionamiento y realizó campañas para juntar firmas entre los patrones para exigir su prohibición.[310] Formó junto a una veintena de sociedades de resistencia un comité para realizar un "gran mitin" exigiendo a las autoridades públicas la regulación de las mismas y, según hizo constar *La Vanguardia*, resultó ser un "acto numeroso" ya que había contado con la cooperación de la UGT y el Partido Socialista.[311] Además de estas acciones colectivas, organizó conferencias, lanzó "manifiestos" en su contra y publicó artículos alusivos al tema.[312] Por último, creó una oficina de trabajo para facilitar personal "competente" sin cobrar comisión ni a patrones ni a trabajadores.[313]

¿Por qué tanto ensañamiento con las agencias de colocación? ¿Qué se jugaba en esa cruzada? Para responder esta pregunta, debemos atender una vez más al marco de acción general en el que la Liga se desenvolvía. A principios del siglo pasado, las organizaciones patronales y obreras entablaron una verdadera lucha en torno al reclutamiento de

---

[309] *LV*, 30 de noviembre de 1901. El movimiento obrero tuvo desde muy temprano preocupación por el tema. Ya en 1892 había sido presentado sin éxito un proyecto en el Concejo Deliberante de la ciudad, para que se creara una bolsa de trabajo. La batalla contra los intermediarios y las agencias de colocación continuó durante mucho tiempo y en casi todos los congresos obreros (sobre todo los de la UGT) se retomaban los ataques contra las agencias al mismo tiempo que se sucedían las tentativas de constitución de una bolsa de trabajo. Falcón, *El mundo del trabajo...*, pp. 66-72.
[310] "Las agencias y la Liga de domésticos", *LV*, 8 de marzo de 1902; *LV*, 14 de febrero de 1903.
[311] *LV*, 19 de septiembre de 1903.
[312] *LV*, 26 de marzo de 1904. Véanse las acciones difundidas en *LV*, 8 de octubre de 1904; *LV*, 24 de diciembre de 1904.
[313] *LV*, 11 de junio de 1904.

trabajadores. Para los sindicatos estaba en juego la posibilidad de tener a su disposición un agente de reclutamiento y de acercamiento de los trabajadores a los gremios (de captación), pero así también una herramienta de presión para hacer frente a la patronal.[314] Las agencias estuvieron en el centro de la disputa con las sociedades gremiales y de resistencia porque estos "comercios de tráfico" entre la demanda y oferta de trabajo habían experimentado de forma temprana una importante expansión. En los seis años que transcurrieron entre 1906 y 1912, tuvieron una influencia cada vez mayor sobre el mercado de trabajo porteño, triplicándose su número y sextuplicando la cantidad de colocaciones por ellas efectuadas.[315] Sin embargo, aunque esas organizaciones intentaron contrarrestar el influjo de las agencias privadas con la creación de cámaras y bolsas de trabajo bajo control obrero, su eficacia parece haber sido muy limitada.[316]

Por otra parte, desde su creación en 1907, el DNT no solo comenzó a elaborar informes sobre las agencias particulares emplazadas en la ciudad, sino que intentó zanjar el problema de aquellos trabajadores y trabajadoras por ellas enganchados y "explotados vergonzosamente", confeccionando listas en las cuales se inscribían desocupados (principalmente inmigrantes recién llegados) para ser colocados gratuitamente.[317] Ahora bien, si durante sus primeros años este organismo solo pudo solicitar información a las

---

[314] El control del empleo planteaba además la cuestión del reconocimiento del derecho de los sindicatos por parte de las asociaciones patronales y la posibilidad de establecer relaciones cotidianas de negociación. Falcón, *El mundo del trabajo...*, pp. 66-72.

[315] Las agencias registradas por el DNT fueron catorce en 1906, veinte en 1909 y cincuenta en 1912, y la cantidad de colocaciones por ellas efectuadas ascendieron a 24.700, 69.700 y 171.200, respectivamente. Véase: República Argentina, *Boletín del Departamento Nacional del Trabajo*, N° 24, agosto 1° de 1913, Buenos Aires, Imprenta "Alsina", 1913, p. 501.

[316] En efecto, mientras que en 1912, las agencias particulares habían conseguido empleo a 171.294 trabajadores, las sociedades gremiales habían efectuado 19.028 colocaciones (es decir, tan solo una novena parte). República Argentina, *Boletín del Departamento...*, pp. 501- 505.

[317] Falcón, *El mundo del trabajo...*, p. 71.

agencias, a partir de 1912 sus atribuciones se ampliaron con la sanción de la Ley Orgánica del DNT.[318] Fue así que, en el año 1913, la "División Inspección" de este organismo elaboró un informe en el que dejaba constancia de la existencia de una treintena de agencias en contravención con las disposiciones vigentes, solicitando al poder municipal que tomara riendas en el asunto.

Así pues, el escenario a principios del siglo XX es otro. El avance del movimiento obrero y del reformismo social dio lugar a un cambio en la percepción del rol del Estado, y a la convalidación (no sin resistencias) de su intervención en las relaciones obrero-patronales.[319] Desde el gobierno intentaron respuestas para aplacar tensiones y apuntaron a integrar a los trabajadores al sistema con una estrategia que combinó la coerción y el consenso. De esta forma, el Estado comenzó a involucrarse y a mediar en los conflictos y en los problemas del trabajo y su regulación. Desde distintos frentes, socialistas, liberales reformistas y católicos sociales (no así los anarquistas) promovieron la confección de leyes de protección laboral. Las condiciones de vida y de trabajo de los sectores populares no solo se hicieron visibles sino

---

[318] La *Ley 8.999*, del 8 de octubre de 1912 estableció en su artículo 5° el marco para la creación de un Registro de colocaciones para obreros y le otorgó la facultad de inspección de las agencias particulares existentes.

[319] El gobierno nacional convocó a expertos de diversas alineaciones políticas e ideológicas: Carlos Malbrán, Leopoldo Lugones, Manuel Ugarte, Enrique del Valle Iberlucea, José Ingenieros, Pablo Storni, Juan Bialet Massé, Augusto Bunge y Armando Carlos. El *proyecto de Ley Nacional del Trabajo* de 1904 fue un ambicioso antecedente en la regulación de las relaciones laborales y del conflicto social, aunque nunca fue sancionado por las resistencias que despertó, por abarcar una gran diversidad de temas y por resultar demasiado complejo. Varios proyectos de menor envergadura se desprendieron del Código de Joaquín V. González y comenzaron a ser sancionados (la ley de descanso dominical, la reglamentaria del trabajo de mujeres y niños, la de accidentes de trabajo, etc.). Véase: Panettieri, *Las primeras leyes...*, pp. 11-18; Zimmermann, *Los liberales reformistas...*, pp. 178 y ss; Suriano, "Introducción", en Suriano (comp.), *La cuestión social...*; del mismo autor, "La oposición anarquista a la intervención estatal en las relaciones laborales", *ib.*, p. 89.

que pasaron a integrar la agenda pública. Nos preguntamos entonces, ¿qué sucedió con el tratamiento del servicio doméstico en este contexto?

Nuevas reglamentaciones con viejos objetivos

En el marco de aquellas campañas de denuncia sobre las agencias de colocaciones, el Concejo Deliberante de la ciudad volvió a insistir en la reglamentación del servicio doméstico. Las controversias y los esfuerzos reglamentarios se centraron en las agencias particulares. En 1908, una nueva reglamentación detalló las condiciones que debían reunir los locales donde se ubicaban e intentó controlar los usos alternativos que (se sospechaba) podían darles a los mismos. Estableció que las agencias no podían habilitarse sin un permiso municipal, que debían llevar un registro tipificado de quienes obtuvieran colocación por su intermedio e implementó el uso de una "boleta" que debían entregar a las y los trabajadores.[320]

Lo que interesa resaltar es que en el transcurso de un año, en el Concejo Deliberante se presentaron tres proyectos para reglamentar el servicio doméstico. A fines de 1911, el Concejal Zolezzi propuso que toda persona que se dedicara al servicio doméstico tendría que estar provista de una "carta de identidad" expedida por una dependencia municipal.[321] El patrón ya no tendría derecho a reseñar en ella

---

[320] Un concejal propuso la sustitución de la "boleta" por una "libreta", más adecuada porque constarían los antecedentes en caso de "… mal comportamiento ó cualquier delito, cometidos por uno de estos individuos ó individuas". Proyecto presentado por el Sr. concejal Dr. Coll, discutido en la sesión ordinaria del 20 de octubre de 1908. República Argentina, *Versiones taquigráficas de las Sesiones del H. Concejo Deliberante de la Ciudad de Buenos Aires, 2° período de 1908*, Buenos Aires, Imprenta de M. Viedma é Hijo, 1908.

[321] En ella debía constar filiación y último domicilio. Firmada por un funcionario debía reponerse cada seis meses. *Honorable Concejo Deliberante, Versión taquigráfica de la continuación de la 5° sesión de prórroga del 2° período*, diciembre 30 de 1911.

"nada sobre la mala conducta del doméstico despedido" sino que solo haría constar los días de su admisión y despido. Por último, establecía la entrega de "premios en dinero y medallas honoríficas" a aquellos sirvientes que se distinguieran "por la fidelidad a sus amos, por actos de abnegación, de honradez y de cariño hacia los niños".

Cinco meses más tarde, evocando la Ley Orgánica Municipal de 1880, el concejal Sylla Monsegur retomó el tema de la reglamentación con el argumento de que se trataba de un "anhelo" de la población de Buenos Aires y de una aspiración legítima de los patrones y de los sirvientes "honestos". Propuso la creación de un "registro especial" y que los y las sirvientes portaran una "libreta de identidad".[322] Este concejal intentó a su vez avanzar en la municipalización de las agencias de colocaciones y en la prohibición de las casas bajo dominio privado debido a que no daban garantías a los patrones respecto de las condiciones de "moralidad y competencia" que debía tener el servicio que recomendaban. Estas casas se guiaban por el lucro y solo se interesaban por incrementar el número de colocaciones.[323]

Monsegur fundaba su propuesta en un estudio comparado de la legislación europea, donde la mayor parte de los países había tratado dicho fenómeno. En Francia, se habían organizado oficinas municipales de colocación gratuitas bajo la dirección de comisiones conformadas por personas "distinguidas" de las parroquias y, en otros casos, estaban a cargo de corporaciones gremiales. Sin embargo, destacaba que en Europa se había abordado el asunto desde

---

[322] El registro sería obligatorio y se les daba el plazo de un año para regularizar su situación. En esa primera instancia se les extendería gratuitamente una "libreta de identidad". República Argentina, *Versiones taquigráficas...*, 1° período de 1912, pp. 258 y ss.

[323] El proyecto prohibía las agencias de colocaciones para el servicio doméstico, bajo pena de multa de 500 pesos. Proponía la creación de un "Registro de servicio doméstico" y de representaciones (subsedes) en las "inspecciones de parroquia" donde se recibirían los ofrecimientos y pedidos de servicio que serían retransmitidos a la oficina central. *Ib.*

el punto de vista del obrero, "no teniendo en cuenta para nada al patrón". Esto se debía a que en el viejo continente ese gremio era "más culto y más educado" que el nuestro, que se había formado entre los inmigrantes que llegaban al país "sin conocimientos de ninguna especie" y que se insertaban en el servicio doméstico. Frente a este panorama, recomendaba no dejar en manos de los sirvientes la organización del mercado de trabajo.

La caracterización que hacía Monsegur de las agencias no distaba mucho de la que ofrecía la Liga y, en definitiva, ambos querían su prohibición. La diferencia estribaba en los intereses que defendían (de patrones y sirvientes, respectivamente). Además, mientras que uno bregaba por la creación de oficinas municipales, la Liga luchaba por la creación de una bolsa de trabajo que estuviera bajo su control.

Aquella preocupación por identificar a los sirvientes, por individualizarlos y controlarlos era una expresión más de las ansiedades que generaba el aumento del crimen urbano (otra de las manifestaciones adversas de la modernidad). Como ha señalado Caimari, este fenómeno se comprende mejor si se considera que desde la prensa, las estadísticas oficiales, los discursos políticos, los informes médicos, se había instalado la idea de que la ciudad era más compleja e insegura. Claramente, estas expresiones se fundaban en un aumento efectivo de la criminalidad (sobre todo de los delitos contra la propiedad).[324] La incertidumbre y el miedo a la "simulación" invadían las interacciones

---

[324] En 1885 en Buenos Aires los arrestos implicaban a 1 de cada 9 residentes. En 1885 se registraron 25 robos por cada 10.000 personas y en 1915 la proporción trepó a 58. Por el contrario, la tasa de detenidos por crimen cometido descendía notablemente durante ese mismo período. La policía iba muy por detrás de la demanda social de control. Caimari, Lila, *Apenas un delincuente. Crimen, castigo y cultura en la Argentina, 1880-1955*, Buenos Aires, Siglo XXI Editores Argentina, 2004, pp. 75-85. Véase asimismo: García Ferrari, Mercedes, "'Una marca peor que el fuego'. Los cocheros de la Ciudad de Buenos Aires y la resistencia al retrato de identificación", en Lila Caimari (comp.), *La ley de los profanos. Delito, justicia y cultura en Buenos Aires*

más cotidianas y alcanzaban la intimidad de los hogares. El servicio doméstico fue objeto de preocupación y conversación permanente, ya que se lo consideraba el campo de acción por excelencia de ladrones y ladronas, sobre todo de "entregadores" en connivencia con "scruchantes".[325]

Si el Sr. Monsegur condensó en gran medida estas preocupaciones y se constituyó en un portavoz de los intereses de los patrones, el concejal Aguilar ofreció una perspectiva distinta, intentando equilibrar la balanza en favor de los sirvientes. A diferencia de los proyectos precedentes, no proponía la implementación de registros ni libretas especiales. Solo se exigiría a quien se dedicara a esta profesión, su cédula de identidad otorgada por la Policía de la Ciudad de Buenos Aires, de lo contrario, no se daría curso a ninguna demanda por salarios o cualquier otro conflicto originado en el vínculo laboral.[326] Proponía mejorar el control y funcionamiento de las agencias de colocación, avanzaba en la regulación de otras instituciones que proporcionaban servicio doméstico -como sociedades filantrópicas, sindicatos obreros, cooperativas obreras- y estipulaba la creación de una mutual.[327]

Aguilar sostuvo que las agencias debían seguir existiendo, pero sometidas a una efectiva reglamentación, y en ese sentido discrepó con la propuesta de Monsegur de prohibirlas y reemplazarlas por oficinas municipales de

---

(*1880-1940*), Buenos Aires, Fondo de Cultura Económica, 2007; de la misma autora, *Ladrones Conocidos/ Sospechosos reservados. Identificación policial en Buenos Aires, 1880-1915*, Buenos Aires, Prometeo Libros, 2010.

[325] De Veyga, Francisco, "Los auxiliares del vicio y del delito", *Archivos de Psiquiatría, Criminología y Ciencias Afines*, 1904, pp. 289-313; Rossi, José G, "Profesiones peligorsas. El servicio doméstico", *Archivos de Psiquiatría, Criminología y Ciencias Afines*, 1907, pp. 72-77; "Medios empleados por los ladrones en la ejecución de los delitos. Entregadores", en *Revista de policía. Periódico quincenal. Órgano de los intereses generales de la institución policial*, año XXI, Buenos Aires, octubre 16 de 1918, N° 488, pp. 457-458.

[326] Arts. 1° a 3°. "Proyecto de ordenanza reglamentaria del servicio doméstico", República Argentina, *Versiones taquigráficas...*, 2° período de 1912, p. 867.

[327] "Proyecto de ordenanza reglamentaria del servicio doméstico", República Argentina, *Versiones taquigráficas...*, 2° período de 1912, p. 867.

colocación. En cambio, consideraba que eran las cámaras de trabajo, dirigidas por los sindicatos de obreros, donde se manifestaba un "honesto interés" por procurar un buen trabajo con el menor dispendio posible. De allí que, en vez de obstaculizarlas, bien podría la municipalidad subvencionarlas. A su vez, a contrapelo de todos los planteos previos, sostuvo que la dignidad de las personas era "tanto más respetable cuanto más humilde. Y en ese sentido las autoridades públicas tenían el deber de velar por aquellos que 'eran servidos' pero así también por quienes 'prestaban servicios'".

Ninguna de las propuestas mencionadas tuvo éxito, ya que los proyectos una vez presentados no volvieron a ser tratados. Las disposiciones municipales sancionadas en 1908 siguieron vigentes al menos hasta la década de 1920. La única modificación que experimentó la reglamentación, en 1913, estuvo orientada a perfeccionar el registro de los sirvientes que por intermedio de las agencias obtenían colocación y a reforzar los procesos para su identificación y control.[328]

Como correlato, a los pocos años comenzaron a presentarse en el Congreso distintos proyectos para reglamentar y otorgar derechos laborales al sector, sin embargo hubo que esperar al año 1956 para que el gobierno de Aramburu sancionara el primer régimen legal.[329] El Decreto Ley 326

---

[328] DE del 4 de abril de 1913. República Argentina, *Digesto Municipal de...*, 1918, capítulo XX: "Reglamentación del servicio doméstico y oficios", pp. 477-478.

[329] Los primeros proyectos fueron los de Augusto Bunge (1916) y Carlos Rodríguez (1920), que propusieron incluir al servicio doméstico en la ley de accidentes de trabajo y en el régimen de descanso dominical respectivamente. Posteriormente, entre 1926 y 1956, fueron presentados en el Congreso al menos siete proyectos más que buscaron establecer un régimen especial basándose en la "naturaleza particular" del sector. El único que fue discutido fue el proyecto de la diputada Delia Parodi en 1955, que lograría incluso la aprobación de la Cámara de Diputados. Sin embargo, su sanción quedó trunca por el golpe de Estado de septiembre de 1955. Pérez, "Un régimen especial...". Sobre las diferencias entre este último proyecto y el régimen sancionado al siguiente año: Tizziani, "El Estatuto del...".

marcó un hito de relevancia, al reconocer una serie de derechos laborales, aunque es importante señalar que fueron limitados en comparación a otros sectores de actividad.[330] Tuvo vigencia por más de cincuenta años y al igual que en otros países de la región, excluyó a las trabajadoras del marco general del derecho laboral al quedar por fuera de la Ley de Contrato de Trabajo (LCT). Esta situación se justificó en lo que ha considerado la "naturaleza particular" del servicio doméstico, vinculada al carácter "no productivo" de la actividad, su pertenencia al ámbito doméstico y de las relaciones familiares.[331] A las carencias y restricciones que presentó este régimen hay que sumar el escaso nivel de acatamiento que históricamente ha tenido.[332]

Otro hito en este proceso está vinculado a la sanción en 2013 del Régimen Especial de Contrato de Trabajo para el Personal de Casas Particulares que reemplaza al anterior.[333] La nueva ley intentó equiparar las condiciones de trabajo del sector con las del resto de trabajadores y trabajadoras

---

[330] Una gran proporción de trabajadoras quedaron excluidas de los derechos y garantías de la ley por no alcanzar el umbral mínimo de horas de trabajo establecido (solo se aplicaba a quienes residían en el domicilio del empleador o trabajaban como mínimo cuatro horas por día, cuatro días a la semana para el mismo empleador). Reguló salarios mínimos, aportes patronales a la seguridad social, vacaciones y aguinaldo, licencias por enfermedad e indemnizaciones, pero fueron menores a las del régimen general. Excluyó al sector de la ley de asignaciones familiares y de riesgos de trabajo. No contempló licencias por maternidad ni la remuneración por horas extras. Fijó una jornada de trabajo máxima para quienes residían en el domicilio del empleador que era más extensa que la establecida para otras categorías laborales. Ib.

[331] Ib.; Pérez, "Un régimen especial...". Estos temas se retomarán en el último capítulo.

[332] Tizziani, "El Estatuto del..."; Pereyra, "El servicio doméstico...".

[333] Entre los avances más relevantes del nuevo marco legal cabe destacar: la cobertura de la totalidad de las trabajadoras del sector (independientemente de su dedicación horaria); el reconocimiento de la licencia por maternidad, la equiparación de la extensión de la jornada de trabajo y la cantidad y duración de licencias en relación con la LCT. Además, estableció la conformación de una comisión negociadora de salarios y condiciones laborales del sector (que hasta entonces eran establecidos de forma unilateral por el Ministerio de Trabajo, Empleo y Seguridad Social). Pereyra, "El servicio doméstico...".

amparadas bajo la LCT y se presentó como un avance en términos de protecciones sociales. Sin embargo, se está muy lejos de poder garantizar el acceso efectivo a esos derechos laborales debido a los altos niveles de informalidad que caracterizan al sector. Aun en 2014, a pesar de los esfuerzos oficiales por intentar contrarrestar el trabajo no registrado, el 78% de las trabajadoras domésticas estaban afectadas por esa situación.[334]

---

[334] *Ib.*; Poblete, "Empleo y protecciones…".

5

Detrás de escena: sirvientas y amas de leche

> La sociedad es realmente cruel con la infeliz mujer [...] se la rechaza del seno de las familias donde servía porque su desigual engrosamiento es reputado como inmoral; no puede ganarse el sustento diario trabajando, porque es demasiado pesada la carga que lleva en sus entrañas; debe recurrir á las cuatro paredes de la Maternidad [...] donde los dolores de la naturaleza purifiquen su falta, donde nazca un niño sin nombre y donde salve la moral [...].
> Y entonces se plantea ante la infeliz madre el más serio de los problemas [...] no puede volver á casa de los patrones, porque de allí ha salido la falta; no puede ganarse el sustento diario, porque nadie quiere mucama con chico; y entonces ¿qué hace? Sería el caso de hacer el cuadro genial: "con hijo y sin trabajo". [...] Véase, pues, en estos tristes cuadros realistas, el deplorable estado social en que se encuentra la mujer embarazada! Y no hablo de excepciones: el cincuenta por ciento de las que concurren a las maternidades se encuentran en este caso; y se cuentan por centenares, por miles![335]

En la Ciudad de Buenos Aires de fines del siglo XIX y principios del siglo XX, la lactancia podía constituirse en una actividad asalariada. Contratar u ofrecer servicios de

---

[335] Diputado Cantón, intervención en el debate del proyecto de ley para proteger el trabajo de las mujeres y los niños. Congreso Nacional, *Diario de Sesiones de la Cámara de Diputados* (*DSCD*), año 1906, Tomo I, Sesiones Ordinarias, abril 22- septiembre 28, Buenos Aires, Talleres Gráficos de la Penitenciaría Nacional, 1907, sesión del 01/07/1907, p. 402.

amamantamiento y crianza de niños era una práctica habitual. El trabajo de las amas de leche consistía en el cuidado y alimentación de los niños desde su nacimiento hasta los dos o tres años de vida, a cambio de un salario o el consumo de bienes de subsistencia (techo, comida, vestido). Esta actividad admitía diferentes modalidades de contratación. Algunas mujeres criaban "en su casa", otras "daban de mamar por horas", también estaban las que criaban "en casa del niño" o fuera de la ciudad, que formaban parte del plantel de servicio doméstico. Otra variante era trabajar como amas internas o externas para la Casa de Expósitos o en maternidades dirigidas por la Sociedad de Beneficencia de la Capital.

Arrastradas por la necesidad económica, las mujeres que se ocupaban de la lactancia asalariada formaban parte de los estratos más pobres de la ciudad. Por su parte, familias de diversa pertenencia social solicitaban sus servicios. De todas formas, se pueden establecer distinciones: mientras que las familias acomodadas contrataban amas para que criaran "en casa del niño" (modalidad más costosa), las de menores recursos entregaban a sus hijos para que ellas los criaran "en su casa".

Aunque el análisis podría limitarse a las amas que se colocaban en casas de familia y formaban parte del servicio doméstico, sería un recorte forzado. Muchas de estas mujeres se ofrecían indistintamente para criar en su casa o en la del niño, y la modalidad de trabajo dependía finalmente de quienes las contrataban. La lactancia asalariada era una ocupación circunstancial que se complementaba o alternaba con otras actividades propias del trabajo a domicilio (costura, lavado, planchado) o del servicio doméstico. Es decir que podían ser estas mismas mujeres las que mudaban de ocupación y oficiaban unas veces de nodrizas y otras de sirvientas, mucamas, cocineras, lavanderas o planchadoras.³³⁶ Además, en gran medida, la clientela de las amas que criaban "en sus casas" eran justamente los hijos de las sirvientas, como así también los de otras nodrizas que se colocaban para criar en casa de sus patrones.

¿Qué relevancia tenían las amas de leche en la sociedad de su tiempo? ¿Cómo eran sus condiciones de vida y de trabajo? ¿Qué características tuvo el mercado de la lactancia y cuáles fueron los efectos de los intentos de reglamentación de la actividad? ¿Qué nos dice su estudio sobre las prácticas de crianza, las dinámicas familiares y las formas de subsistencia de los sectores de menores recursos de la ciudad?

Las amas de leche fueron responsabilizadas por los altos niveles de mortalidad infantil, ya que se juzgaba que sus hábitos de alimentación y crianza provocaban a menudo la muerte de niños. Sospechadas a su vez de portar dolencias físicas y morales, se las acusaba de ser una fuente inagotable de contagios. Y lo que era peor aun, estas amenazas eran por partida doble, ya que no solo ponían en riesgo la salud de los niños que conseguían para criar, sino también la vida de sus propios hijos.

Asimismo, las mujeres que ejercían la lactancia asalariada fueron objeto de preocupación en el marco de la emergencia de una nueva percepción de la maternidad. Como ha señalado Nari, durante las dos primeras décadas del siglo XX persistió una gran preocupación en los médicos (aunque no solo en ellos) por "crear a la madre" en medio de una sociedad caótica y anómica. El proceso de "maternalización" de las mujeres, que implicó una

---

336 Las fuentes indican que muchas de las mujeres que oficiaban de amas de leche una vez que habían sido madres, previamente se habían desempeñado como sirvientas. A su vez, algunas de las que habían conseguido colocación como nodrizas, después del destete permanecían junto a la familia prestando otro tipo de servicios domésticos. También existía la posibilidad de que en algún momento de sus vidas estas mujeres ejercieran la prostitución. En su clásico estudio sobre la prostitución legal en Buenos Aires, Donna Guy ha señalado que en los registros públicos disponibles sobre las prostitutas, aparece de forma frecuente que muchas de estas mujeres declaraban haber sido sirvientas previamente. Guy, *El sexo peligroso*...

progresiva confusión entre ser mujer y ser madre, entre la femineidad y la maternidad, encontró un soporte fundamental en el desarrollo de las ciencias médicas. Al estar inscripta en los cuerpos de las mujeres (en su "biología"), los médicos podían presentar a la maternidad como si fuera inherente a la naturaleza femenina y por tanto, universal. Era necesario internalizar el ideal maternal en mujeres "desnaturalizadas" de diversas clases sociales y modificar y homogeneizar sus prácticas con respecto a la crianza.[337] En la configuración de ese vínculo fundamental entre la madre y el hijo, la existencia económica y social de la nodriza no encajaba. Ya sea porque interfería en el "binomio madre-hijo" (al ser contratadas para lactar a un niño ajeno) o bien porque ellas mismas encarnaban la triste disolución de ese vínculo "natural" (porque dejaban de alimentar a sus hijos para amamantar a otros). En este escenario, las amas de leche atentaban de forma directa contra la construcción y fortalecimiento de este ideal.

Sin embargo, como a las amas de leche no se las podía erradicar debido a que eventualmente se las necesitaba como alternativa a la lactancia materna, las autoridades sanitarias intentaron controlar su actividad. Como se señalara en el capítulo anterior, inicialmente fueron incorporadas a través de una serie de disposiciones de reglamentación del servicio doméstico. Sin embargo, hacia el cambio de siglo, la lactancia asalariada comenzó a asociarse a la idea de salubridad y fue considerada un elemento fundamental de las políticas de protección de la primera infancia implementadas por la Asistencia Pública de la Ciudad de Buenos Aires. Fue constituyéndose en un problema en sí mismo, ya que médicos e higienistas la asociaron al fenómeno de la mortalidad infantil. En adelante, los intentos de regulación municipal estuvieron destinados a ofrecer al

---

[337] Nari, *Políticas de maternidad...*, pp. 101 y ss.; pp. 20-21.

público nodrizas sanas que garantizaran el buen crecimiento y desarrollo de los niños mediante un férreo control de estas mujeres y del mercado del que formaban parte.

En este contexto, hubo un fenómeno que afectó a las amas de leche de la ciudad: el abandono de niños a su cuidado. Cuando no se podía criar a los niños, era posible entregarlos a una familia, solicitar su admisión en la Casa de Expósitos, abandonarlos en la vía pública, en un zaguán, en un baldío (estas eran las modalidades más frecuentes), dejarlos morir o matarlos. Dentro de este abanico de posibilidades, hubo quienes se inclinaron por una alternativa particular: contratar un ama de leche para que se ocupase de la crianza del bebé y, en ocasiones, para que lo abandonara. Quedar implícitamente a cargo de esta empresa parece haber sido un riesgo habitual para las mujeres que vivían del amamantamiento.

El mercado de la lactancia

El fenómeno de la lactancia asalariada no es privativo de la Argentina. Durante el siglo XVIII y XIX, la expansión de un mercado de nodrizas estuvo asociado a las transformaciones económicas en el ámbito rural, las migraciones, los procesos de urbanización, el abandono de niños y la extensión del servicio doméstico como alternativa ocupacional para muchas mujeres pobres. Todos estos factores contribuyeron a la expansión de este mercado, que en algunos casos asumió dimensiones dramáticas.[338] En el caso de Buenos aires, las mujeres que vivían del amamantamiento

---

338 Una referencia ineludible para Francia: Faÿ~Sallois, Fanny, *Les nourrices à París au XIX siècle*, París, Payot, 1980. Para Estados Unidos: Apple, Rima D., *Mothers and medicine: a social history of infant feeding, 1890-1950*, Madison, University of Wisconsin Press, 1987. Para México: Blum, *Domestic Economies. Family...*, pp. 74 y ss. Para Chile: Milanich, "The Casa de Huerfanos...". Para Brasil: Machado Kotsoukos, Sandra Sofía, "'Amas mercenarias': o dis-

también formaban parte de los estratos más pobres de la ciudad. Esta ocupación era una alternativa precaria y circunstancial, asociada a un estado fisiológico particular.

La única ley que resguardó a las mujeres trabajadoras embarazadas una vez que eran madres, fue la Ley 5291 de 1907. De todas formas, esta no contemplaba todos los trabajos asalariados desempeñados por mujeres, sino solo aquellos que dentro de la actividad manufacturera eran considerados perjudiciales y peligrosos para la maternidad.[339] Ante la ausencia de políticas de protección social y de leyes laborales que resguardaran a las mujeres trabajadoras una vez que eran madres, y ante la imposibilidad de acceder a mejores empleos por falta de alternativas ocupacionales (y también por tener hijos a cargo), tomar un niño para criar a cambio de un salario se constituyó en una opción frecuente para hacer frente a las penurias económicas.

Tanto las mujeres que se dedicaban a la lactancia asalariada como aquellas que las contrataban -sin una justificación considerada válida- eran objeto de una serie de cuestionamientos.[340] Muchos médicos e higienistas observaban que las mujeres de las "clases pobres" dejaban a sus hijos al cuidado de amas de leche para amamantar ellas mismas a un niño extraño a cambio de un salario, o bien para colocarse

---

curso dos doutores em medicina e os retratos de amas – Brasil, segunda metade do século XIX", en *História, Ciencias, Saúde – Manguinhos*, Rio de Janeiro, vol. 16., N° 2, abr.-jun. 2009, pp. 305-324.

[339] La aplicación de la Ley 5291 de 1907 fue restringida y su implementación muy difícil, por lo que al parecer, su cumplimiento lejos estuvo de ser efectivo. Mercado, Matilde A., *La primera ley de trabajo femenino. La mujer obrera (1890-1910)*, Buenos Aires, CEAL, 1988; Lobato, Mirta Zaída, "Entre la protección y la exclusión: discurso maternal y protección de la mujer obrera, Argentina 1890-1934", en Suriano (comp.), *La cuestión social…*; de la misma autora: *Historia de las trabajadoras…*

[340] En general se insistía en que las mujeres madres no debían eludir el cumplimiento de los deberes que les imponía su condición, excepto en aquellos casos forzosos que las obligaban a buscar otras formas de alimentarlos: por enfermedad, insuficiencias en la secreción láctea, fallecimiento de la progenitora.

en el servicio doméstico. Así, mientras que algunos justificaban estas decisiones en caso de "necesidad", otros consideraban que se trataba de mujeres "desnaturalizadas" y "ambiciosas" que, al guiarse por el lucro, caían en la más condenable de las mezquindades.[341] Por otra parte, estaban quienes reprobaban la actitud de las mujeres de las "clases acomodadas", que por la "comodidad y las modas" abandonaban los "deberes de la maternidad", con lo cual fomentaban el comercio de la lactancia y el abandono de niños.[342]

No obstante esta condena moral, el Segundo Censo Nacional registró la existencia de 674 amas de leche para 1895, mientras que los Censos de la Ciudad de Buenos Aires contabilizaron 520 y 595 amas, en 1905 y 1909 respectivamente. No se trata de un número significativo si se lo compara con otras ocupaciones desempeñadas por mujeres de bajos recursos, como las sirvientas, cocineras, lavanderas, planchadoras. De todas formas, estos relevamientos no deben haber contabilizado la totalidad de las mujeres empleadas en el rubro, no solo por los problemas de registro que tenían los censos en relación con el trabajo femenino, sino porque regían una serie de disposiciones municipales que prohibían desempeñarse en esta actividad sin un registro y control periódico efectuado por los organismos municipales creados a tales efectos. Es posible suponer, entonces, que muchas mujeres ejercían la lactancia asalariada por fuera de los marcos regulatorios (controles de sanidad, libretas, certificados, etc.) y no declararan esta ocupación.

---

341 Véase: Cervera, Joaquín, *Alimentación de la primera infancia. Lactancia materna y artificial*. Tesis inaugural presentada para optar al grado de Doctor en Medicina y Cirujía, Universidad de Buenos Aires, Facultad de Ciencias Médicas, Buenos Aires, Imp. y Lit. Prina y Cía., 1897, pp. 31-32.
342 Véase: Zauchinger, Adela, *La protección de la primera infancia*. Tesis presentada para optar al título de Doctor en Medicina, Universidad de Buenos Aires, Facultad de Ciencias Médicas, Buenos Aires, J.M. Monqaut, 1910, p. 112.

Por su parte, los avisos de empleo de los diarios locales evidencian la existencia de un mercado de la lactancia que si bien nunca adquirió grandes dimensiones, tuvo una presencia constante a lo largo del período en cuestión. Es difícil estimar su escala ya que publicar en un diario local ofreciendo servicios era solo una de las modalidades para conseguir un niño para criar. En efecto, estas mujeres también podían dirigirse a una agencia de colocación de amas, acercarse a una institución pública (hospitales, maternidades, Casa de Expósitos, etc.) o contactar a una partera como intermediaria para conseguir una madre que precisase contratar sus servicios.

Las amas que criaban en sus propias casas eran las más económicas.[343] Por contraposición, las mujeres que criaban en casa del niño eran las mejor pagas, por lo que solo podían acceder a sus servicios las familias acomodadas de la ciudad. Estas amas podían calificarse como las "de primera categoría", eran las que se veían "adornadas en las calles, en los paseos públicos, a pie ó en carruaje, llevando en sus brazos á la mina que ellas [explotaban] generalmente con toda sangre fría".[344]

Quienes ejercían la lactancia asalariada eran mujeres jóvenes. En los anuncios en los que se hacía referencia explícita a la edad, se aprecia que tenían entre 20 y 30 años, concentrándose la mayor cantidad de los casos en edades menores a los 25 años. Las extranjeras eran mayoritarias (entre el 60% y el 70%). En los anuncios, cuando se trataba de inmigrantes europeas, el origen era un rasgo permanentemente destacado. Quienes se ocupaban en esta actividad se presentaban como amas españolas, vascas, italianas, lombardas, piamontesas.

---

[343] A lo largo del período en cuestión, sus salarios rondaron en torno a los 20 o 25 pesos mensuales. Su precio era bastante accesible y el hecho de que una sirvienta pudiera costearlo no es un dato menor, porque significa que se comprometían por una exigua suma de dinero.
[344] Podestá, Manuel T., *Niños. Estudio médico y social,* Buenos Aires, Imprenta La Patria Italiana, 1888, p. 34.

Figura Nº 8. "Ama de leche de seis meses para casa de los padres"

Ama de leche de seis meses para casa de los padres.

Fuente: *Caras y Caretas,* 19 de octubre de 1900, Nº 107, p. 37.

Generalmente con bajos niveles de instrucción y sin especialización laboral u oficio, llegaban a la ciudad e intentaban ingresar al mercado de trabajo. Y al igual que gran parte de los trabajadores, las mujeres que ejercían la lactancia asalariada vivían en conventillos o casas de inquilinato. Si se presta atención a las direcciones publicadas en los avisos, se observa que, además del nombre de la calle y su numeración, en la mayoría de los casos se apuntaba el número de habitación al que había que dirigirse. El doctor Manuel Podestá, en un estudio sobre los problemas higiénicos y sociales que afectaban a los niños pobres de la ciudad, señalaba en uno de sus capítulos, titulado "Amas", que a las mujeres de este gremio había que buscarlas en el conventillo, donde vivían "en habitaciones estrechas, rodeadas muchas veces de un enjambre de hijos y de algunos animales domésticos".[345]

Las que estaban solas y podían ser más flexibles se postulaban indistintamente para cualquier modalidad de contratación ("en casa del niño o en su casa" o "se ofrece para donde convenga"). También se ofrecían para "salir afuera" o para "campo o ciudad". Por su parte, quienes especificaban el tipo de contratación "para criar en su casa" o "por horas", seguramente debían atender a su familia (pareja, hijos) u otras alternativas laborales complementarias. Muchas de las que recurrían a esta actividad buscando un niño para criar en sus hogares no podían permitirse dejar de trabajar y privarse de un ingreso para cuidar al recién nacido. Algunas se dedicaban a las tareas de su casa, mientras que otras se desempeñaban en alguna actividad más lucrativa como costureras, planchadoras, lavanderas.

Estas amas oficiaban de madres de sus hijos y tenían al menos un niño a quien alimentar. La referencia al amamantamiento con "media leche" o "leche entera", que aparece de forma reiterada en los avisos, estaba asociada justamente a la existencia (o no) de otros lactantes. Quienes criaban a media leche podían estar amamantando a su propio hijo o a más de un niño al mismo tiempo, por lo que se les daba el pecho completando generalmente su nutrición con leche vacuna rebajada con agua, papillas y preparados a base de harinas. No era raro encontrar mujeres que criaban dos o más niños al mismo tiempo. Muchas iban a buscarlos a la Casa de Expósitos y en estos casos, oficiaban de "amas externas" ya que era el establecimiento el que abonaba los sueldos.

---

[345] *Ib.*, p. 35.

Muchas de las familias que demandaban servicios de amamantamiento y crianza de niños se hicieron eco de estas situaciones potencialmente perjudiciales para ellos, ya que en los anuncios solicitaban de forma frecuente nodrizas sin hijos. Expresiones tales como "que no tenga chico", "inútil presentarse si tiene hijo suyo" o "sin chico" fueron de lo más habituales. Esta exigencia debió ser conocida entre las postulantes, ya que la referencia a la inexistencia de otros niños ("sin hijo" o "sin criatura") tuvo una abrumadora presencia al revisar las páginas de los avisos.

¿Qué sucedía con los hijos de estas mujeres? La lactancia asalariada implicaba privar al propio hijo de la leche materna, alimentarlo menos o por menos tiempo (aunque también podía haber fallecido). Las que provenían del extranjero, en ocasiones dejaban a sus hijos en sus países de origen. Otras, al no poder asumir su crianza, los entregaban a otras familias, a nodrizas, a la Casa de Expósitos, intentaban desentenderse de ellos abandonándolos o, en los casos más extremos y excepcionales, dejándolos morir o matándolos.[346]

Entre los requisitos exhibidos y exigidos para ejercer la lactancia asalariada, se hacía referencia también a la "moralidad" de las mujeres. La honorabilidad parece haber sido

---

[346] Sobre la diversidad de prácticas de cesión y entrega de niños englobadas bajo la categoría "abandono de niños", véase: Villalta, Carla, "La conformación de una matriz interpretativa. La definición jurídica del abandono y la pérdida de la patria potestad", en Lucía Lionetti y Daniel Míguez (comp.), *Las infancias en la historia argentina. Intersecciones entre prácticas, discursos e instituciones (1890-1960)*, Rosario, Prohistoria Ediciones, 2010. Véase asimismo: Cicerchia, "Las vueltas del torno..."; Guy, Donna J., "Niños abandonados en Buenos Aires (1880-1914) y el desarrollo del concepto de madre", en Fletcher, Lea, *Mujeres y cultura...* Sobre el aborto, el infanticidio y el abandono como prácticas de regulación de la natalidad y del tamaño de la unidad doméstica, véase: Nari, *Políticas de maternidad...*, pp. 132-141; pp. 192 y ss. Sobre estas prácticas y sus representaciones en la criminología, la prensa y las prácticas judiciales, véase: Di Corleto, Julieta, *Malas madres. Aborto, infanticidio y abandono de niños (Ciudad de Buenos Aires, fines del siglo XIX-principios del siglo XX)*, borrador de tesis para optar por el grado de Doctor en Historia, Universidad de San Andrés.

importante al momento de conseguir trabajo, y en este mercado corrían con ventaja quienes podían demostrar tener un buen nombre a partir de las referencias. Otro rasgo permanentemente valorado era la buena salud de las mujeres que vivían del amamantamiento. Calificativos tales como "sana", "robusta", "buena y abundante", "vasca fresca", "leche superior" o "leche gorda" eran recurrentes al momento de hacer gala de sus cualidades. Asimismo, la referencia a la antigüedad de la leche no era un dato menor, de allí que aparecieran especificaciones tales como "con leche desde 4 a 6 meses" o "con leche de no más de 3 meses".

Una estrategia para mejorar las posibilidades de contratación era exhibir certificados en los que los médicos garantizaban las cualidades nutritivas de su leche. Al demostrar que gozaban de buena salud para alimentar a los niños, las mujeres podían competir mejor en el mercado. Las referencias al examen clínico ("reconocida por el médico", "con certificado médico", "con certificado de Dr.", "con certificado de la Asistencia Pública") se tornaron cada vez más frecuentes con el cambio de siglo. Esta tendencia pudo estar asociada a la puesta en vigor de ordenanzas que así lo requerían, pero también a una mayor difusión y aceptación de las ideas y prácticas médicas e higienistas, muy influyentes por aquellos años.

El problema de la mortalidad infantil

En el año 1875, el Dr. Emilio Coni publicó un estudio dedicado a las sociedades de caridad sobre la mortalidad infantil en Buenos Aires y en otros centros urbanos de la región.[347]

---

[347] En su trabajo, abordaba las causas de la mortalidad de los niños en Buenos Aires y proponía medidas para atenuar sus efectos, describía las afecciones vinculadas al fenómeno, ofrecía estadísticas comparadas sobre el tema en distintas ciudades y presentaba un estudio sobre los asilos que albergaban niños en la ciudad porteña. Coni, Emilio R., *La mortalidad infantil en la Ciu-*

Si bien el fenómeno era menos dramático que en otras ciudades europeas y latinoamericanas, no por eso ameritaba desestimar la cuestión. Con la divulgación de esta obra, el médico higienista pretendía "despertar la atención pública y avanzar así en las tareas de reforma", para contrarrestar su incidencia. Su labor tuvo reconocimiento internacional al ser premiada por la Sociedad Francesa de Higiene. Sin embargo, a nivel local no obtuvo las repercusiones deseadas y hubo que esperar un tiempo para que dicho fenómeno adquiriese relevancia pública.

Los altos niveles de mortalidad infantil registrados antes de la década de 1870 en la ciudad estaban asociados, principalmente, a la ausencia de políticas activas en ese sentido.[348] Hasta ese momento, las autoridades públicas habían estado abocadas mayormente a mejorar la higiene y la infraestructura de la ciudad mediante el desarrollo de obras de saneamiento.[349] A esa cruzada higiénica se sumó la

---

dad de Buenos Aires. Estudio comparativo con la mortalidad infantil de Río de Janeiro, Montevideo, Lima, México, y otras ciudades americanas, Buenos Aires, Imprenta de Pablo E. Coni, 1879.

[348] Entre 1858 y 1867, las defunciones de niños de 0 hasta 1 año de vida representaron el 31,5% de la mortalidad general mientras que entre 1868 y 1877, explicaron el 27,3% de la misma. Por su parte, si se incorporan los niños fallecidos de hasta 8 años resulta que la mortalidad infantil representó más del 40% de la mortalidad general de la ciudad (46% y 41%, respectivamente). *Ib.*, pp. 11-12.

[349] La concepción de la enfermedad estaba asociada a la idea del contagio, y la higiene urbana era un elemento primordial a la hora de controlar la influencia del medio en la salud de la población. Desde 1854, la Ley Orgánica de Municipalidades había definido las funciones de las Comisiones de Higiene y Obras Públicas. Sin embargo, fue recién en el último cuarto de siglo -con la creación del Departamento Nacional de Higiene (1880) y la Asistencia Pública de Buenos Aires (1883) y tras el azote de una serie de ciclos epidémicos- que se comenzó a avanzar en el saneamiento del medio dotando a la ciudad de agua potable, red cloacal, pavimentación, plazas, recolección y depósito de basuras y desechos, etc. Mazzeo, Victoria, *Mortalidad infantil en la Ciudad de Buenos Aires (1856-1986)*, Buenos Aires, CEAL, 1993, pp. 56-62; Armus, "El descubrimiento de...", pp. 516 y 521.

necesidad de organizar un sistema público de atención de la salud y avanzar en el equipamiento institucional mediante la construcción de hospitales.[350]

Por otra parte, los índices de mortalidad general de la población (al igual que las posibilidades de reducirla) se relacionaban en gran medida con el comportamiento de la mortalidad infantil. En efecto, este fenómeno era considerado uno de los indicadores más sensibles de las condiciones sanitarias y socioculturales de la población.[351] La mortalidad infantil estuvo marcada por enfermedades infectocontagiosas y gastrointestinales. Entre 1869 y 1900, las patologías infecciosas fueron las que mayor participación tuvieron en las defunciones de ese segmento poblacional.[352] Sin embargo, mientras que estas disminuyeron conforme fueron controlándose las influencias insidiosas del ambiente urbano, las gastrointestinales permanecieron entre las principales causas de los decesos infantiles en las primeras décadas del siglo XX.

Las diferencias sociales en las causas de muerte de la población se tornaron cada vez más evidentes, una vez que las enfermedades del medio fueron controladas.[353] Los médicos e higienistas consideraban que las enfermedades de la infancia estaban directamente asociadas a la "ignorancia", "superstición" y "miseria" de las madres y de las nodrizas. Ya sea por excesiva o insuficiente, de mala calidad o inconveniente, las irregularidades en la alimentación derivaban en afecciones gastrointestinales que conducían frecuentemente a los niños a la muerte. Esta percepción de

---

[350] Después de 1880, al tiempo que se fueron ampliando las dimensiones y mejorando el equipamiento de los hospitales existentes, una decena de nuevos establecimientos de este tipo fueron creados en la ciudad. Véase: Kohn Loncarica, Alfredo Guillermo y Agüero, Abel Luis Alfredo, "El contexto médico", en Biagini, Hugo E. (comp.), *El movimiento positivista argentino*, Editorial de Belgrano, Buenos Aires, 1986; Armus, "El descubrimiento de...".
[351] Mazzeo, *Mortalidad infantil en...*, pp. 7-8.
[352] Entre ellas: fiebre tifoidea, tétanos, viruela, sarampión, escarlatina, coqueluche, difteria y cruz. *Ib.*
[353] Armus, "El descubrimiento de...", p. 520.

las causas sociales de la morti-morbilidad infantil llevó a postular la necesidad de articular la atención médica con la asistencia social. Es por eso que las voces en favor de la implementación de políticas para protección de la infancia no tardaron en hacerse oír.[354]

En 1891, el intendente municipal de la capital, Francisco P. Bollini, nombró una comisión de especialistas, entre los que se encontraban figuras de la talla de Emilio Coni, José Penna, Horacio Piñero, Alberto Martínez, para estudiar las causas de la elevada tasa de mortalidad infantil de Buenos Aires y proponer medidas para su disminución. Los trabajos de la comisión fueron reunidos en una publicación de 1892, *Patronato y Asistencia de la Infancia en la Capital de la República*.[355] A raíz de esta labor colectiva que constituyó el primer plan completo de protección y asistencia de la infancia, fue creada al poco tiempo la institución municipal que llevó ese mismo nombre: Patronato de la Infancia.

La mortalidad infantil comenzó a llamar cada vez más la atención de médicos, higienistas y funcionarios públicos locales y el tratamiento del problema cobró impulso.[356] Las publicaciones y congresos médicos sobre este tema se incrementaron notablemente y una serie de políticas dirigi-

---

[354] La primera infancia se extendía desde el nacimiento hasta la aparición de los veinte primeros dientes, época en que el niño ingresaba en la segunda infancia. Kaminsky, Esther, *Puericultura, Protección a la primera infancia en la República Argentina*, tesis presentada para optar por el título de Doctor en Medicina, Universidad Nacional de Buenos Aires, Facultad de Ciencias Médicas, Buenos Aires, La Semana Médica, Imp. de obras de E. Spinelli, 1914.

[355] Intendencia Municipal, *Patronato y Asistencia de la Infancia de la Capital de la República*, Trabajos de la Comisión Especial, Publicación oficial, Buenos Aires, Establecimiento Tipográfico El Censor, 1892.

[356] En este mismo momento puede situarse la constitución y consolidación de la pediatría, especialidad médica centrada en la infancia. Ligada a esta disciplina surgió la puericultura, "ciencia de aplicación" vinculada con la higiene y orientada a la divulgación de métodos de crianza "racionales y científicos". Colángelo, María Adelaida, "El saber médico y la definición de una 'naturaleza infantil' entre fines del siglo XIX y comienzos del siglo XX en la Argentina", en Cosse, Isabella; Llobet, Valeria et al. (eds.), *Infancias: políticas y saberes en Argentina y Brasil. Siglos XIX y XX*, Buenos Aires, Teseo, 2011, pp. 102-103.

das al cuidado de los niños y el amparo de la mujer durante el embarazo, el parto y el puerperio ("protección indirecta de los niños") se concretaron al despuntar el siglo XX.

Entre las acciones cabe mencionar la sanción de la Ley 5291 de 1907 que reguló el trabajo de mujeres y niños en fábricas y talleres, haciendo referencia en su articulado a la mujer obrera embarazada.[357] Como parte de esta campaña en favor del desarrollo de niños sanos, en 1908 se creó la Sección Protección de la Primera Infancia dependiente de la Asistencia Pública de la Ciudad de Buenos Aires. Esta dependencia tenía a su cargo la protección directa e indirecta de los niños menores de dos años y ejerció sus funciones a través de una red de instituciones como los dispensarios de lactantes, los institutos de puericultura y la oficina de inspección de nodrizas.[358]

---

[357] Esta primera normativa que protegió a las obreras en su carácter de madres más que de trabajadoras coronó una serie de intentos preexistentes. Reguló el trabajo de mujeres y niños en fábricas y talleres y estableció que las mujeres que daban a luz podían volver a trabajar hasta 30 días después del parto, por lo que se les debía guardar el puesto. Mercado, *La primera ley...*; Lobato, "Entre la protección...".

[358] Los dispensarios de lactantes, creados desde principios de siglo, tenían por objeto favorecer la lactancia natural y reglamentar la lactancia artificial. Ofrecían diversos productos a las madres que alimentaban a sus hijos de forma artificial, oficiaban como consultorios externos donde se atendía a niños sanos y enfermos y realizaban visitas periódicas a los domicilios de "sus protegidos". Hacia 1910 funcionaban seis en la ciudad; diez años después, eran dieciocho. Por su parte, los institutos de puericultura, creados después del Centenario, disponían de consultorios externos, salas para internar a los niños, controlaban la evolución de los recién nacidos, su alimentación, asesoraban a las madres en el amamantamiento y los códigos de conductas higiénicas. Muchos de estos establecimientos tuvieron su origen -al menos en su concepción- en Francia y una vez implantados en la Ciudad de Buenos Aires, adoptaron y adaptaron los proyectos originales y les añadieron funciones complementarias. Véase: Canevari, Fortunato, *Las causas de la mortalidad infantil*, tesis presentada para optar al grado de Doctor en Medicina, Universidad de Buenos Aires, Facultad de Ciencias Médicas, Buenos Aires, Las Ciencias, 1904, pp. 79-80; pp. 82-93; Zauchinger, *La protección de...*, pp. 105-108; Nari, *Políticas de maternidad...*, pp. 123-127.

Sin embargo, los establecimientos dependientes de la Asistencia Pública no constituyeron la única oferta de atención de la salud de mujeres y niños y tampoco fueron los más importantes. Como han señalado Álvarez y Reynoso, las instituciones de beneficencia resultaron, en gran medida, las responsables de poner en marcha lo que se podría definir como las primeras políticas públicas de atención a la infancia.[359] Establecimientos tales como la maternidad del Hospital Rivadavia, el Hospital de Niños San Luis Gonzaga y la Casa de Expósitos (que cumplía funciones de asilo y hospital) estuvieron entre los servicios más importantes de la ciudad y contribuyeron en gran medida a la atención de los niños lactantes.[360]

Como resultado de estos esfuerzos conjuntos, entre el último cuarto del siglo XIX y principios del siglo XX, se registró una marcada disminución de la mortalidad infantil en la Ciudad de Buenos Aires.[361] De todas formas, la morti-morbilidad de la primera infancia continuó asociada a problemas en la alimentación. Esto ocasionó que la lactancia asalariada (al igual que el resto de las alternativas nutricias) fuera objeto de análisis y discusión entre médicos e higienistas.[362]

---

[359] Véase: Álvarez, Adriana y Reynoso, Daniel, "Entre el abandono y la debilidad. El cuidado de la salud en la primera infancia", en Cosse, Isabella; Llobet, Valeria et al. (eds.), *Infancias: políticas y...*, pp. 126-127. Véase asimismo: Moreno, *La política social...*

[360] Mazzeo, *Mortalidad infantil en...*, pp. 56-60; Nari, *Maternalismo político y...*, pp. 125-126.

[361] Entre 1875 y 1904 se redujo en un 64% con un descenso promedio de un 2% anual. Al despuntar el nuevo siglo, la tasa de mortalidad neonatal representaba solo la cuarta parte de los valores arrojados a fines de la década de 1850 (pasando de un 98,5 por mil a un 24,1 por mil). También disminuyeron los niños nacidos muertos (con una serie de fluctuaciones) después de los altos niveles registrados hacia fines de la década de 1890. Mazzeo, *Mortalidad infantil en...*, p. 30.

[362] Los médicos señalaban que la alimentación "artificial" (leche de origen animal o preparados a base de harinas) ocasionaba más víctimas que la "natural" (de la progenitora o de una nodriza). Cervera, *Alimentación de la primera infancia...*, p. 12.

El examen de las amas y la reglamentación de la lactancia asalariada

> Cuantas veces hemos oído decir en la Oficina, Inspección de Nodrizas, á mujeres que solicitaban su certificado de amas de cría, el que era negado por poca cantidad de leche ó pobreza en elementos nutritivos de la misma: "¿cómo quiere que tenga buena leche si no tengo que comer?" Ó "¡denos de comer y verá cuánta leche tendré!" Y observaciones por el estilo.[363]

La actividad de las amas de leche fue motivo de intervención de las autoridades públicas y sanitarias de la ciudad. El Reglamento para el servicio doméstico, del 7 de mayo de 1875, contenía un capítulo reservado a ellas denominado "De las amas de cría".[364] Las mujeres afectadas al "amamantamiento asalariado" debían registrarse en una oficina y estaban obligadas a portar una libreta, al igual que el resto de los y las trabajadores/as alcanzados por la ordenanza. Asimismo, debían someterse a controles médicos regulares establecidos por el municipio, de modo que, además de sus datos personales y laborales, en la libreta quedaban asentadas las condiciones físicas en las que se encontraban. Este chequeo debía realizarse cada vez que cambiaran de casa o patrón.

En relación con los vínculos laborales, la ordenanza establecía que el contrato duraría lo que la nutrición y crianza de la criatura, el despido del ama solo se justificaba por fallecimiento del niño, maltratamiento de la misma, "enfermedad o vicios" que tornaran peligrosa la lactancia, falta de leche o su descomposición, robo u otro delito cometido en la casa. Si las amas eran despedidas sin razón, tenían derecho a cobrar sus sueldos por el tiempo por el cual habían sido contratadas en un principio y solo

---

[363] Kaminsky, *Puericultura. Protección a...*, p. 72.
[364] *Digesto de Ordenanzas...*, 1877.

se justificaba el abandono de la crianza en caso de enfermedad, maltrato corporal por parte de sus patrones o falta de pago de sus sueldos. Las amas que tomaban niños para criar en sus casas debían inscribirse y portar libreta al igual que las que vivían en casa de los padres de la criatura y se les prohibía tomar a más de un niño a la vez "bajo la pena de multa o prisión".[365]

La puesta en vigencia y efectiva aplicación de esta normativa se vio obstaculizada y postergada por largo tiempo. Haciendo referencia a esta situación, ya en el año 1877 un facultativo exclamaba: "hemos llegado a reglamentar todo; ¡hasta la prostitución! y sin embargo nada se ha hecho respecto á la industria de criar niños; las autoridades son altamente culpables por su indiferencia criminal, respecto de una cuestión que tanto interesa á la familia como al Estado".[366]

Mientras tanto, los exámenes y evaluaciones de las aspirantes a nodrizas corrían por cuenta de médicos particulares, o bien por entidades privadas, que frente a la ausencia de una regulación municipal ofrecían a las familias porteñas este tipo de prestaciones. Un caso ilustrativo es el del Dr. Villar, quien en 1880 inauguró en su consultorio particular la *Administración de nodrizas*, un "servicio a las familias" que tenía por objeto ofrecer nodrizas "garantidas" mediante el examen, registro y certificación de sus condiciones de salud y de moralidad.[367]

---

[365] Una ordenanza posterior, sancionada en 1887, estableció que toda ama de cría que faltase a su contrato por otras causas que no fueran las especificadas en el art. 22º del reglamento de 1875 sería castigada con una multa de 100 pesos moneda nacional (m/n) (art. 48º). A su vez, la multa por alimentar a más de una criatura al mismo tiempo se fijó en 50 pesos m/n (art. 49º). Pagani, Estela y Alcaraz, María Victoria, *Las nodrizas de Buenos Aires. Un estudio histórico (1880-1940)*, Buenos Aires, CEAL, 1988, p. 14.

[366] Beruti, Nicolás T., *Lactancia*, tesis para el Doctorado, Facultad de Ciencias Médicas, Buenos Aires, Librería, Imprenta y Encuadernación de J. Peuser, 1877, pp. 42-43.

[367] Villar, Carlos L., *A las madres de familia de la Ciudad de Buenos Aires. Administración de nodrizas*, creada por el Dr. Carlos L. Villar en su Estudio Médico, Buenos Aires, Imprenta de M. Biedma, 1880. Sus servicios fueron publicita-

A pesar de reclamar reiteradamente que estos asuntos eran incumbencia de los médicos, las familias no acudían a ellos para seleccionar a las nodrizas sino que, "sin ningún criterio" (médico), se lanzaban a contratar a quien ofrecía el mejor aspecto. Generalmente publicaban un aviso en algún periódico local que atraía a una multitud de mujeres, "de todos colores y temperamentos", algunas, "fuertes y aptas para desempeñar las tareas", otras, "inservibles y peligrosas".[368] También acudían a las agencias que se dedicaban a la colocación de diferentes especialidades del servicio doméstico o a aquellas que únicamente comerciaban con la oferta y demanda de nodrizas.

Las amas de leche eran desacreditadas por razones higiénicas y morales. Sobre ellas siempre había algo que decir: si abandonaban a su hijo para criar a otro, eran unas desalmadas; pero si no lo hacían y criaban a dos niños a la vez, eran unas criminales que arriesgaban la vida de ambas criaturas. Como bien ha señalado Machado Koutsoukos, los médicos no siempre reconocían el sacrificio de estas mujeres que vivían del amamantamiento como tampoco percibían que detrás de un ama se escondía a menudo una historia triste: una historia de desmembramiento familiar, de separación de una madre de su hijo, de fallecimiento de un niño.[369]

---

dos en los diarios: "A las madres de familia. Administración de Nodrizas creada por el Doctor Carlos L. Villar. En su estudio médico. 481-Suipacha-481. La Administración de Nodrizas tiene por objeto practicar el exámen médico de las nodrizas que están al servicio de las familias, para garantir sus buenas condiciones y la crianza de sus hijos. Además se encarga de proporcionar nodrizas a las familias que las soliciten bajo las mismas garantías respecto á las condiciones necesarias para criar bien un niño, las que se espresarán en un certificado médico especial qué se espedirá cada vez qué las familias tome un niño de la Administración ó que teniéndola requiera exámen médico. [...] Queda abierto un libro de matrículas en la Administración de Nodrizas, donde pueden inscribirse gratis las amas de leche que deseen entrar al servicio de las familias [...]". *LP*, abril de 1880.

368 Podestá, *Niños. Estudio médico...*, p. 31.
369 Machado Kotsoukos, "'Amas mercenárias': o discurso...".

Con el cambio de siglo, la actividad de las nodrizas comenzó a ser objeto de un tratamiento particular, a asociarse cada vez más a la idea de "salubridad" y a constituirse en un elemento fundamental de las políticas de protección de la primera infancia, implementadas por la Asistencia Pública de la Ciudad de Buenos Aires. Una ordenanza sancionada el 12 de noviembre de 1902 creó dentro de la Asistencia Pública el "Registro de Nodrizas" una sección que se encargaría de la inscripción, inspección y extensión de los "certificados de aptitud" para ejercer la lactancia asalariada. Sin embargo, la insistencia en la imposición de multas y el rechazo de las amas a someterse a los exámenes médicos provocaron una reacción indeseada: el ejercicio de la actividad por fuera de los marcos regulatorios establecidos.

Muchas mujeres se resistían a los exámenes clínicos y no fue fácil para los médicos vencer el "pudor femenino". Para la mayoría era una práctica nueva ya que hasta entonces sus cuerpos habían sido examinados por otras mujeres conocidas, con saberes medicinales populares.[370] Para sortear estos inconvenientes, el personal técnico de la Oficina fue conformándose por "señoritas" médicas y estudiantes de medicina a fin de "inspirar más confianza" a las mujeres y los niños que debían prestarse a dichos exámenes.[371]

A los pocos meses de su implementación, el Concejo Deliberante sometió a consideración nuevamente la normativa vigente, ya que el Registro no había prestado servicio alguno debido a que ningún ama se había

---

[370] Nari, *Políticas de maternidad...*, p. 46.
[371] Entre el personal técnico se encontró Esther Kaminsky, estudiante de medicina que se desempeñó como "practicante mayor" de la Oficina de Inspección de Nodrizas. Kaminsky, *Puericultura. Protección a...* En su tesis se encuentra una extensa descripción sobre el funcionamiento de dicha dependencia, pp. 80-87.

inscripto en el transcurso de medio año.[372] El concejal que presentó el nuevo proyecto señaló que la mediocridad de los resultados se debía a las multas aplicadas a estas mujeres, ya que generaban un rechazo generalizado al control y a la reglamentación. En consecuencia proponía eliminar las sanciones pecuniarias, al tiempo que consideraba fundamental regular el funcionamiento de las agencias de colocación de nodrizas que operaban en la ciudad.

La ordenanza destinada a hacer más efectivos los controles fue sancionada el 16 de junio de 1903 y se presentó junto a otras disposiciones afines bajo el título de "Registro y agencias de amas".[373] Por un lado, se eliminaron las multas impuestas a las nodrizas por incumplimiento de los contratos y por criar a más de un niño a la vez. Por el otro, se amplió la aplicación de la reglamentación a las agencias de colocación y a los lactantes.

Las mujeres que ejercían la actividad debían inscribirse gratuitamente en el Registro de Nodrizas, para que se les extendiera el certificado una vez aprobado el examen médico. Además de la inspección del ama y de la leche (que incluía un análisis "microscópico del porcentaje de manteca, su abundancia y su densidad"), las autoridades podían realizar el control de los niños bajo crianza ya que dispusieron que, "cuando fuese posible", también se efectuarían exámenes a los lactantes.[374]

---

[372] Honorable Comisión Municipal, *Versión taquigráfica de la Sesión celebrada el día 16 de junio de 1903, Presidencia del Dr. Manuel Obarrio*, junio-julio de 1903, pp. 375-376.
[373] República Argentina, *Digesto Municipal de la Ciudad de Buenos aires. Leyes, ordenanzas, acuerdos y decretos vigentes*, Buenos Aires, Imprenta de M. Viedma é Hijo, 1907.
[374] Sobre la documentación que debían presentar las nodrizas para solicitar el certificado, ver arts. 32, 33, 34 y 35. *Ib.*, pp. 206-208.

Ahora bien, además del control del niño lactante (demandante), las autoridades comenzaron a preocuparse por las condiciones de los hijos de las nodrizas. De allí que otros de los requisitos para obtener el certificado era que las amas probasen que sus hijos estaban bien atendidos y alimentados. La Asistencia Pública podía realizar las "investigaciones" necesarias, efectuar visitas al domicilio de la nodriza, verificar "condiciones higiénicas y estado de su habitación" y en función de los resultados extenderles (o no) los certificados.[375] Por su parte, las agencias y corredores que se ocupaban en la colocación de nodrizas debían estar habilitadas por la Asistencia Pública, se les prohibía colocar nodrizas que no estuvieran registradas y no poseyeran certificado, de lo contrario serían penados con una multa para cada infracción.[376]

¿Cuáles fueron los efectos de la implementación de esta normativa? En el Anuario Estadístico de la Ciudad de Buenos Aires se publicaron los resultados del registro y control de las amas de leche en las primeras décadas del siglo XX. Del total de mujeres examinadas por la Asistencia Pública, entre el 30% y el 60% no pasaron los controles. Esto significaba que, para las autoridades sanitarias, no estaban aptas para efectuar la lactancia asalariada y, en consecuencia, no se les extendía el certificado pertinente.[377]

---

[375] Ver arts. 36, 37 y 38. *Ib.*
[376] Sobre las condiciones y multas aplicadas a las agencias, ver arts. 28, 29 y 30. *Ib.*
[377] Pagani y Alcaraz, *Las nodrizas de...*, p. 15.

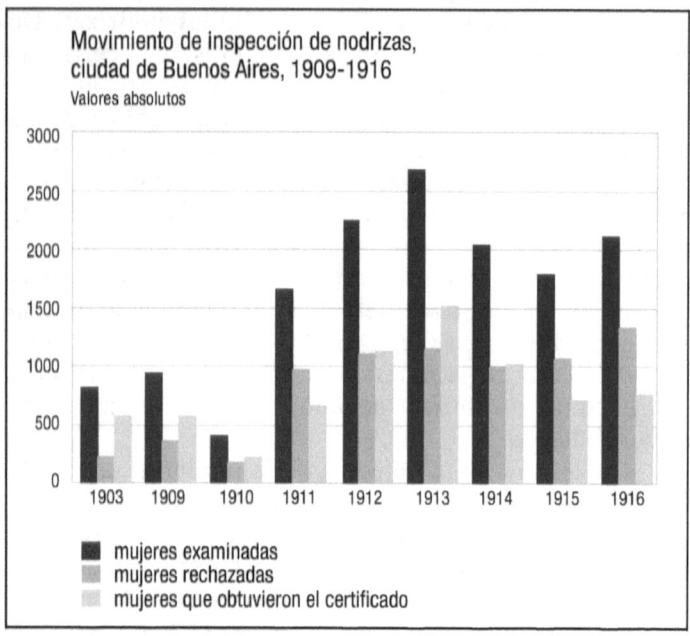

Fuentes: Nari, Marcela, *Políticas de maternidad y maternalismo político*, Buenos Aires, Biblos, 2005, p. 295.

Entre los principales motivos para denegarles la entrega del certificado que las habilitaba para vivir del amamantamiento, se encontraban la cantidad y la calidad de la leche y el poco peso del niño a su cuidado, aunque la mala higiene, la detección de infecciones mamarias, la falta de certificados, la ausencia del niño al momento del control y la falta de vacunación fueron también causas frecuentes. En menor medida aun, la detección de sífilis, tuberculosis, sarna, el límite de edad, el rechazo a los exámenes médicos, la muerte de niños por atrepsia (desnutrición) fueron motivos expuestos.[378]

Con niveles tan elevados de rechazo, es de esperar que muchas nodrizas hayan sido esquivas a este tipo de controles o que hicieran caso omiso a los mismos. Al parecer, existían distintas formas de burlar a las autoridades y de ejercer la actividad sin habilitación municipal, ya que las amas a las que se les negaba el certificado podían procurárselo mediante el pago o préstamo del de otra nodriza autorizada. Este tipo de artimañas eran favorecidas por las agencias donde acudían las amas presurosas en busca de una colocación. Los agencieros conservaban en la medida de lo posible los certificados de las nodrizas que colocaban, ya que les servían para colocar después a las que eran rechazadas o carecían de certificado, cobrándoles por ello una comisión mayor.[379] Sin embargo, era difícil lidiar con este problema porque las multas establecidas por las ordenanzas para este tipo de irregularidades eran ínfimas frente a las elevadísimas ganancias de las agencias, las que podían, por cierto, pagar fácilmente una multa por semana.[380]

De todas formas, al despuntar el nuevo siglo se hicieron más frecuentes los avisos donde se destacaba la existencia del certificado de la Asistencia Pública. Al parecer, con el paso de los años se tornó cada vez más necesario obtener el certificado de buena salud. Esto pudo deberse a un aumento del control municipal del mercado de la lactancia que forzó a las mujeres a someterse a su regulación, o bien a que, en caso de no tener problemas de salud, era más efectivo al

---

[378] Pagani y Alcaraz, *Las nodrizas de...*, p. 15.
[379] Una médica especializada en puericultura sugirió que los certificados contaran con "el retrato" de la nodriza examinada. Zauchinger, *La protección de...*, pp. 125-126.
[380] Una propuesta alternativa fue sustituir el castigo pecuniario por penas de arresto de quince o más días, o bien, prohibir la existencia de agencias particulares, ya que desde principios de siglo funcionaba la oficina pública (Oficina de Inspección de Nodrizas) a la que se podía acudir para solicitar información sobre "nodrizas sanas", que eran proporcionadas gratuitamente. *Ib.*

momento de buscar trabajo someterse a dichas inspecciones y quedar registradas en aquella dependencia municipal, que conchabarse en una agencia particular.

A los pocos años, las nodrizas fueron sometidas a una nueva reglamentación con la sanción de la Ordenanza del 9 de septiembre de 1910.[381] Las disposiciones introducidas en esta ocasión evidenciaron un cambio en la sensibilidad de las autoridades públicas en relación con los hijos de las nodrizas, ya que las modificaciones se orientaron básicamente a reforzar el control sobre ellos con el objeto de protegerlos. En adelante, para poder acceder al certificado de aptitud, además de todos los requisitos antes mencionados, se les solicitó a las amas que exhibieran certificados de vacunación de sus hijos, documentos que acreditaran su identidad y, en caso de fallecimiento, las actas de defunción con especificación de la causa de la muerte. Asimismo, debían realizarles exámenes médicos regulares.[382]

Entre las obligaciones de las nodrizas que habían obtenido el certificado, figuraba que en caso de conseguir un niño para criar, debían dejar a sus hijos bajo la vigilancia del Dispensario de Lactantes más próximo a su domicilio; comunicar a la Inspección de Nodrizas los datos de la persona que se encargaría de su crianza e informar cada vez que cambiasen de cuidadora. Por otra parte, las autoridades sanitarias podían quitarles el certificado o denegárselo al momento de su renovación a las amas que, estando sus hijos mal atendidos, no hubieran cambiado de cuidadora una vez que eran informadas de la situación. Esto podía ocurrir ya que la persona encargada del hijo de la nodriza debía concurrir al dispensario cada quince días, para su vigilancia. Por último, vuelven a entrar en vigencia los "correctivos" que recaían sobre las nodrizas, ya que tanto ellas como las

---

[381] República Argentina, *Digesto Municipal de...*, Título III, Protección de la primera infancia, capítulo I, Reglamentación del servicio de nodrizas..., 1918.
[382] Art. 1661. *Ib*.

cuidadoras de sus hijos podían ser sancionadas con multas de 50 a 100 pesos si no cumplían con las prescripciones de la ordenanza.[383]

Para cerrar este recorrido por los intentos de regulación y control de la lactancia asalariada, es necesario señalar que un año más tarde, el Dr. Piñero, por entonces director general de la Asistencia Pública, propuso que las médicas de la Oficina realizasen inspecciones domiciliarias a fin de evaluar las condiciones de salud e higiene de los hijos de las amas (y en caso de que el estado no fuese satisfactorio, tomar medidas al respecto). De esta forma se contribuía a que la cuidadora (otra ama), sabiéndose vigilada, se ocupase más del niño que tenía a cargo. Por su parte, el Concejo Deliberante de la ciudad sancionó la Ordenanza del 13 de noviembre de 1911 que completó la reglamentación de la Sección Protección de la Primera Infancia y le adjudicó una suma considerable de dinero que le permitió dar un salto cualitativo a sus instalaciones y servicios.[384]

La reglamentación exigía a las mujeres que ejercían la lactancia asalariada que, en caso de conseguir un niño para criar, entregaran sus hijos a una "cuidadora" (que bien podía ser otra nodriza) y que por ende, soportaran ellas mismas los costos de esos servicios de amamantamiento y crianza. Las nodrizas, en definitiva, no escapaban a las vicisitudes de la mayoría de las mujeres que habitaban la ciudad: las de intentar compatibilizar maternidad y subsistencia.

---

[383] Arts. 1662, 1663, 1664 y 1671. *Ib.*
[384] En 1921 dependían de la Asistencia Pública dieciocho dispensarios de lactantes, cinco institutos de puericultura y la Oficina de Inspección de Nodrizas. Esta normativa promovió asimismo la creación de una *escuela de niñeras y gobernantas*, la *instalación de un hospital para lactantes* y la *impresión de cartillas con consejos a las madres* relativos a los cuidados de la mujer durante el embarazo, el parto y el puerperio, además de los cuidados que los recién nacidos necesitaban. Estas cartillas fueron confeccionadas y traducidas a distintos idiomas y distribuidas en maternidades, dispensarios de lactantes, institutos de puericultura, en la Oficina de Inspección de Nodrizas, en el Hotel de Inmigrantes y en las Oficinas del Registro Civil. Kaminsky, *Puericultura. Protección a...*, pp. 48-49.

El abandono de niños al cuidado de amas de leche

Contratar los servicios de amas de leche era una costumbre habitual en la ciudad porteña de fines del siglo XIX y principios del XX. Con el pasar de los años, las clases acomodadas fueron abandonando este hábito a medida que nuevas nociones sobre la niñez y la maternidad arraigaban en el imaginario social de la época, y a medida que se perfeccionaba la alimentación artificial. Sin embargo, las mujeres y varones de menores recursos que ineludiblemente debían resolver su subsistencia y la de sus hijos continuaban demandando sus servicios. Las dificultades económicas, la falta de establecimientos de cuidado infantil (salas-cuna), las precarias condiciones del mercado de trabajo y la vulnerabilidad de muchos inmigrantes recién llegados operaron como factores determinantes al momento de implementar estrategias para enfrentar la situación de pobreza.

Como ha señalado Cicerchia, las decisiones sobre el destino de los infantes dependieron solo en parte de la moralidad dominante de la época.[385] Las prácticas de cesión y entrega, interpretadas como "abandono de niños", fueron un fenómeno social popular y eminentemente urbano que se agudizó hacia fines del siglo XIX. En el año 1889, por ejemplo, unas criaturas fueron depositadas en la Casa de Expósitos de la ciudad. La desintegración del grupo doméstico parece haber sido una alternativa para garantizar su sobrevivencia. Muchas veces se trataba de una medida transitoria para resolver la situación de los más pequeños (al menos en lo inmediato). Las fuentes indican que la opción de la entrega o cesión de niños no siempre fue irrevocable ni definitiva y que, en muchos casos, existió la voluntad de recuperarlos.[386]

---

[385] Cicerchia, "Las vueltas del ...", pp. 196-197.
[386] *Ib.*, pp. 204-205; Guy, "Niños abandonados en...", pp. 119-144; Villalta, "La conformación de...", pp. 78 y ss.

El abandono de niños al cuidado de amas parece haber sido frecuente. La posibilidad de desprenderse de esa responsabilidad a través de estas mujeres aseguraba en la mayoría de los casos el ingreso de las criaturas a los establecimientos que les daban cobijo.[387] Esta modalidad de abandono seguramente resultaba menos comprometida que entregarlos al asilo personalmente, sobre todo si se considera que el sistema del torno libre dejó de implementarse en la Casa de Expósitos en 1892.[388] Por otra parte, deshacerse de las criaturas confiándoselas a un ama para que las alimentara y las cuidara (al menos por un tiempo) era acaso una alternativa menos angustiante que dejarlos expuestos en calles, baldíos, zaguanes o basureros.

Las amas se contactaban con los padres de las criaturas a través de los avisos que publicaban en los diarios o dirigiéndose a hospitales, maternidades u orfanatos, para conseguir un niño para criar. El problema se les planteaba cuando estas mujeres no solo eran perjudicadas porque dejaban de percibir sus ingresos sino que, a su vez, se veían imposibilitadas de tomar a otro niño hasta no resolver la reubicación o el destino del que habían dejado en su poder, viéndose implicadas en situaciones aun más complejas.

Son ilustrativos algunos ejemplos: el ama Faustina Saponaré tomó una niña de siete meses de edad en julio de 1890, para criar en su casa. La madre, doña Consuelo Iglesias, estaba colocada como ama interna en la Casa Cuna,

---

[387] Los documentos analizados son parte del Fondo de la Sociedad de Beneficencia de la Capital que contienen información sobre el trabajo de las damas de la beneficencia y los defensores de menores que, como se ha señalado, tenían la responsabilidad de resolver la situación de los niños huérfanos o abandonados en la ciudad. Una de las problemáticas era el abandono de niños en manos de amas de leche. Los legajos registraron las experiencias de las nodrizas que recurrieron a las autoridades públicas para resolver la situación.

[388] El torno era una especie de cilindro ahuecado que, girando sobre su eje, comunicaba el interior del orfanato con la calle, y así permitía abandonar niños y garantizar el anonimato. Cicerchia, Ricardo, "Las vueltas del...", p. 197.

donde se domiciliaba. Por la crianza de la pequeña Julia Carmen, acordaron una suma de veinticinco pesos mensuales. Sin embargo, la madre de la niña no cumplió con lo establecido y desapareció. Luego de siete meses de cuidado, por estar "escasa de recursos", el ama se dirigió a la Defensoría de Menores para solicitar que la niña fuese recibida en la Casa de Expósitos. Al parecer, la Sociedad de Beneficencia admitió a la criatura y le dio cobijo en dicho asilo.[389]

El abandono de niños al cuidado de amas de leche adquirió tanta frecuencia y notoriedad a partir del novecientos, que despertó la preocupación de las autoridades públicas. En los últimos días de 1902, se produjo un intercambio de notas entre la presidenta de la Sociedad de Beneficencia y el defensor de menores de la Sección Sud de la Capital en relación con este problema.[390] La presidenta manifestaba que las inspectoras de su institución habían identificado elementos que ponían en duda la veracidad de algunos de los casos presentados. En su respuesta, el defensor de menores convalidó esa preocupación ante las frecuentes presentaciones de niños que aparentemente eran abandonados por sus madres al cuidado de amas que no querían continuar amamantándolos "porque no habían sido satisfechos sus salarios". Sospechaba que esos hechos podían ocultar una "especulación o un nuevo método más fácil" para evitar la presentación directa de la criatura que se quería abandonar en la Casa de Expósitos. Para reducir las posibilidades de engaño, la Defensoría estableció que "la postulante" (es decir, el ama implicada en el suceso) acreditase -invariablemente- por medio de una nota de la Policía que "la madre de la criatura abandonada había sido buscada por ella y no se había hallado". Una vez presentado dicho documento, se procedía a solicitar la admisión de los niños

---

[389] Nota del 29 de febrero de 1891. SBC, *Defensoría de Menores*, 1896-1904, Legajo 4, vol. 1.

[390] Comunicados del 15 y el 22 de diciembre de 1902. SBC, *Defensoría de Menores*, Legajo 4, vol. 2.

en la Casa de Expósitos. El funcionario reconocía que la información recogida por esa vía podía ser incompleta pero justificaba su accionar planteando que si las autoridades públicas no lo protegían, "el ama burlada trataría por todos los medios a su alcance de deshacerse del niño para poder tomar otro cuya madre le abonase su crianza". En consecuencia, prefería exponerse a ser "víctima de un engaño" antes de arriesgar "la vida de una [...] criatura a las contingencias de una espera prolongada para hacer averiguaciones mas detenidas".

Los resguardos institucionales se reforzaron. Un ejemplo de las trabas burocráticas del nuevo sistema la encontramos en el caso de doña Gerónima Sifredi de Navarro, víctima de esta modalidad de abandono. Despuntaba el mes de marzo de 1902 cuando se dirigió a la Casa de Expósitos para "sacar una niña para criar". En la puerta de dicha institución una desconocida le pidió que amamantara y cuidara de su hijita de tres meses a cambio de una remuneración mensual. En ese momento, y a pesar de no tener referencia alguna, cerró el trato y se llevó a la criatura consigo.[391]

Semanas más tarde, "la Navarro" cayó en la cuenta de que había sido víctima de un engaño y que seguramente nunca más volvería a ver a aquella mujer. Regresó a la Casa de Expósitos a solicitar que le dieran cobijo a la criatura abandonada. No logró que admitieran a la niña, pero le recomendaron dirigirse a la Policía.[392] Esta gestión también resultó infructuosa, puesto que no había datos de la "supuesta madre" de la niña. Se dirigió esta vez a la Defensoría de Menores para hacer entrega de la criatura, ya que no podía alimentarla "por falta de leche". Nuevamente fracasó en el intento porque el funcionario de turno no recibió a la niña, aunque le sugirió que se dirigiera a la Asistencia Pública para que le realizaran un reconocimiento médico.

---

[391] Nota enviada por la Oficina de Recepción de la Casa de Expósitos a la presidenta de la Sociedad de Beneficencia el 14 de marzo de 1902. *Ib.*
[392] *Ib.*

Es que para gestionar el ingreso de la pequeña a la Casa de Expósitos era necesario "comprobar" primero si era cierto lo que Gerónima alegaba respecto de su estado físico.[393] El ama se presentó ante la oficialidad médica y se sometió a las inspecciones requeridas. Obtuvo así un certificado que acreditó que efectivamente se "encontraba enferma" y que "carecía de leche necesaria para amamantar a una criatura que no era suya".[394]

Con la denuncia de la Policía y el certificado de la Asistencia Pública, el ama regresó a la Defensoría para entregar de una vez por todas a la niña. Sin embargo, recién en ese momento el oficial envió una nota a la presidenta de la Sociedad de Beneficencia de la Capital solicitando que realizara las gestiones necesarias para que la criatura fuera admitida en la Casa de Expósitos.[395] A su vez, la Sociedad pidió un informe sobre el caso a la Casa de Expósitos que, por su parte, respondió corroborando lo sucedido.[396] A pesar del peregrinaje del ama Gerónima por los diferentes establecimientos (Casa de Expósitos, Comisaría, Defensoría de Menores, Asistencia Pública) no es posible saber si finalmente pudo hacer entrega de la niña a las autoridades públicas.

Otro relato lleva al mismo destino pero por vías diferentes. Doña Graciana Caripito denunció en la comisaría que estaba criando a una pequeña de nombre Antonia pero que, luego de tres años de tenerla bajo su cuidado, la mujer con la que había realizado el arreglo, una partera llamada Telésfora M. de Taberna, había dejado de "abonarle las mensualidades" y se negaba a recibir a la menor en cuestión. La situación se tornó particularmente compleja

---

[393] Nota enviada por la Defensoría al director general de la Asistencia Pública, el 13 de marzo de 1902. *Ib.*
[394] Informe realizado por la Asistencia Pública el 13 de marzo de 1902. *Ib.*
[395] Nota enviada por el defensor de menores de la Sección Sud a la presidenta de la Sociedad de Beneficencia de la Capital, el día 13 de marzo de 1902. *Ib.*
[396] Nota enviada por la Sociedad de Beneficencia a la Casa de Expósitos, el 13 de marzo de 1902. *Ib.*

cuando la imputada se defendió, señalando que no había sido ella quien había entregado la criatura sino la madre, Juana Tranalis, una pensionista que había desaparecido sin dejar dirección alguna. A pesar de los esfuerzos de la comisaría que intervino en el caso, no se consiguieron datos sobre el paradero de la madre de la niña. Lo único que se supo fue que se llamaba "Juana Tronchi" y no Tranalis (como aparecía en una de las notas referidas), que era soltera, de oficio costurera y que había trabajado en un taller. Por último, se tomó conocimiento de que su familia vivía en "el Azul", provincia de Buenos Aires, pero que la joven "no había dado señales de su existencia".

El ama Graciana se dirigió a la Defensoría de Menores con una nota de la Policía que detallaba lo ocurrido, al tiempo que solicitaba que se hicieran cargo de la criatura debido a que ella no "podía continuar teniéndola por falta de recursos". Una vez que el defensor tomó conocimiento de la situación, emitió rápidamente una nota a la Sociedad de Beneficencia solicitando la admisión de la niña Antonia en la Casa de Expósitos debido a que era "una desamparada" y a que "las condiciones de indigencia de la cuidadora eran extremas".[397]

El comportamiento de Juana Tronchi demuestra que la decisión del abandono no siempre estaba presente desde el primer momento. Esta mujer cumplió durante tres años lo acordado con el ama para costear la crianza de su hija, hasta que en un momento, interrumpió sus pagos y desapareció, dejando a la criatura en manos de su cuidadora.

Estos ejemplos parecen indicar que la decisión de abandonar a sus hijos era el corolario de dificultades económicas y de errantes condiciones de trabajo y de vida. Quienes tomaban este tipo de medidas eran mujeres de muy pocos recursos que conseguían colocación como sirvientas, amas, costureras, unas veces en la ciudad, otras en el campo, que

---

[397] Nota del 12 de marzo de 1902. *Ib.*

aceptaban irse fuera de Buenos Aires dejando a sus hijos allí, quizás con la esperanza de volver por ellos en algún momento y recuperarlos.[398]

De todas formas, cuando se analizan otras situaciones, se pone en evidencia que las mujeres que vivían del amamantamiento y crianza de niños eran frecuentes víctimas de engaños premeditados, ya que los o las embaucadores/as las contactaban con el propósito de deshacerse de las criaturas.

Un caso ilustrativo es el de doña Teresa Millán de Martay. En octubre de 1906 se presentó en su domicilio una mujer desconocida que le hizo entrega de una niña de un mes y medio de edad, para que la criara mediante el pago de 25 pesos mensuales. A las pocas horas, el ama recibió una carta sin firma en la que le avisaban "que no irían en busca de la criatura" y que "podía disponer de ella como quisiera". Con la carta en mano, el ama Teresa se dirigió a la comisaría donde realizó la denuncia y a los pocos días se presentó ante la Defensoría de Menores y entregó a la niña para que fuese admitida en Casa de Expósitos, alegando ser "una mujer pobre que carece de recursos".[399]

Doña Francisca Q. de Ipósito también fue engañada por una desconocida. Corría el mes de abril de 1909 cuando se dirigía a la Casa de Expósitos para solicitar un niño para criar. En la puerta de entrada del establecimiento se topó con una mujer que le hizo entrega de un niño llamado Luis José de unos pocos días de vida, solicitándole que la

---

[398] Ejemplos de pedidos de restitución se encuentran en Nota del 3 de mayo de 1894, SBC, *Defensoría de Menores*, Legajo 57, 1824-1895, vol. 1, folio 284; Nota del 20 de octubre de 1903, SBC, *Defensoría de Menores*, Legajo 4, años 1896-1904, vol. 2, Folio 245.

[399] Nota del 11 de octubre de 1906, SBC, *Defensoría de Menores*, Legajo 4, 1904-1907, vols. 3 y 4. Un caso similar se encuentra en Nota del 12 de septiembre de 1910, SBC, *Defensoría de Menores*, 1910-1911, Legajo 6, vol. 6.

aguardara un momento mientras iba en busca de ropa. El ama la esperó en vano durante ocho horas, la madre del niño nunca regresó.[400]

Los casos reseñados son solo un puñado de los cientos que acontecieron en la ciudad durante estos años. Este tipo de prácticas era un riesgo para las mujeres que vivían del amamantamiento e ilustran categóricamente las dificultades que tuvieron que enfrentar para ganarse la vida. Las consecuencias de esos actos de abandono cristalizaron en un itinerario institucional que hizo que estas mujeres recorrieran los mismos pasillos, perturbadas por acciones de terceros que afectaron inevitablemente su vida.

El mercado de las amas de leche comenzó a declinar a mediados de la década del veinte.[401] El ocaso de su existencia económica y social debe comprenderse a la luz de cambios culturales, científicos y técnicos. Por un lado, la emergencia y consolidación de un nuevo ideal maternal, y la difusión de la ideología de la "maternidad científica" centrada en la salud y la crianza del niño, sostenida por médicos e higienistas especializados en pediatría y puericultura.[402] Por el otro, los avances asociados a la alimentación artificial (el perfeccionamiento de los procedimientos de esterilización y pasteurización de la leche de vaca, el descubrimiento de nuevas fórmulas, nuevos formatos de tetinas y mamaderas, entre otras innovaciones). La historia de estos procesos y del auge y el ocaso de la lactancia como trabajo asalariado aún espera ser contada.

---

[400] Con la criatura en su poder, el ama Francisca se dirigió a la comisaría a denunciar el hecho. Pasaron los días pero las averiguaciones practicadas no tuvieron los resultados esperados por lo que se presentó finalmente en la Defensoría para poder entregar al niño a las autoridades. Nota del 26 de mayo de 1909v SBC, *Defensoría de Menores*, Legajo 57,1908-1909, Vol. 4.

[401] Pagani y Alcaraz observaron el comportamiento del mercado de amas de leche a partir de la cuantificación de los anuncios asociados al rubro durante la primera mitad del siglo XX. Pagani y Alcaraz, *Las nodrizas de...*, p. 18.

[402] Un riguroso análisis de la emergencia de una "nueva percepción de la maternidad" y el influjo del discurso médico en dicho proceso en nuestro país se encuentra en Nari, *Políticas de maternidad...*

6

Niños sirvientes: entre el trabajo y el refugio

Trayectoria 1. Ocho años habían pasado desde aquel verano de 1891 en el que Dolores N° 9877 (así se identificaba a los "expósitos") había sido entregada por la Sociedad de Beneficencia a una señora "para servir".[403] Faltando al compromiso firmado al retirarla, esta mujer condujo a la niña directamente a la casa de su hermana, ubicada en la calle Méjico 1124, donde trabajó durante años sin ningún tipo de supervisión por parte de las inspectoras del asilo ni del Ministerio Pupilar. Cansada de sufrir los malos tratamientos de su patrona, Dolores decidió fugarse a mediados de 1899. La comisaría de la sección 16° pudo constatar que la niña había sido golpeada con un fierro y que existían otras menores a las que la mujer martirizaba en la misma forma.

Dolores fue puesta a disposición de un defensor de menores que rápidamente la (re)ubicó en la casa de un "auxiliar" de la comisaría en cuestión. No obstante, según consta en los legajos, aquel funcionario no solo no informó a las autoridades del asilo a quién se la había entregado, sino que -según se supo luego- el policía había falseado el domicilio, asegurando vivir en la ciudad capital cuando en realidad residía en Lomas de Zamora. Cuando el defensor se enteró de lo ocurrido, Dolores fue retirada de la casa de su guardador. Aunque después de este suceso perdemos

---

[403] Notas del 21 y del 27 de julio de 1899. SBC, *Defensoría de Menores*, Legajo 4, años 1896-1904, vol. 2, Folios 106 a 108.

su rastro, es posible pensar que fue reingresada a un asilo a disposición de las autoridades, a la espera de una nueva colocación.

Trayectoria 2. Flara González trabajaba desde los 15 años como sirvienta en una casa de familia en la calle Lavalle 673. No sabemos si ese fue su primer empleo, pero sí sabemos que se encontraba colocada allí desde hacía cuatro años y desde entonces nunca había tenido una queja de sus patrones con los que, destacaba, pensaba continuar siempre. Ganaba un jornal mensual de 15 pesos en efectivo y lo necesario para vestirse. Era huérfana de padre y madre y no tenía abuelos. Al parecer, esa condición de orfandad era aprovechada por sus tíos, los que, según sus dichos, la "asediaban" pretendiendo ejercer sobre ella una dirección que era propia de un tutor o de un padre, y la obligaban a entregarles sus salarios porque aún era menor de edad.

En el año 1907, Flara inició acciones legales y solicitó a un juez que le designaran un tutor dativo "cualquiera" para quedar bajo su tutela hasta alcanzar la mayoría de edad. Esta era la única herramienta judicial que tenía a su alcance para dejar de ceder sin más el producto de su trabajo a sus tíos. En el marco de ese mismo proceso, pidió también un permiso para ausentarse por un año a Europa en compañía de sus nuevos patrones. Este requerimiento, al igual que el de la designación del tutor, fue concedido por el magistrado.[404]

Trayectoria 3. Amalia Burgos dio a luz a un niño varón. Ella era menor de edad y estaba prestando servicios en la casa de su "guardadora", en la calle 24 de noviembre 713. Cuando se enteró de que la mujer había decidido entregarla al defensor, la muchacha aún puérpera se fugó, "dejando

---

[404] Gonzalez, Doña Flara solicitando se le nombre tutor. AGN, División del Poder Judicial, Fondo Tribunales Civiles, G, Legajo 5, año 1907, N° 73.

abandonado a su hijo". Al momento del ingreso del pequeño a la Casa de Expósitos, el jefe de Policía informaba que aún nada se sabía sobre el paradero de la madre.[405]

Trayectoria 4. No corrió la misma suerte la pequeña Rosa Cametti, quien no tenía los medios para escapar de la trampa en la que transcurrió su corta vida. Trabajaba para un matrimonio con hijos junto a Elvira, otra sirvienta de mayor edad. Colocada por sus padres, falleció a los 7 años por los malos tratos infringidos por su patrona el 29 de agosto de 1915.[406] En el marco de las indagatorias, la acusada declaró que Rosa "era una chica buena y dócil, que tenía el único defecto de gustarle el alcohol". También reconocía en ella una "afición desmedida por la manteca", lo que motivaba de su parte correcciones tales como "privarla del postre, de salir, tirarle las orejas, zamarrearla, asustarla con los vigilantes [...] algún pellizco, cachetada o empellón, a veces con la mano y otras con una regla chica". Después de examinar los informes de los médicos forenses, el juez concluyó que "las extensas quemaduras causa de la muerte de Rosa Cametti fueron producidas por haber sido volcada sobre las partes interesadas del cuerpo de la menor agua muy caliente" y que -independientemente de que hubiera sido o no un acto voluntario- se trataba sin lugar a dudas de un homicidio.

Trayectoria N° 5. Margarita Garré estuvo colocada durante varios años en una casa de familia en la calle Carlos Calvo 1505. Había recorrido un largo camino antes de que su tía Luisa Garré intentara "rescatarla" de su condición de sirvienta y reunirla con sus hermanos más de diez años después de haber sido separada de ellos.[407] Nacida el 21 de septiembre de 1899 en la casa familiar, era la segunda de

---

[405] Notas del 21 y 22 de septiembre de 1910. SBC, *Defensoría de Menores*, Legajo 6, vol. 6, folio 49.
[406] "La muerte de la niña Cametti", *LP*, 17 de agosto de 1915.
[407] Garré, Doña Luisa solicitando la entrega de una menor. AGN, División del Poder Judicial, Fondo Tribunales Civiles, G, Legajo 1, año 1919, entrada N° 5088, folios 117 y ss.

cinco críos, todos hijos del mueblero Don Pedro Garré y su esposa Agustina. En el verano de 1909, el hombre falleció de tuberculosis. No sabemos si Margarita recibió la noticia, ya que un tiempo antes, tal vez sabiéndose enfermo, Don Pedro la había ubicado en el Colegio San Antonio de Mercedes en la provincia de Buenos Aires, donde estuvo asilada por años. Como nadie la reclamó, la superiora de dicha institución la colocó como sirvienta en una casa de familia en la ciudad capital, al tiempo que "normalizó su situación" al ponerla a disposición del defensor de menores.

Seguramente la niña tampoco supo que después de morir su padre nació María, la menor de sus hermanas. Que su madre, puérpera y enviudada, se fue de su hogar abandonando a sus hermanos. Y que fue su tía quien se hizo cargo de todos ellos. De todo esto debió enterarse en 1919, cuando Luisa Garré inició acciones judiciales para que se la entregaran.

El pedido de esta mujer fue denegado. El defensor afirmaba que Margarita estaba en un hogar "espectable", donde velaban por ella "como si fuesen padres", la instruían de acuerdo con su corta edad y contribuían a su porvenir depositando mensualmente los montos convenidos por los servicios prestados. Añadía que cuando citó a la menor en su despacho, esta le manifestó que sus guardadores le inspiraban "cariño paternal" y que a la tía no la conocía y nunca había oído hablar de ella.[408]

La tía de Margarita recibió un durísimo revés cuando le notificaron que debía presentarse en una defensoría donde la instaron a formalizar su condición de "guardadora" del resto de sus sobrinos, e intentaron hacerle firmar un contrato donde se comprometía a abonar una mensualidad fijada en 20 pesos por tenerlos junto a ella. Aunque ella explicaba que había criado y cuidado de sus sobrinos porque habían tenido la desgracia de quedar huérfanos de padre

---

[408] Nota enviada por el mefensor de Menores al juez, el día 21 de marzo de 1919. *Ib.*

y de tener una "mala madre", el funcionario creía que los niños trabajaban para ella y que vivía a costa de sus sueldos.[409] La mujer tuvo que iniciar el trámite para obtener la tutela legal de los sobrinos que con ella vivían. Por su parte, Margarita siguió prestando servicios domésticos en la casa de la calle Carlos Calvo 1505.

Con más o menos coincidencias, las historias de Dolores, Flara, Amalia y Margarita se repiten una y otra vez. Menos común resulta la terrible muerte de la pequeña Rosa, aunque no así muchos de los "correctivos" que le destinaron. En la Ciudad de Buenos Aires, había miles de niños y niñas pobres, huérfanos, abandonados, institucionalizados o no, que trabajaban como sirvientes, pero sus experiencias son generalmente desconocidas. Solo podemos acceder a ellas cuando por alguna razón estalló algún drama o conflicto entre los niños, sus familiares, los patrones o las autoridades públicas, que hizo que los ecos de sus vidas llegaran a la Policía, los defensores, las damas benefactoras, la justicia, la prensa. Estas y muchas otras experiencias revelan la importancia que tuvo el fenómeno de la circulación de niños y el paso (casi) obligado en sus itinerarios por el servicio doméstico.[410]

Ya con ocasión de la realización del Primer Censo de la República Argentina en el año 1869, Diego de la Fuente, su director, alertaba sobre la vulnerabilidad a la que estaban expuestos los niños huérfanos, ilegítimos y abandonados

---

[409] La mayor de las hermanas trabajaba en una licorería y la otra en una fábrica de botellas. Seguramente el hecho de que a doña Luisa no se le conociera ocupación contribuyó a alimentar esas sospechas.

[410] Como se ha señalado, a través de diversos arreglos, los niños eran entregados y vivían y trabajaban en hogares de parientes, vecinos, patrones, extraños. La dimensión institucional de este fenómeno se refleja en su tránsito por asilos y orfanatos y en las prácticas de entrega y colocación de las que fueron objeto (véase capítulo 3). La circulación de niños fue muy extendida en las sociedades latinoamericanas de los siglos XIX y XX. Referencias sobre el tema: Fonseca, *Caminos de adopción...*; Milanich, "The *Casa de Huérfanos...*"; de la misma autora, *Children of fate...*, Blum, *Domestic Economies...*; Villalta, *Entregas y secuestros...*

que habitaban nuestro país. De los 700.000 niños de 1 a 14 años de edad contabilizados en el relevamiento, al menos un tercio eran huérfanos o ilegítimos.[411]

Buenos Aires era la jurisdicción que registraba las cifras más abultadas, lo que no sorprende si consideramos que era allí donde se daba la mayor concentración poblacional. En el caso de la ciudad porteña, eran más de 10.000 los niños bajo esa condición, es decir, más del 17% del total en aquella franja etaria.[412] El director del censo señalaba que a las enormes cantidades de huérfanos e ilegítimos, había que sumarles otras categorías que el censo no revelaba, como la de los niños "falsamente clasificados" que en realidad eran abandonados por sus padres.[413]

Ante datos tan elocuentes, se preguntaba qué hacían las autoridades públicas con todos esos elementos "desheredados": ¿dónde residían, cómo se repartían, cuál era su destino y cuánto pesaban en el movimiento social, en las costumbres y en la moral? Consideraba necesario dar respuestas

---

[411] *Primer Censo de la República Argentina, verificado los días 15, 16 y 17 de septiembre de 1869, con la dirección de Diego G. de la Fuente, superintendente del censo.* Buenos Aires, Imprenta del Porvenir, 1872, 1 Tomo, "Introducción", pp. XL-XLII. A nivel nacional, los huérfanos de padre sumaron casi 50.000, los huérfanos de madre 37.500, y los hijos ilegítimos poco menos de 154.000. El Código Civil estableció dos categorías de hijos ilegítimos. Por un lado, los hijos "naturales", que poseían ciertos derechos porque sus padres estaban en condiciones de casarse. Por el otro, los hijos "adulterinos" (de uno o ambos padres casados con terceros) e "incestuosos" (de padres unidos por parentesco), que carecían de todo derecho porque nacían de parejas impedidas de contraer matrimonio y, por ende, atentaban contra la familia. Véase Cosse, Isabella, *Estigmas de nacimiento. Peronismo y orden familiar, 1946-1955*, Buenos Aires, Fondo de Cultura Económica-Universidad de San Andrés, 2006, pp. 25-27. La situación legal era compleja ya que el orden normativo facultaba el ejercicio de un amplio poder paterno sobre los hijos legítimos al tiempo que habilitaba una intervención estatal más contundente en el caso de los niños concebidos fuera del matrimonio. Zapiola, *La invención del...*, pp. 51-52.

[412] Los huérfanos de padre sumaron más de 4.000; los huérfanos de madre 2.700 y los hijos ilegítimos 3.400.

[413] Existían diversas prácticas de cesión y entrega de menores englobadas bajo la categoría "abandono de niños". Un análisis de las mismas se encuentra en Villalta, "La conformación de...".

con el criterio de verdaderos "hombres de Estado" ya que hasta ese momento lo que se observaba (aun en las provincias "muy adelantadas") era una "inmoral" distribución de todos los huérfanos o abandonados al servicio doméstico.

Esta práctica estaba establecida oficialmente y tenía consecuencias desastrosas, ya que un gran número de criaturas eran arrojadas "á toda clase de servicios, con toda especie de amos, sin reglamentación apropiada, sin responsabilidades efectivas, sin recompensas [y] con obligaciones ilusorias por parte de los patrones". Criados "sin amor", con crueldad las más de las veces -agregaba-, tales seres solo lograban emanciparse de su "esclavitud garantida de oficio" cuando la edad les permitía "tomar la calle por su cuenta y librarse á su destino sin instrucción, sin vínculos, sin afecciones".[414]

El problema de este sector de la infancia continuó siendo desatendido por las autoridades públicas durante mucho tiempo a pesar de que en la década de 1880 se presentaron en el Congreso Nacional una serie de propuestas de creación de escuelas de artes y oficios y de escuelas de reforma o correccionales (urbanas y agrícolas). Estas "novedades institucionales" ponían en entredicho las formas de intervención estatal preexistentes y aspiraban a reemplazar los asilos de la beneficencia y los establecimientos carcelarios donde muchas veces eran depositados.[415]

De todas formas, las colocaciones de niños y niñas como sirvientes no eran privativas ni de la beneficencia pública ni del Ministerio Pupilar. Eran prácticas consuetudinarias que excedían los mecanismos institucionales porque los arreglos de crianza y las colocaciones laborales de niños y niñas fueron muy habituales entre particulares. Constituían recursos temporales, alternativas concretas para las familias pertenecientes a las

---

[414] *Primer Censo de la República Argentina...*, pp. XL-XLII.
[415] Véase: Zapiola, *La invención del...*, pp. 41 y ss.

clases trabajadoras que debían hacer frente a conflictos familiares, a penurias económicas y a las condiciones de vida y de trabajo de la ciudad.[416]

Muchos niños y niñas formaron parte del universo de los servicios domésticos en la Ciudad de Buenos Aires de fines del siglo XIX y principios del XX, pero su presencia no fue percibida como un problema social y no formó parte de la agenda pública a principios del siglo XX, como sí ocurrió con la participación de menores en fábricas y talleres o en trabajos callejeros.

Entre las estrategias de supervivencia que consideraban las familias pobres, los arreglos de trabajo o de crianza (los límites eran muy difusos) eran una alternativa que introducía a los niños en el servicio doméstico. Ese segmento laboral también formó parte de un engranaje socio-institucional más amplio que resultó funcional a las necesidades "prácticas" de un Estado que, ejerciendo un rol tutelar, sacaba a los niños de la calle (o del conventillo) y los reubicaba en casas de familia en calidad de sirvientes. Para las autoridades públicas el servicio doméstico era un destino válido para los niños pobres, huérfanos o "abandonados" porque en definitiva era considerado un espacio social de contención, donde lo laboral y lo afectivo se imbricaban.

---

[416] Véase: Cicerchia, "Familia: la historia...", p. 60; del mismo autor, "Las vueltas del...", p. 204.

Niños que trabajan

En la Argentina, el trabajo infantil ha sido un tema escasamente atendido por la historiografía.[417] Los pocos estudios disponibles se han centrado en el trabajo industrial y, en menor medida, en la actividad comercial y algunos oficios callejeros. Existen, no obstante, algunos esfuerzos de largo aliento y contribuciones más recientes de investigaciones vinculadas a la historia de la familia y de la infancia, que se han preocupado por aspectos de la niñez que permiten reconstruir algunas de sus formas de trabajo.

Durante el período aquí considerado, los niños y niñas que trabajaban se contaban por miles. Sin duda, las necesidades económicas estuvieron entre los principales motivos de su inserción: magros salarios, inestabilidad laboral, crisis cíclicas, desempleo y enfermedades que afectaban a sus progenitores o familiares, propiciaron su temprana participación en el mercado laboral.[418] Es difícil ponderar hasta qué punto el trabajo infantil era considerado positivamente en los hogares populares, aunque indudablemente las expectativas con respecto a la educación deben haber variado conforme a sus costumbres y a su nivel socioeconómico.

Muchas familias priorizaban la educación regular de sus hijos y solo aceptaban que trabajaran en caso de necesidad. Otros apostaban a la escolarización de uno de

---

[417] Suriano ha señalado que la marginación del trabajo infantil responde a varios factores: se trata de un segmento social de naturaleza transitoria y de corta duración, un grupo laboral sensiblemente menor al de los adultos cuya actividad ha sido interpretada, generalmente, como complementaria y auxiliar. Por otro lado, ha sido un sector relativamente ausente en las luchas sindicales. Esta "pasividad" es central para entender la ausencia del trabajo infantil en la historia laboral que, preocupada por el cambio social, desdeñó a aquellos sectores que no protestaban de manera visible. Véase: Suriano, "El trabajo infantil...", pp. 353 y ss.
[418] Véase: Suriano, "Niños trabajadores...", pp. 258 y ss.

ellos, costeada con los ingresos del resto de los miembros del hogar. También estaban aquellos para quienes resultaba natural que los niños trabajaran porque consideraban más útil que se formaran en un oficio a que fueran a la escuela; por eso los retiraban de los establecimientos educativos una vez que adquirían las nociones elementales.

La sanción de la Ley de Educación Común en 1884 y el establecimiento de la instrucción primaria obligatoria y gratuita dio lugar a la escolarización de miles de niños, aunque no es un dato menor que la obligación escolar pudiera cumplirse en escuelas públicas, particulares o en el mismo hogar. Sin embargo, el proceso de incorporación fue paulatino, y si bien el número de escolarizados aumentó considerablemente, para la primera década del siglo XX un alto porcentaje no asistía a la escuela (entre un 20% y un 40%, dependiendo de la medición). En términos absolutos, estas cifras alcanzaron a unos 50.000 niños (de 6 a 14 años) que no estaban escolarizados cuando se realizaron los relevamientos en 1904 y 1914.[419]

---

[419] Entre los que no recibían instrucción de ningún tipo, había muchos que sabían leer y escribir: 19.500 en 1904 (38%) y poco menos de 12.300 en 1914 (23%). Zapiola, "Niños en las calles...", p. 6.

Gráfico N°8

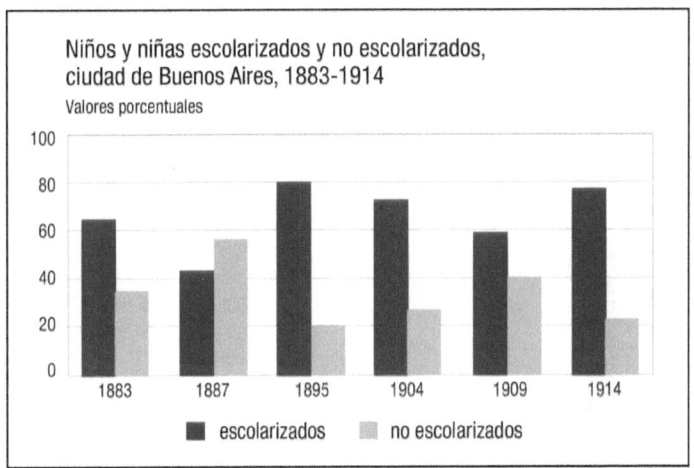

Fuente: Zapiola, María Carolina, "Niños en las calles: imágenes literarias y representaciones oficiales en la Argentina del Centenario", en Gayol, Sandra y Madero, Marta, *Formas de Historia cultural,* Prometeo-UNGS, Buenos Aires, 2007, p. 6.

La penetración de la maquinaria escolar en la cotidianeidad de los niños pertenecientes a las clases trabajadoras era muy baja. Muchos de ellos cursaban los primeros grados hasta aprender las nociones básicas de lectura y matemáticas, y abandonaban la escuela para incorporarse a algún trabajo.[420] La falta de asistencia a la escuela no convertía directamente a los niños en trabajadores, pero permite dimensionar la masa potencial de menores de edad que podían estar trabajando, en busca de un empleo o merodeando por

---

[420] Véase: Ciafardo, *Los niños en la ciudad...*; Ríos, Julio César; Talak, Ana María, "La niñez en los espacios urbanos (1890-1920)", en Devoto Fernando; Madero, Marta, *Historia de la vida privada en la Argentina, Tomo II, La Argentina plural: 1870-1930,* Buenos Aires, Taurus, 1999; Zapiola, *La invención del...*

las calles valiéndose de distintas formas de sobrevivencia. La evidencia muestra que a medida que avanzaba el nivel de instrucción, disminuía el número de niños escolarizados.

Gráfico N° 9

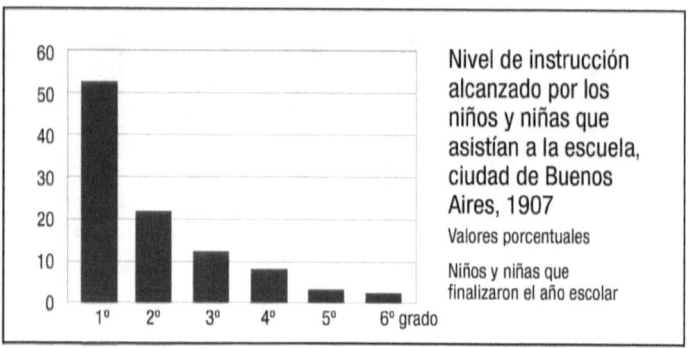

Fuente: Suriano, Juan, "Niños trabajadores. Una aproximación al trabajo infantil en la industria porteña de comienzos de siglo", en Armus Diego (comp.), *Mundo urbano y cultura popular*, Buenos Aires, Sudamericana, 1990, p. 259.

El trabajo infantil no era una novedad, pero experimentó un notable aumento.[421] El incremento de la participación económica de niños y mujeres en la ciudad porteña estuvo asociado al crecimiento económico resultante de la consolidación de la Argentina en el mercado internacional como productor de materias primas y el flujo inmigratorio de fines del siglo XIX y principios del XX.[422] Los

---

[421] La mayor presencia de menores de edad y de mujeres en el mercado de trabajo urbano a principios del siglo XX es una tendencia que se observó en distintas ciudades latinoamericanas, al tiempo que en algunos países de Europa su participación disminuía. Rustán, María E. y Carbonetti, Adrián, "El trabajo infantil en contextos urbanos de la Argentina. El caso de Buenos Aires y Córdoba a principios de siglo XX", en *Cuadernos de Historia*, Serie Población, N° 2, 2000, p. 163; pp. 179-180.

[422] Véase: capítulo 1.

niños tenían valor económico porque podían contribuir a la economía familiar y porque la patronal consideraba que eran más baratos y dóciles que los adultos.[423]

La economía porteña y su estructura ocupacional fueron muy diferentes a las de las modernas ciudades industriales europeas, y la participación infantil en el mercado de trabajo lejos estuvo de asemejarse a los "ejércitos de niños" ocupados en los inicios del siglo XIX en las fábricas inglesas. Las fábricas y talleres de la ciudad requirieron escasa mano de obra infantil debido a las formas en que estaba organizada la producción y a la sobreabundancia de mano de obra extranjera y adulta, que cubría prácticamente la totalidad de la demanda de trabajo.[424] Aun así, su presencia en este sector estuvo lejos de ser desdeñable.

Con el aumento de establecimientos fabriles y (sobre todo) de talleres, creció la demanda de menores de edad, porque con ellos los patrones podían reducir costos laborales y reemplazar mano de obra masculina en momentos de aumentos de producción estacionales. Una de las consecuencias era que niños y mujeres eran los primeros en quedar desocupados y quienes más sufrían la inestabilidad laboral, porque su participación era concebida como excepcional, asociada a situaciones de necesidad económica.

Este principio de excepcionalidad atribuido al trabajo femenino e infantil se reforzaba a partir de la cualidad de "transitoriedad" y "complementariedad" que justificaban su ingreso al mercado laboral, ya mencionadas en el primer capítulo.[425] Las mediciones contabilizaron en 1904 más de 7.000 niños trabajando en fábricas y talleres, aproximadamente el 12% del total ocupado en el sector; en 1909, más de 5.700 y para 1914, 1.000 niños menos que en el relevamiento anterior, lo que en términos porcentuales representaba el 7% y el 3%, respectivamente. No obstante, es necesario

---

[423] Suriano, Juan, "Niños trabajadores…", p. 258.
[424] *Ib.*, p. 256.
[425] Véase capítulo 1.

considerar que los datos censales confeccionaron registros incompletos porque no relevaron las actividades realizadas en el marco de la producción familiar, como tampoco el trabajo a domicilio destinado a las fábricas -sobre todo después de la sanción de la Ley 5291 de Reglamentación del Trabajo de Mujeres y Niños-.[426]

La edad habitual de incorporación rondaba los nueve o diez años y había una mayor presencia de varones en este tipo de trabajos; en efecto, ellos representaban el 67% de los menores empleados en el sector.[427] Las niñas se concentraban en ramos que reproducían la misma segregación ocupacional que las mujeres adultas.[428] Generalmente se ocupaban en el rubro textil, como ayudantes de tejedores e hilanderos, desmontadoras de algodón, empaquetadoras, pegadoras de rótulos. También se empleaban en fábricas de alpargatas, corseterías y casas de moda. Por su parte, los varones eran requeridos en peluquerías, perfumerías, sastrerías y fábricas de calzados. Trabajaban en hojalaterías, herrerías, fábricas de rótulos y en menor medida en la industria alimenticia, en la elaboración de confites, chocolates, pan, licores, dulces. En todos estos casos, los menores trabajaban como auxiliares. Por otra parte, participaban en la fabricación de jabones y velas y, sobre todo, en la elaboración de fósforos, donde realizaban tareas de limpieza, empaquetado y traslado de cajas. Realizaban tareas complementarias en fábricas de cigarrillos, bolsas, fundiciones de vidrio y hierro. Un caso particular era el de las artes gráficas (imprentas, litografías, talleres de encuadernación y fábricas de cartón), donde los niños no eran auxiliares y se desempeñaban como ponepliegos, encuadernadores, cosedores, dobladores.[429]

---

[426] *Ib*., pp. 263. Zapiola, *La invención del...*, p. 26.
[427] Rustán y Carbonetti, "El trabajo infantil...", pp. 170 y ss.
[428] Suriano, "Niños trabajadores...", pp. 262 y ss.
[429] Rustán y Carbonetti, "El trabajo infantil...", pp. 170-171; Suriano, "Niños trabajadores...", pp. 262-263.

Suriano ha señalado la diferencia entre la incorporación a una fábrica o a un taller. En los establecimientos fabriles, la mecanización de las tareas integraba a los niños como una suerte de prolongación de la máquina, o como ayudantes o auxiliares. En cambio, en un taller cabía la posibilidad de que se formaran en un oficio como aprendices (zapatero, carpintero, talabartero, etc.). De todas formas, algunas fuentes señalan que en general el aprendizaje era una excusa para no pagar salarios (ya que suponía un período variable de trabajo gratuito) y en definitiva los menores hacían las más de las veces de sirvientes o mandaderos y pocas veces se especializaban.[430]

Requeridos por los patrones y ubicados por los padres, familiares o tutores, por necesidad o conveniencia, los niños trabajaron en fábricas y talleres sin reglamentación gubernamental hasta los primeros años del novecientos. Las jornadas generalmente superaban las 8 horas, eran iguales o más extensas que las de los adultos porque era habitual que los niños prepararan temprano el trabajo de aquéllos y limpiaran las máquinas, herramientas y locales hacia el final de la jornada. Las tareas eran muy monótonas y resultaban pesadas y difíciles de sobrellevar. El cansancio ocasionaba muchos accidentes entre los más pequeños, sobre todo si se considera los peligros y la falta de seguridad a los que estaban expuestos en los locales de trabajo.[431]

Más extensas aun eran las jornadas de quienes realizaban trabajo a domicilio (generalmente labores de confección), donde los niños sobrellevaban 14 o 16 horas diarias de producción a destajo. Podían ser contratados directamente por los empleadores, o bien incorporarse al trabajo a partir de los arreglos entre estos últimos y sus padres.

---

[430] *Ib.*, p. 262.
[431] *Ib.*, p. 262.

Los niños y niñas también se ocupaban en comercios minoristas. En 1901, el diario *La Prensa* publicó un artículo en el que hacía referencia a la situación de los empleados.[432] Señalaba que se asistía a una multiplicación de locales comerciales (especialmente de almacenes, fondas, tiendas, mercerías, roperías, lecherías, verdulerías, entre otras), y que de los 20.000 trabajadores del sector, había más de 7.000 que se desempeñaban como dependientes de almacén, entre los que se contaban mayormente hombres y niños.[433] Para principios de siglo, los niños representaban más del 6% del total de la población ocupada en el sector.[434]

Ahora bien, si los relevamientos censales proporcionaron información para avanzar en una reconstrucción (que se reconoce parcial y limitada) del trabajo de los niños en talleres, fábricas y comercios, no ocurrió lo mismo con otras formas de trabajo infantil que, como sabemos, involucraron también a miles de niños en la ciudad.[435]

Debido a la ausencia de datos sistemáticos, resulta difícil precisar la magnitud de los trabajos desempeñados por menores en las calles. La mayor dificultad está en que las estadísticas excluyeron muchos trabajos informales y temporales que realizaban los más pequeños: ocupaciones que transcurrían en la calle (canillitas, lustrabotas o cadetes), las desempeñadas en el ámbito doméstico (como el trabajo a domicilio), los servicios domésticos. Aun así, podemos señalar que eran muy visibles para los contemporáneos.

---

[432] *LP*, XVII, 4 de septiembre de 1901, publicado en González, *Los obreros y el trabajo...*, pp. 69-73.

[433] A principios de siglo, los salarios oscilaban entre los 25$ y los 50$ mensuales, recibían comida y muchos en sus arreglos incluían habitación ("con casa"). De los 7.000 dependientes, había 2.000 que ganaban de 45 a 50 pesos; 1.800 que ganaban de 35 a 45 pesos; 2.000 que tenían un sueldo de 30 a 35 pesos y unos 2.200 que trabajan por 25 o 30 pesos. *Ib.* 69-70.

[434] Rustán y Carbonetti, "El trabajo infantil en contextos urbanos...", pp. 171 y ss.

[435] Véase: Aversa, María Marta, "Las tramas sociales de la minoridad: infancias pobres y oficios 'deshonestos' en la Ciudad de Buenos Aires, fines del siglo XIX y principios del XX", en *Trashumante. Revista Americana de Historia Social*, N° 8, 2016, pp. 132-153. Disponible en: goo.gl/qEvtjy.

Ciafardo ha señalado incluso que los menores que se volcaban a este tipo de actividades eran más numerosos que aquellos que trabajaban en talleres, fábricas o comercios.[436] En las calles, las niñas también podían ejercer la prostitución, algunas se vestían con ropas más o menos elegantes y se insinuaban a los transeúntes. Por su parte, los niños más desarrollados también ofrecían sus servicios sexuales a potenciales clientes.[437]

¿Qué ocurría con los niños en el servicio doméstico? Aun con información parcial, sabemos que para el año 1869 prácticamente la mitad de la población afectada a los servicios domésticos no superaba los 20 años de edad, y que los menores de 14 años representaban alrededor de un cuarto del total. Dos décadas y media después, al menos el 30% de los trabajadores domésticos registrados no superaban los 20 años.[438] Para principios del siglo XX, el diario *La Prensa* calculaba que los niños representaban el 22% de la población doméstica de la ciudad.[439]

La presencia de niños y niñas en el sector también se constata al revisar avisos de empleo, donde tuvieron una presencia considerable. A tal punto fue así que al analizar la evolución del mercado laboral de los menores durante la primera mitad del siglo XX, Pagani y Alcaraz señalan que los niños "ofrecidos" y "pedidos" para el servicio doméstico

---

[436] Véase: Ciafardo, *Los niños en la ciudad*, pp. 11 y ss.
[437] *Ib.*, p. 20.
[438] Disponemos de las cédulas de los Censos Nacionales de Población de 1869 y 1895 pero existe un subregistro en estas fuentes. Si bien el primer censo nacional procuró registrar a todas las personas con "profesión, oficio, ocupación o medio de vida" sin ningún tipo de exclusión, no ocurrió lo mismo con los relevamientos posteriores. El relevamiento de 1895 solamente solicitó información sobre ocupación a "personas de 14 años o más". De todas formas, el criterio no fue absoluto y muchos censistas dejaron asentadas la ocupación de los niños menores de 14 años en las unidades de registro, las cédulas censales.
[439] *LP*, XXIV, 18 de setiembre de 1901. Publicado en González, *Gente y sociedad...*, pp. 79 y ss.

fueron numéricamente mayores en relación con los de otros sectores de actividad, como las manufacturas o el comercio.[440]

Diversas fuentes indican que desde los 6 años de edad (si no antes) los niños comenzaban a trabajar en ese ámbito para ganarse la vida, aunque en el último cuarto de siglo se observa una disminución importante entre los 6 y 10 años y un incremento sostenido de los de 10 a 14 años. A partir del novecientos, el análisis de los avisos de empleo confirma esa tendencia a la baja de la participación de los más pequeños en el rubro, al tiempo que evidencian la persistencia de los de 10 años o más.[441]

Tanto los niños como las niñas participaban de este tipo de trabajos. Para 1869, la relación era bastante equilibrada, ya que ellas representaban el 60% y ellos el 40% restante. Sin embargo, con el paso del tiempo esa relación se modifica y para principios de siglo, ocho de cada diez sirvientes eran niñas (tendencia que también se observaba en el caso de los servidores domésticos de mayor edad).[442]

Los "muchachos" (así se los denominaba en los anuncios) habitualmente eran convocados como sirvientes o mucamos para realizar trabajos domésticos en general ("práctico en todo servicio", "para servicio de casa") y otras veces para tareas más específicas ("para limpieza de patios y vidrios", "como para mandados", "para el servicio de comedor y limpieza", "para peón de cocina"). Por su parte, las "muchachas" eran requeridas como sirvientas ("para poco servicio", "para todo trabajo", según el caso) y también como niñeras ("para cuidar un niño", "para cargar una chica").

Para 1869, la mayoría de los niños sirvientes eran oriundos de Buenos Aires y sus alrededores y algunos de ellos provenientes de otras provincias del país (Corrientes, Córdoba, Entre Ríos, Santa Fe, San Luis). En el

---

[440] Pagani y Alcaraz, *Mercado Laboral del...*, pp. 35 y ss.
[441] *Ib.* pp. 47 y 51.
[442] *Ib.*, p. 37.

caso de los extranjeros, se trataba de italianos y en menor medida de españoles y franceses, "orientales" (uruguayos) y paraguayos. Para 1895, la representación de unos y otros se equilibró un poco más y durante la primera década del nuevo siglo, parece haber aumentado la presencia de niños españoles en este tipo de servicios (conforme a lo que ocurría entre los adultos).[443]

Los niños y niñas que se incorporaban al universo de los servicios domésticos provenían de los sectores pobres que habitaban la ciudad. Se trataba de huérfanos o abandonados, en situación de calle, hijos de madres solteras, de padres viudos, de familias sumidas en la pobreza o la indigencia. Muchos de ellos eran colocados por sus padres o parientes una vez acordadas las condiciones de la entrega del menor y las formas de remuneración. Otros tantos -previamente institucionalizados- eran ubicados por los defensores de menores o por las autoridades de los asilos donde habían sido ingresados.

Los avisos de empleo muestran que desde temprana edad los niños y niñas eran solicitados para servicios domésticos, seguramente porque se encontraban entre los más baratos. Mientras que a principios de siglo las sirvientas (jóvenes o adultas) se ofrecían y pedían por no menos de 20 pesos mensuales, los sueldos de aquellos en general rondaban entre los 10 y 20 pesos mensuales.[444] También eran frecuentes otras formas retributivas que, más allá de la percepción (o no) de un sueldo, implicaban el intercambio

---

[443] *Ib.*, pp. 38-39.
[444] Como ya fuera señalado, no contamos con información sobre salarios para fines del siglo XIX. Excepcionalmente los anuncios incorporaban en sus líneas la referencia al sueldo. La modalidad de hacer explícita la remuneración ofrecida o pretendida comienza a generalizarse con el cambio de siglo. Por otra parte, es interesante destacar que se trató de un dato que distinguió a los "ofrecidos y pedidos" del servicio doméstico de los del resto de los sectores de actividad que se publicaban en las páginas del diario, en los que esa referencia resultó ser mucho menos frecuente.

de servicios por la satisfacción de una serie de necesidades básicas ("casa" con o sin pieza, comida, vestido) o bien, promesas de instrucción o formación en un oficio.[445]

Por su parte, en las colocaciones institucionales efectuadas por defensores y autoridades asilares muchas veces se acordaba el servicio de menores sin remuneración salarial. Recordemos una vez más que el Código Civil había establecido que las personas que "criaban" menores no estaban obligadas a pagarles sueldos por los servicios prestados hasta los quince años de edad. Tampoco podían ser obligados a pagar sueldos los tutores que "conservaban" en su compañía a los menores "por no poder darles acomodo".[446]

Desde fines de siglo estas condiciones de entrega de menores fueron cuestionadas por los mismos defensores, sobre todo cuando el trabajo no remunerado se extendía más allá del límite de edad establecido legalmente.[447] Para revertir esa situación confeccionaron una serie de escalas salariales.[448] A modo de ejemplo, las "tarifas" que se aplicaban en el año 1911 iban desde los cinco a los veinticinco pesos mensuales. Con criterios muy desiguales, se fijaban salarios a partir de los dos, cuatro, seis o doce años (dependiendo de la defensoría) hasta la mayoría de edad. Si bien estaba estipulado que los menores debían recibir parte de su sueldo en mano, los montos fijados para el depósito (ahorro forzoso) representaban entre el 30% y 60% de sus sueldos. En consecuencia, solo podían disponer de una parte de sus

---

[445] "Se necesita una muchacha sirvienta de 12 á 15 años, *se le enseñara también á coser y hacer sombreros*, Bolivar 920 altos", *LP*, 12 de abril de 1890; "Muchacha ó muchacho bueno, de á 11 años, se necesita para el servicio de corta familia, *se le dará instruccion, casa, comida y un pequeño sueldo*, ocurrir corrientes 346, 2° piso, buen trato", *LP*, 5 de septiembre de 1900; "Muchacho grande para mandados se precisa, *158 casa y comida*", B. Mitre 2533, *LP*, 20 de agosto de 1910. El subrayado es nuestro.

[446] *Código Civil de la República Argentina...*, cap. VIII, "De la locación de servicios", art. 1625.

[447] Véase: Villalta, "¿De quién son los niños...?".

[448] Véase SBC, *Defensoría de Menores*, Legajo 57, 1824-1895, vol. 1, folio 334. Para 1911. SBC, *Defensoría de Menores*, Legajo 6, 1910-1911, vol. 6, folios 212 a 216 y 229.

sueldos (siempre y cuando los "guardadores" cumplieran regularmente con los pagos). A pesar de sus esfuerzos, los defensores tuvieron serias limitaciones al momento de hacer efectiva su implementación ya que tenían dificultades para supervisar el cumplimiento de los contratos celebrados y para garantizar la regularidad de los pagos y de los depósitos.

Niños que preocupan

En la Ciudad de Buenos Aires de fines del siglo XIX y principios del XX, miles de niños realizaban trabajos en los distintos espacios laborales: en fábricas y talleres, en locales comerciales, en las calles, en hogares propios o de terceros. Sin embargo, las preocupaciones sobre el trabajo infantil solo giraron en torno a algunas actividades o medios de vida. La atención se centró especialmente en los menores que trabajaban (y merodeaban) en las calles, y aquellos que se incorporaban a fábricas y talleres, dando lugar a una serie de debates y a la propuesta de medidas concretas.[449]

Mujeres y niños fueron equiparados en razón de lo que se consideraban sus "debilidades físicas y morales" y se convirtieron en sujetos dignos de protección legal. En consecuencia, las condiciones de trabajo de ambos en fábricas y talleres comenzaron a ser cuestionados desde distintos frentes. Higienistas, legisladores, funcionarios y activistas coincidieron en denunciar que este tipo de trabajos los

---

[449] En los planteos iniciales seguimos a Zapiola, quien ha analizado representaciones en torno a algunas formas de trabajo infantil como así también al tratamiento legal y los debates parlamentarios suscitados a principios del siglo XX. Véase: Zapiola, *La invención del...*, pp. 27 y ss.

afectaba física, mental y moralmente, de allí que algunos comenzaran a demandar la intervención del Estado a partir de la sanción de leyes sociales.[450]

La protección del trabajo ocupó un lugar central entre las reivindicaciones de los socialistas, quienes, ciertamente, fueron los que más batallaron en el marco de la política parlamentaria.[451] En 1906, el diputado Palacios presentó un proyecto que establecía un primer marco legal para el trabajo de mujeres y niños en fábricas y talleres.[452] El propósito era avanzar en su regulación ya que además de afectar su desarrollo físico y moral, los niños corrían el riesgo de volverse resentidos y rebeldes aumentando así su peligrosidad social.[453]

Los proyectos del diputado socialista tuvieron la oposición sistemática de los sectores conservadores, y una firme resistencia de los industriales, quienes valiéndose de las herramientas políticas e institucionales disponibles procu-

---

[450] Queirolo, "Las mujeres y los niños....", p. 4. En el caso de las mujeres, el eje central de los argumentos giraba en torno a la importancia de la función reproductiva de la mujer, tanto desde el punto de vista biológico como social. La maternidad era la principal línea argumental para reclamar su protección. Lobato, "Entre la protección...".

[451] Desde su constitución como fuerza política, los socialistas propusieron leyes de protección y regulación del trabajo de niños y mujeres. En 1896, plantearon la jornada laboral de 8 horas, la prohibición del trabajo de menores de 14 años e igual salario por igual trabajo para varones y mujeres. En 1902, Gabriela Laperriere de Coni recorrió fábricas y talleres para conocer las condiciones de trabajo femenino e infantil, y sobre la base de sus informes se elaboró el proyecto presentado poco después por Palacios en el Congreso de la Nación. En 1904, con ocasión del Congreso Obrero, los socialistas propusieron el descanso hebdomadario para mujeres y niños en fábricas y talleres, la prohibición del trabajo nocturno para niños y asientos para vendedoras en los comercios. Mercado, Matilde A., *La primera ley...*, pp. 38-39. Zimmermann, *Los liberales reformistas...*, pp. 55-59. Para un análisis de las posiciones anarquistas y su rechazo a la intervención estatal en las relaciones laborales, véase: Suriano, "La oposición anarquista...", pp. 92 y ss.

[452] Ver el Proyecto en Congreso Nacional, *DSCD*, año 1906..., sesión del 07/09/1906, pp. 788 y ss.

[453] Zapiola, *La invención del menor...*, pp. 27-29.

raron y lograron limitar los alcances jurisdiccionales de la ley (para que no fuese extensiva a las provincias) y volverla menos restrictiva.[454]

Es necesario detenernos en algunos planteamientos que surgieron en el marco de ese debate. Los socialistas pretendían prohibir el trabajo de menores de 14 años en fábricas y talleres para promover así su escolarización.[455] Frente a esa posición, muchos legisladores justificaban el trabajo infantil y coincidían en señalar que era la necesidad económica la que empujaba a los menores a emplearse en ese tipo de establecimientos, en consecuencia, prohibir su contratación no solo los perjudicaba a ellos sino también a sus familias, que dependían de sus ingresos para subsistir.[456] Otro argumento distinto -pero complementario- sostenía que era más útil que los niños se educaran en el taller que en la escuela, ya que en definitiva estos también eran espacios

---

[454] La negativa a desarrollar el trabajo en las comisiones, la posibilidad de no dar quórum eran algunas de las artimañas de las que se valieron los opositores al proyecto, alargando los tiempos de debate o evitando directamente la sanción de los proyectos legislativos vinculados a la protección del trabajo. Véase: Stagnaro, *Los tribunales de trabajo...*, pp. 79 y ss.

[455] "Nosotros iniciamos una tentativa de legislación, porque vemos que los niños se encuentran, no como decía el señor diputado, haciendo el aprendizaje para ser industriales ó realizando trabajos sencillos y livianos, sinó consumiendo sus débiles energías en perjuicio del país"; "Que se vele por nuestros niños y mujeres, que tanta necesidad tienen en nuestro mortificante ambiente industrial, donde jamás se ha aplicado una medida que tienda á evitar los graves perjuicios que se producen para su salud y educación". Diputado Palacios en Congreso Nacional, *DSCD*, año 1907, Tomo 1° parte, Sesiones Ordinarias, abril 29-septiembre 30, Buenos Aires, Imprenta y Encuadernación de la Cámara de Diputados, 1924, sesión del 26/07/1907, p. 322.

[456] "[...] La inmensa mayoría de los niños de nuestro pueblo en su condición de hijos de inmigrantes, están obligados a ganarse el pan cotidiano del obrero con el trabajo manual del obrero, del agricultor [...]"; "[...] se priva á su familia de una fuerza obrera indispensable para su bienestar material, con lo que se traban los medios de subsistencia, tan difíciles y precarios para las masas de las gentes que llenan angustiosamente, con verdadera dificultad las necesidades primordiales de la vida...". Diputado Piñero, *DSCD*, año 1907..., sesión del 26/07/1907, p. 318.

de aprendizaje "práctico".[457] Para sumar adhesiones, agregaban que este tipo de trabajos no eran incompatibles con el estudio y que bien podían complementarse ambas actividades (por eso proponían bajar la edad mínima establecida en el proyecto original).[458]

Por otra parte, y en sintonía con lo anterior, todos los que por un motivo u otro impugnaban la propuesta normativa de Palacios coincidían en señalar que era preferible que los menores trabajaran en fábricas y talleres a que estuvieran en las calles, a las que describían como fuentes del vicio, la perdición y el mal vivir que llevarían indefectiblemente a los niños a la delincuencia.[459]

Finalmente, en 1907 se sancionó la Ley 5291 de Reglamentación del Trabajo de Mujeres y Niños que debía regir en la capital y los territorios nacionales. Mucho más

---

[457] "¿Es que solo está el niño en la escuela cuando tiene un libro en la mano? Ese es el prejuicio de la edad media: la cultura por el libro. El niño está en la escuela -y en una escuela sana- cuando está en el taller y tiene un instrumento de trabajo en la mano [...] es que yo digo que cuando el niño está en el taller, está en la escuela". Diputado Piñero, en *DSCD*, año 1907..., sesión del 26/07/1907, p. 318. "Es preciso no olvidar que el taller también es una escuela, una escuela práctica de primer orden, porque al fin y al cabo no le enseñará al niño a leer y á escribir, pero le enseña á trabajar, y por lo tanto á ganarse la vida. Entre aprender a leer y morirse de hambre, y trabajar para subsistir, es preferible lo segundo evidentemente, porque permite dejar para otro momento, en que sea posible, la instrucción primaria". Diputado Cantón, en *DSCD*, año 1907..., sesión del 01/07/1907, p. 399.

[458] Sostenían que el hecho de que los niños tuvieran que estudiar no les impedía trabajar y que, en definitiva, el problema no era que trabajen, sino que no cumplieran con el mínimo de instrucción obligatorio. *DSCD*, año 1906..., sesión del 28/09/1906.

[459] "[...] Todas esas caras macilentas, todos esos cuerpos endebles, todas esas almas corrompidas que nos ha pintado el señor diputado Palacios, no provienen del trabajo de las fábricas, del trabajo de los talleres, [...]; se ve más corrupción, se ven más caras macilentas y más cuerpos endebles que en los talleres chicos, en las calles de las ciudades, [...]". Diputado Padilla, en *DSCD*, año 1906..., sesión del 14/09/1906, p. 884. Por su parte el diputado Argerich sostenía "[...]. Y este apartamiento del niño de las fábricas, esta desviación del trabajo [...] va á dar por resultado necesario y fatal, que el niño de la fábrica saldrá á perder su vida, á gastar sus energías en las calles y en los bajos fondos de una ciudad como ésta", en *DSCD*, año 1907..., sesión del 26/08/1907, p. 328.

limitada que su primera versión, la ley prohibía el trabajo de menores de 10 años y para aquellos de entre 10 y 14 años que no hubieran completado la instrucción obligatoria. Facultaba a los defensores de menores a autorizar el trabajo de niños protegidos por la ley "cuando fuera indispensable para la subsistencia de los mismos, de sus padres o de sus hermanos".[460] Prohibía el trabajo nocturno de menores de 16 años (entre las 6 p.m. y las 6 a.m.) y su contratación para realizar tareas consideradas insalubres, peligrosas o inmorales. En el caso de la Capital fijó en 12 años la edad mínima para ingresar a una fábrica o taller; una jornada de trabajo de 8 horas y de 48 horas semanales (como máximo) y un descanso de dos horas al mediodía para menores de 16 años.[461]

Es importante insistir una vez más en que esta ley se ocupó exclusivamente de regular el trabajo infantil en fábricas y talleres, y dejó por fuera a los menores de edad que se desempeñaban en otro tipo de actividades. Esto fue así a pesar de los esfuerzos de Nicolás Matienzo por hacerla extensiva a otras formas de trabajo infantil que consideraba igualmente inadecuadas y nocivas.[462] En su exposición, el director del DNT señaló que la legislación extranjera había comenzado por proteger a los trabajadores de las fábricas y talleres, porque era allí donde se habían evidenciado los primeros y más notorios casos de explotación del niño y de la mujer. No obstante, en países como Inglaterra, Estados

---

[460] Como bien ha destacado Zapiola, con esta cláusula quedaban legalmente desamparados los niños pertenecientes a los estratos más pobres de la población.
[461] *DSCD*, año 1907..., sesión del 07/09/1907, pp. 1082-1083.
[462] "No es industrial, y sin embargo, puede ser abrumador y malsano, el trabajo del niño obligado durante diez ó doce horas á lustrar botas inclinado sobre los pies de los clientes, ó escribir otras tantas horas á mano ó á máquina, ó á permanecer de pié detrás del mostrador de la tienda ó corriendo de mesa en mesa en el café, ó marchando kilómetros y kilómetros en mandatos y mensajes, ó repartiendo diarios, mercadería ó avisos bajo el sol, la lluvia, ó el frío". José Nicolás Matienzo, en *DSCD*, año 1907..., sesión del 19/06/1907, p. 238.

Unidos, Francia, Alemania y España, además de la protección del trabajo femenino e infantil en fábricas y talleres, se había avanzado en la legislación de los trabajos callejeros, aquellos que se realizaban en comercios y en algunos servicios, como era el caso de las telefonistas. De todas formas, observaba que las naciones "civilizadas" tendían a reglamentar otras clases de trabajo femenino e infantil, siempre que se presentaran circunstancias que habilitaban la "intervención tutelar del Estado".[463]

Ahora bien, si el trabajo infantil en fábricas y talleres había sido consentido por muchos legisladores, no ocurría lo mismo con los trabajos callejeros, los que eran desaprobados constantemente.[464] Un primer proyecto para regular el trabajo ambulante infantil fue presentado sin éxito en 1893, y recién en 1919 se avanzó en la limitación (represión) de los oficios callejeros.

Concebida como una ley de protección de la infancia, la Ley de Patronato de Menores (Ley N° 10.903/1919) estableció en su artículo 21° que aquellos menores de 18 años que vendieran "periódicos, publicaciones u objetos de cualquier naturaleza" en las calles o lugares públicos, o que en estos mismos sitios ejercieran oficios "lejos de la vigilancia de sus padres", quedaban comprendidos dentro de la figura "menor material o moralmente abandonado". Como ha señalado Zapiola, en virtud de esa condición el Estado podía avanzar sobre el derecho de patria potestad de sus padres y convertirse en tutor de esos niños o encontrar algún particular que cumpliera ese rol.[465]

---

[463] José Nicolás Matienzo, en *DSCD*, año 1907..., sesión del 19/07/1907, p. 238.

[464] Algunas referencias ineludibles en torno a estas problemática se encuentran en Ciafardo, *Los niños en la ciudad...*; Ríos y Talak, "La niñez en..."; Zapiola, "Niños en las calles...".

[465] La "Ley Agote" instituyó y reglamentó la tutela estatal de los niños y jóvenes "delincuentes" y/o "material o moralmente abandonados". Habilitó a los jueces de menores a suspender la patria potestad a aquellos padres cuyas conductas colocaran a sus hijos en "situación irregular". En esos casos, los menores sometidos al patronato estatal podían ingresar a instituciones públicas o privadas donde debían ser protegidos y reeducados, quedar a car-

En ninguna de estas dos instancias parlamentarias que dieron lugar a debates en torno a la protección de la infancia y el trabajo infantil, se hizo referencia a los niños que participaban de los servicios domésticos. Tampoco hubo comentario alguno sobre las colocaciones laborales de menores oficiadas por las Defensorías y la Sociedad de Beneficencia (y esto fue así a pesar de que la normativa reforzó la lógica tutelar de estos y otros actores institucionales).

En las sesiones legislativas de 1907 y 1919 los representantes parlamentarios ignoraron este problema. ¿El servicio doméstico no era considerado un trabajo perjudicial para los niños? ¿Esas relaciones eran tan híbridas que no podían ser identificadas como trabajo? ¿Qué se jugaba en ese espacio social de trabajo? ¿A qué respondía tanto desdén? Para poder ensayar algunas respuestas a estos interrogantes avanzaremos un poco más en el tiempo para detenernos en nuevas instancias parlamentarias que sí atendieron al fenómeno en cuestión y permiten reconstruir una mirada de forma retrospectiva.

---

go de parientes o de otras personas idóneas. En relación con los niños y jóvenes detenidos por la presunta comisión de delitos, sentó las bases para un tratamiento jurídico-penal específico. En efecto, quienes no hubieran cumplido los 18 años comparecerían ante los jueces de menores en el marco de un proceso diferente al de los adultos, pudiendo ser enviados a cualquiera de los destinos institucionales prescriptos por la misma ley. La duración de la sentencia se extendería por el tiempo que el magistrado considerara conveniente para garantizar su "regeneración". Esta ley constituyó un episodio crucial en la constitución del andamiaje legal destinado a tratar de modo diferenciado a un segmento específico de los niños de nuestro país. Zapiola, *La invención del...*, pp. 7-8.

Niños en el servicio doméstico, entre el trabajo y el refugio

En el año 1922, la Comisión de Trabajo despachó por segunda vez un proyecto para reglamentar el trabajo de mujeres y niños con el objeto de reemplazar la Ley N° 5291/1907.[466] Con pretensiones de mayor extensión, establecía para "todo el territorio de la República" la prohibición de ocupar menores de 12 años de edad en "cualquier clase de trabajo por cuenta ajena, incluso los trabajos rurales y el servicio doméstico". Al igual que la ley antecedente, prohibía el trabajo de menores de 14 años que no hubieran completado su instrucción obligatoria, a excepción de aquellos que fueran autorizados por el Ministerio de Menores cuando lo consideraran indispensable para su subsistencia o la de su familia, bajo la condición de que continuaran asistiendo a la escuela. Asimismo, reforzaba lo dispuesto por la Ley de Patronato de Menores de 1919, prohibiendo ejercer profesiones que se efectuaran en calles, plazas o sitios públicos -por cuenta propia o ajena- a varones menores de 14 años y a mujeres menores de 18 años.[467]

Los promotores del proyecto señalaban que la legislación del trabajo de mujeres y niños implicaba una cuestión de primera importancia, que no solo comprometía

---

[466] Tratamiento del proyecto de ley que reglamenta el trabajo de mujeres y de niños. Congreso Nacional, *DSCD*, año 1922, Tomo 1° parte, Sesiones Ordinarias, abril 26- julio 14 de 1922, Buenos Aires, Imprenta y Encuadernación de la Cámara de Diputados, 1922, sesión del 12 de julio de 1922, pp. 653 y ss.

[467] Fijaba un límite de edad más alto para trabajar que la Ley de 1907 y tenía un alcance social importantísimo al prohibir el trabajo de todos los niños y niñas que no hubieran cumplido el mínimo de la instrucción escolar, o que, aun habiéndola cumplido, no hubieran llegado a los doce años de edad. Prohibía el trabajo nocturno a menores de 18 años y mujeres, con excepción de los servicios de enfermería y "domésticos" y las empresas de espectáculos públicos nocturnos (las que, por cierto, solo podían contratar mujeres mayores de 18 años).Para más detalles ver: *Ib.*, pp. 653 y ss.

intereses económicos vitales sino "el porvenir biológico de la especie".⁴⁶⁸ Además, refiriéndose al contexto internacional, explicaban que la propuesta normativa era muy amplia y ambiciosa ya que hasta ese momento la Conferencia Internacional (de la OIT) había avanzado en la legislación del trabajo de menores en la industria pero no en el comercio o en la agricultura, y menos aun en el servicio doméstico. Por eso recalcaban que esta ley iba a ser "la más adelantada del mundo".⁴⁶⁹

Una vez más, interesa detenerse en los planteos que surgieron en el debate parlamentario y en las continuidades y rupturas en relación con las representaciones del trabajo infantil en general y del servicio doméstico en particular. Es que, a diferencia de lo que ocurrió anteriormente, en esta ocasión, la presencia de niños en ese sector resultó uno de los temas más controvertidos en torno a los cuales giraron las discusiones de los legisladores. Hubo quienes retomaron viejos argumentos al sostener que las leyes en lugar de proteger a los menores los perjudicaban porque ponían en riesgo su subsistencia al prohibirles trabajar. Otros, en vez de recuperar la idea de la función pedagógica del trabajo y de su compatibilidad con el estudio, negaban cualquier posibilidad de complementar ambas actividades.⁴⁷⁰

---

⁴⁶⁸ Diputado Bunge, en *DSCD*, año 1922..., sesión del 13 de julio de 1922.

⁴⁶⁹ Diputado Anastasi, miembro informante de la Comisión de Trabajo, en *DSCD*, año 1922..., sesión del 13 de julio de 1922, pp. 719 y 716. La OIT fue creada en 1919 y la Argentina adhirió a ella ese mismo año. Las primeras conferencias de la OIT fueron en Washington (1919) y en Ginebra (1920). Argentina participó de la primera enviando a Leónidas Anastasi y Alejandro Unsain. Véase: Stagnaro, *Los tribunales de...*, pp. 55-60.

⁴⁷⁰ "[...] Ahora pongamos en frente a las dos obligaciones, la de vivir o ayudar a vivir, con la de concurrir a la escuela, y encontrarán los señores diputados que en ningún caso, por el hecho de obligar a concurrir a la escuela a un menor se le puede condenar de muerte a él o a los suyos, a cuya subsistencia atiende. [...] Es una aspiración general de los padres instruir a sus hijos, pero no todos pueden hacerlo; la concurrencia a la escuela demanda gastos, erogaciones, pocas o muchas. Entonces, si la excepción es para los niños que atienden a su subsistencia o la de sus padres o hermanos, creo que ante la suprema razón puede suprimirse la obligación educacional". Diputado Cardarelli, en *DSCD*, año 1922..., sesión del 13/07/1922, p. 730.

Las respuestas a estos planteos oscilaron entre la indignación y el sarcasmo que desacreditaba su realismo.[471] En cualquier caso, la posición era clara: si existían familias que vivían del salario de un menor de 12 años, en adelante deberían buscar otros medios de subsistencia porque la ley tenía por objeto desincentivar el trabajo infantil, no promoverlo.[472] A tal punto esto fue así, que hubo quienes intentaron extender aun más los alcances de la ley al prohibir absolutamente el trabajo de los menores de 14 años en la industria, el comercio y en el servicio doméstico.

Otra gran diferencia con los debates de los tiempos pasados fue que el trabajo de los niños en el servicio doméstico se expuso desde un primer momento, y adquirió centralidad en las discusiones suscitadas:

> A diario [...] todos [...] han de haber contemplado este cuadro en las calles de la capital: criaturas pequeñas, raquíticas, que hacen de niñeras de niños robustos, que pesan 15 y 20 kilos. Esas criaturas están prestando un servicio espléndido, pero al prestarlo se conspira contra su salud y su desarrollo, contra

---

[471] "Los padres que mandan a sus menores por las calles, prostituyéndolos, haciéndolos vender diarios hasta altas horas de la noche, que busquen otros medios más honestos que esos, o que se mueran de hambre. (Risas)". Diputado Quinteros. *Ib.* p. 737. "[...] No es admisible que en nuestra República una familia viva del trabajo de un menor de doce años [...]. Y si existe esa familia, si es una familia de incapaces que viven como zánganos del trabajo de ese menor, que busque otro medio de subsistencia". Diputado Anastasi. *Ib.*, p. 738. "[...] No podemos aceptar como argumento el de la miseria en que quedarán los niños impedidos de ganarse un salario en edad en que carecen de fuerzas para ganarlo, ni nos emocionan las madres que quedarán impedidas de trabajar, cuando el trabajo de ellas puede significar la muerte del hijo recién nacido. Nos preocupa el interés social general, y tenemos en vista la obligación del Estado de atender a todas las mujeres y niños que forman parte de la colectividad. Diputado Bunge, *ib.*, p. 742.

[472] "Nuestro proyecto autoriza [...] tareas de ocasión o de media jornada muy liviana y en tareas rurales solamente, porque como vendedor callejero, como empleado de comercio o de la industria, como doméstico, ningún niño podrá trabajar. Serán pues, principalmente las tareas rurales, que en general se cumplen como miembros de la familia propia o de otra familia, las que autoriza a título excepcional este artículo. Es una disposición de excepción que será aplicable a pocos casos". Diputado Bunge. *Ib.*, p. 730.

su vida [...] Puedo estar equivocado, pero insisto en mi posición de que se limite la edad para el trabajo de los niños a los catorce años en lugar de doce [...].[473]

La posibilidad de limitar la participación de menores de 14 años en el servicio doméstico tuvo más partidarios que adversarios. Aun así, estos últimos realizaron una serie de señalamientos que resultan sugestivos porque reflejan el lugar que durante mucho tiempo tuvo este segmento laboral dentro del universo del trabajo infantil pero, sobre todo, dentro de un engranaje social e institucional más amplio.

El diputado Astrada, representante de Córdoba, intervino señalando que quien conocía la dinámica "ordinaria" de la vida familiar en las provincias sabía lo perjudicial que podía resultar prohibir el servicio doméstico para los menores. Si bien comprendía la prohibición del trabajo de los menores en las fábricas y talleres, en parajes públicos o en comercios porque efectivamente podían dar lugar a la explotación de los menores, no ocurría lo mismo con el servicio doméstico. En este último caso, las familias tomaban a esa "clase de menores como hijos" para ocupar una parte de sus actividades en un "servicio moderado" que no atentaba en absoluto contra su desarrollo físico e intelectual. Es por eso que solicitaba que se suprimieran esas dos palabras, "servicio doméstico", para que quedara mejor logrado el propósito de la ley.[474]

En contraposición, el diputado Bunge sostuvo que sería lamentable que los niños que trabajaban en ese ámbito quedaran excluidos de los beneficios de la ley y, con una actitud conciliadora, señaló que tal vez el diputado no se refería a los niños ocupados en el servicio doméstico sino a aquellos que vivían como "allegados" en una casa en la que ocasionalmente prestaban algún servicio.[475]

---

[473] Diputado Verduga. *Ib.*, p. 717.
[474] Diputado Astrada. *Ib.*, p. 731.
[475] Diputado Bunge. *Ib.*, p. 732.

La respuesta de Astrada resulta interesante desde el momento que no reconoció la distinción planteada por el socialista. Para él, en definitiva, todos esos niños estaban ocupados en el servicio doméstico porque por más que fueran "educados y formados" en el mismo hogar, lo concreto es que recibían una remuneración por los servicios prestados.[476] Además -señaló-, en ese ámbito eran colocados por los defensores un sinnúmero de menores que "la sociedad recogía" con el propósito de substraerlos de "la delincuencia y el vicio", porque era la única forma legal de proceder para "salvarlos". Para sumar ribetes al asunto agregaba que el servicio doméstico también era el destino de muchos de los menores asilados en las "casas cuna". Finalmente, y quizás un dato no menor, advertía que las provincias no tenían recursos para afrontar la educación y formación de esos niños en caso de prohibir ese tipo de colocaciones.[477]

Rebatiendo aquella posición, el Sr. Rodríguez, diputado por la provincia de Santa Fe, expresó que aunque las observaciones tenían "muy buen sentido", resultaba doloroso tener que confesar que cuando el Estado tenía a su cargo a esos niños, era menos capaz de darles el mínimo de instrucción que cualquier padre de familia, humilde y pobre.[478]

El planteo de este diputado fue categórico y generó gran adhesión en el recinto. No obstante, una vez más Astrada tomó la palabra para aclarar que él no se refería simplemente al caso de los menores que estaban bajo el patronato estatal, sino a los niños pobres en general, los que constituían por cierto, un espectro mucho más amplio.[479]

Otras voces se sumaron a la propuesta de eliminar la prohibición de ocupar niños en el servicio doméstico. El diputado radical Cardarelli insistió con que la ley bajo

---

[476] Diputado Astrada. *Ib.*, p. 732.
[477] Diputado Astrada. *Ib.*, p. 739.
[478] Diputado J. R. Rodríguez, *ib.*, p. 739.
[479] Diputado Astrada, *ib.*, p. 740.

tratamiento se iba a volver en contra de los menores a los que intentaba proteger, ya que el servicio doméstico no era un "trabajo" sino un "refugio" para los niños.[480] Además de subrayar la función protectora del servicio doméstico, insistía en recalcar su función moralizadora pues, a su entender, esas "criaturas" hacían su "aprendizaje y enseñanza en hogares buenos, al lado de señoras capaces de enseñarlas y dirigirlas por la senda del bien, librándolas de los peligros reales de la vagancia que la ley [haría] inevitable". Destacó que si bien la ley en cuestión era "muy linda toda", lo cierto es que presuponía una "organización perfecta". Que hablar del "auxilio del Estado" en ese momento le parecía impropio, porque se necesitaría de un erario rico y poderoso para auxiliar "todas las necesidades y todas las miserias", y se corría el riesgo de estar "legislando en el aire".[481]

El diputado Anastasi intervino señalando que si el propósito del servicio doméstico fuera efectivamente "educativo" la ley no lo prohibiría y que, en todo caso, para tales fines estaban las escuelas reconocidas por la autoridad competente. Además, agregó que argumentos de ese tipo eran esgrimidos en todos los países por aquellos que estaban a favor del trabajo de menores, y que eran justificaciones que la "sociedad moderna" desestimaba.[482]

Para sumar oposiciones, Bunge manifestó que el ideal social del diputado de Santa Fe era, a todas luces, que los niños se conchabaran como "pequeños esclavos" en casas de familia que no tenían recursos para pagarse una buena "auxiliar doméstica", pero que querían vivir con las mismas comodidades que esta les proporcionaría.[483]

---

[480] Diputado Cardarelli, representante de la provincia de Santa Fe. *Ib.*, p. 741.
[481] *Ib.*, pp. 741-742.
[482] *Ib.*, pp. 740-741.
[483] *Ib.*, p. 742.

Como se desprende de las posiciones presentadas, y a diferencia de lo que ocurría a principios de siglo, en los años veinte la presencia de niños en el servicio doméstico comenzó a ser visibilizada y problematizada. Este movimiento estuvo asociado a un cambio en la sensibilidad y la tolerancia social en torno al trabajo infantil en general y a las colocaciones domésticas de menores en particular, pero así también en torno a ciertas prácticas oficiales de asistencia y protección de la infancia.

En las votaciones de 1922 en la Cámara de Diputados, lograron imponerse las posiciones "prohibicionistas", es decir, aquellas que promovían mayores restricciones al trabajo infantil bajo todas sus formas. El proyecto obtuvo media sanción, estuvo en suspenso durante más de dos años, y cuando fue considerado en el Senado no experimentó modificaciones. Fue así que se sancionó finalmente la Ley 11317 de 1924, que estableció la prohibición en todo el territorio de la República de ocupar menores de 12 años de edad en cualquier clase de trabajo por cuenta ajena, incluso los trabajos rurales.[484] A su vez, prescribió que ningún menor de 14 años podía ser ocupado "en caso alguno" en el servicio doméstico, como así tampoco en explotaciones o empresas industriales o comerciales (ya fueran esta privadas o públicas, de lucro o beneficencia) a excepción de aquellas en que solo trabajan los miembros de la misma familia.[485] Por último, determinó la prohibición del trabajo en la vía pública (calles, plazas o sitios públicos) de los menores de 14 años y de las mujeres solteras menores de 18 años.[486]

---

[484] Al igual que en la ley de 1907, el Ministerio de Menores podía autorizar el trabajo de los niños cuando lo considerara indispensable para su subsistencia o la de su familia, siempre que cumplieran con el mínimo de instrucción escolar obligatoria.

[485] La ley establecía que las prohibiciones anteriores no se referían al trabajo de los niños con propósitos educativos en escuelas reconocidas al efecto por la autoridad escolar competente.

[486] Ministerio del Interior, *Ley N° 11317. Trabajo de mujeres y menores y decretos reglamentarios. Capital Federal y Territorios Nacionales*, Publicación oficial, 1928.

Sintetizando, si la ley de 1907 que reglamentó el trabajo de mujeres y niños solo consideró a los que trabajaban en fábricas y talleres, la ley de 1924 amplió el espectro de las ocupaciones o medios de vida que debían ser objeto de regulación y control por parte del Estado. Mientras que en el marco del tratamiento de aquella primera ley se reglamentaron una serie de actividades (a modo de "protección") porque no se concebía la posibilidad de erradicar el trabajo infantil, en la segunda ley el propósito de las mayorías parlamentarias fue contribuir a su supresión, limitando cada vez más la participación de los niños y niñas en el mercado de trabajo. De allí que la ley de 1924 fuera al mismo tiempo más "extensiva" (en relación con la diversidad de formas de trabajo que afectaba) y más "restrictiva" (en relación con las limitaciones que imponía al trabajo de los menores de edad). Si a principios de siglo la participación de niños en el servicio doméstico no fue siquiera considerada en los debates en torno a la protección del trabajo infantil, a principios de los años veinte resultó ser el centro de los debates más acalorados, y terminó por ser prohibido junto a otras formas de trabajo infantil.

En esos años, en efecto, se observa un cambio en la sensibilidad en torno al trabajo infantil en general y en el servicio doméstico en particular, como así también, en torno a las prácticas oficiales de asistencia y protección de la infancia. Estas modificaciones en el umbral de tolerancia social deben comprenderse en el marco de una serie de transformaciones en las concepciones en torno a la familia y a los derechos y obligaciones de los padres en relación con sus hijos, pero así también, en relación con las concepciones de la infancia y las obligaciones del Estado hacia ella.

De todas formas, a pesar de los cuestionamientos y de los límites legales impuestos, la presencia de niños y niñas en el servicio doméstico persistió como "trabajo", como "crianza", como "política asistencial". En las décadas siguientes nuevos proyectos legislativos intentaron contrarrestarla. Un hito importante en este proceso tendrá lugar en 1948, cuando la sanción de la Ley de Adopción (Ley 13252) al crear "familia legal" contribuyó a separar de forma más clara los vínculos familiares de los laborales.[487] En este contexto, la persistencia de estas prácticas y los sentidos que se les han atribuido deben ser objeto de nuevas pesquisas. Por su parte, las evidencias sobre la centralidad que tuvo el trabajo en las experiencias de los menores y las colocaciones domésticas en los procesos de institucionalización enriquecen el campo de la historia de la familia y de la infancia e invitan a revisar las nociones construidas en torno a la tutela estatal.

---

[487] Véase: Villalta, *Entregas y secuestros...*, pp. 91 y ss.

Reflexiones finales

Este libro procura contribuir al conocimiento del servicio doméstico en la Ciudad de Buenos Aires de fines del siglo XIX y principios del XX. Se trata de un estudio de historia social con perspectiva de género que integra las problemáticas de la historia del trabajo, la pobreza, la familia y la infancia. Reúne analíticamente una serie de elementos que permiten comprender mejor las características del sector: la estructura y el funcionamiento del mercado laboral, la situación de los inmigrantes, las condiciones de vida y de trabajo de pobres urbanos, sus dinámicas familiares, las prácticas de crianza, las políticas del Estado en relación con estas poblaciones.

En aquella sociedad porteña, varones y mujeres desde edades muy tempranas participaron de las actividades económicas. Aunque el mercado de trabajo exhibió un amplio abanico de alternativas ocupacionales, predominaron modalidades de empleo precarias que expusieron a la población a condiciones de gran vulnerabilidad económica y social. Es así que, aun teniendo trabajo, era difícil salir de la pobreza.

El servicio doméstico se encontraba entre los sectores más numerosos del universo laboral. Si bien las mujeres tendieron a ser mayoritarias, los varones participaron a lo largo de todo el período. Por su parte, la cuantiosa presencia de niños y niñas y la incorporación creciente de inmigrantes demuestran que el sector fue una puerta de entrada al mercado de trabajo urbano, sobre todo para los que recién llegaban. También resultó ser una alternativa para aquellos que se veían afectados por la falta de empleo en otros ámbitos de actividad. Ante condiciones laborales y de vida tan erráticas, el servicio doméstico operaba como una suerte de "empleo-refugio".

La llegada de inmigrantes aumentó de forma considerable la competencia por el empleo. En momentos de crisis económica, la situación se agudizaba ya que para atenuar sus efectos, muchos buscaban una colocación doméstica para poder subsistir (al menos de forma transitoria). A esta sobreabundancia de brazos se le sumaba el recorte que sufrían los presupuestos de las familias que se hacían servir. Todo esto afectaba al gremio, atentando contra el valor de su trabajo y contribuyendo a su pauperización.

Por supuesto que existieron experiencias de empleo estable, de familias que protegieron a sus sirvientes y que los mantuvieron junto a ellos por años, décadas, incluso hasta su muerte. Varios relatos de la época evocan la existencia de vínculos cargados de afectividad, de mucho cariño y reciprocidad entre patrones y sirvientes.[488] En todo caso, como ha señalado Graham, esa protección podía ser considerada una ventaja frente a la inseguridad económica y social que el mercado de trabajo urbano ofrecía.[489]

Las condiciones de trabajo estaban en gran medida ligadas al nivel de vida de los patrones y al lugar que estos les daban a sus servidores al interior de la vida doméstica y familiar. No era lo mismo trabajar para el plantel de servicio de una adinerada familia porteña que ser la sirvienta "para todo trabajo" de un hogar modesto y numeroso. A su vez, las tareas que realizaban y las jornadas que tenían que sobrellevar se transformaban conforme a los progresos técnicos, la extensión de la infraestructura y los servicios urbanos, las modas y las tendencias en el consumo, etc.

El servicio doméstico estaba muy extendido porque resultaba accesible desde el punto de vista económico. Los hogares populares también demandaron sirvientes, sobre

---

[488] Nos referimos a las narrativas que ofrecen algunas memorias y obras costumbristas: López, V. Lucio., *La Gran Aldea*, CEAL, 1980; Wilde A., *Buenos Aires desde sesenta años atrás*, Espasa Calpe, 1946; Mansilla, Lucio V., *Mis memorias (infancia adolescencia)*, París, Casa Editorial Garnier Hermanos, 1913. Un tratamiento de estos y otros textos: Cárdenas, *Ramona y el robot...*
[489] Graham, *Proteção e obediencia...*, p.16.

todo los de menor edad, ya que eran más baratos y relativamente fáciles de tomar. Con todo esto, para muchos patrones la cantidad y las características de sus sirvientes (y no solo la posibilidad de contratarlos) fueron importantes para delimitar fronteras sociales.

Las experiencias de domesticidad estuvieron condicionadas por la diferencia de clase, sexual, étnico-racial, el color, la nacionalidad, la edad, entre otros factores. Las vivencias de un cocinero francés adulto que se ofrecía a través de un aviso haciendo valer su acervo cultural y su trayectoria laboral no debieron asemejarse a las de una niña abandonada que, sustraída del orfanato, era colocada como "criada" por una defensoría de menores. Del mismo modo, las experiencias de una mujer indígena capturada durante las "guerras contra el indio" y ubicada por las damas de la beneficencia en la casa de una familia acomodada no debió ser la misma que la de un ama de llaves que, aconchabada en una agencia de empleo, conseguía colocarse en la misma casa para organizar y dirigir su plantel de servicio.

El servicio doméstico reunió a sujetos libres con capacidad de contratar y a aquellos que, inferiorizados jurídicamente, eran tutelados y expuestos a contextos forzados de trabajo: menores de edad, indígenas, reclusas, etc. En definitiva, lo que Sabato y Romero observaron para un lapso anterior es aplicable también a nuestro período de estudio: la expansión del trabajo asalariado y la consolidación de un mercado de trabajo libre no implicaron la desaparición de diversas formas jurídicas y prácticas de restricción de la libertad de las y los trabajadores.[490]

El servicio doméstico anudó relaciones asalariadas con arreglos que implicaron diferentes formas remunerativas que borraron las distinciones entre el trabajo mercantilizado y el que no lo era. Los ofrecimientos de más de un sirviente por tan solo un salario (matrimonios, madre e hijo, hermanos) o de servicios a cambio del consumo de una serie

---

[490] Sábato y Romero, *Los trabajadores de Buenos Aires...*", pp. 175 y ss.

de bienes de subsistencia son un buen ejemplo de ello. También lo son las colocaciones domésticas de niños y niñas a cambio de un exiguo salario o de vivienda, alimentación, vestido y, en ocasiones, formación. Todos estos elementos obligan a repensar el proceso de formación y las características del mercado de trabajo urbano, máxime si tenemos en cuenta que el servicio doméstico fue uno de los sectores de actividad más extendidos y numerosos (no se trató de un caso excepcional y tampoco de un sector marginal).

El tratamiento que el Estado le dio al sector no debe interpretarse únicamente en términos de abstención. Las colocaciones domésticas que efectuaban las defensorías de menores, los "sistemas de colocación y crianza" dirigidos por la Sociedad de Beneficencia y la "distribución" de población indígena para el servicio de las familias porteñas evidencian que participó de la configuración del sector a través de la formación y asignación de mano de obra barata, cuando no gratuita.

Por otra parte, en 1875 se sancionó la primera ordenanza para regular las relaciones entre patrones y sirvientes. Vinculándolo con problemáticas del orden de la "seguridad" urbana, la normativa intentaba registrar y controlar a los y las sirvientes para poder garantizar su "honestidad" y "decencia". En este accionar, los patrones aparecían como los únicos que podían ser damnificados. La ordenanza fue resistida por las y los trabajadores y dio lugar a una serie de manifestaciones públicas y acciones colectivas de cierta trascendencia. Con el cambio de siglo, se observan nuevos esfuerzos por regular el sector que plantean el asunto en los mismos términos: aunque apuntaron a controlar el funcionamiento de las agencias de colocación, lo que intentaron fue garantizar a través de ellas la calidad del servicio doméstico.

Si bien es difícil pensar en iniciativas en favor de los y las sirvientes en 1870, el contexto era diferente en 1910. En el tratamiento que recibió el sector no hicieron eco ni la emergencia del "derecho del trabajo" ni el impulso de proyectos en beneficio de distintos grupos y sectores laborales que habían obtenido fuerza de ley desde principios de siglo.

Hubo un cambio en la forma en la que los y las sirvientes (al igual que otros trabajadores) percibieron su relación con el Estado. En un primer momento, primó una percepción negativa del avance municipal en la regulación de las relaciones laborales, interpretado en términos de restricción de las libertades individuales pero también de coerción y agravio a su dignidad. Luego, se observa una mayor predisposición a dicha intervención que se tradujo en un reclamo concreto por parte de la Liga Internacional de Domésticos para que el municipio los protegiera mediante la sanción y puesta en vigencia de reglamentaciones. Aun así, no se recuperó la "perspectiva de los trabajadores" y los legisladores porteños se abocaron a resguardar fundamentalmente a los patrones.

Los diversos arreglos de trabajo, la variedad de formas remunerativas y las prácticas de colocación y crianza de niños y niñas contribuyeron a desvalorizar e invisibilizar el trabajo en el marco del servicio doméstico. A principios del siglo pasado, esa realidad no fue objeto de reflexión por parte de aquellos que comenzaban a batallar por la sanción de leyes protectoras del trabajo de mujeres y niños. El horizonte cultural de lo políticamente posible aquí se vuelve palpable. El fenómeno del trabajo infantil en el sector no fue ni siquiera cuestionado por las corrientes más progresistas. Incluso, algunas figuras representativas en la problemática del trabajo lo miraron con buenos ojos. Consideremos sin ir más lejos, las posiciones de Bialet Massé, quien insistía en la necesidad de avanzar en la reglamentación del trabajo de menores de 14 años en fábricas y talleres, mientras sostenía que en el caso del servicio doméstico *no* había necesidad de que las autoridades públicas intervinieran:

> [...] La ordenanza limita la edad para el trabajo de taller y no para el servicio doméstico; porque en nuestras costumbres está la de criar niños, hijos de sirvientes, peones y empleados, de una manera desconocida en otros pueblos, y que son la expresión más pura de la caridad de las familias. Una señora europea se llenaría de asombro, viendo a nuestras damas cuidar á *su chinita*, no sólo en su alimento, en su vestido, sinó hasta en su aseo personal y soportar después todos los inconvenientes que esta trae á la familia y no pocas ingratitudes.
>
> Cierto es, pero ello es muy excepcional, que hay quien abusa y maltrata á estos seres desvalídos, pero la caducidad del contrato por causa de sevicia y malos tratamientos, la intervención de los padres y tutores y la del Ministerio de Menores, son medios bastantes para evitar y corregir los abusos; mucho más cuando, en honor de nuestra sociabilidad debe decirse, que no hay abuso que escape á la crítica del pueblo, y fácilmente llega a las columnas de la prensa. [491]

Bialet Massé no solo no objetaba la existencia de niños y niñas sirvientes, sino que además consideraba en términos positivos la ambigüedad de esas relaciones de trabajo y de crianza que eran habituales en el servicio doméstico. Pensaba que se trataba de costumbres que denotaban sentimientos caritativos y humanitarios por parte de las familias que tomaban menores bajo esa condición (que solo se cuestionaban cuando existían abusos o malos tratos). Este tipo de expresiones parecen haber formado parte de un sentido compartido, independientemente de las posiciones ideológicas.

El servicio doméstico como destino para los niños y niñas pobres era una realidad que estaba naturalizada y que gozaba de aceptación social. Su entrega a partir de los arreglos de trabajo o de crianza (los límites eran muy difusos) era una alternativa válida para resolver la subsistencia. En los hogares de menores recursos era habitual que la crianza

---

[491] Bialet Massé, Juan, *Proyecto de una ordenanza reglamentaria del servicio obrero y doméstico de acuerdo con la legislación y las tradiciones de la República Argentina*, Rosario de Santa Fe, Tip. de Wetzel y Buscaglione, 1902, pp. 57-58.

implicara como contrapartida la ejecución de una serie de trabajos o la prestación de servicios domésticos por parte de aquellos que eran "criados". De esa forma, los aspectos (¿más?) laborales de esos vínculos quedaban muchas veces solapados por la proximidad y afectividad que suponían, porque se consideraba que pertenecían al ámbito de las relaciones familiares.

El servicio doméstico también resultó "funcional" a las necesidades de un Estado que, ejerciendo un rol tutelar, sacaba a los niños de la calle o del conventillo y los reubicaba en casas de familia para que los "criaran" y los "educaran" a cambio de sus servicios. Este segmento laboral estaba articulado a un andamiaje institucional porque era considerado una "solución" frente a otras amenazas. Además de descongestionar asilos atestados e insuficientes en su infraestructura y sus recursos y de achicar los gastos de las arcas públicas (en definitiva los gastos de aquellas "crianzas" recaían en los particulares), a los ojos de las autoridades, las colocaciones de menores en casas particulares funcionaban como un ámbito de contención, como un "refugio". En definitiva, y sobre esto existía un generalizado consenso, el mayor problema era que los niños estuvieran en las calles. Frente a los riesgos y peligros que ello representaba, eran preferibles las colocaciones domésticas porque al menos de esa forma quedaban contenidos en un entorno familiar y bajo el control de una autoridad moral, los patrones.

La presencia de niños en el sector no fue puesta en cuestión durante mucho tiempo porque se conectaba con los procesos más amplios de reproducción social. El servicio doméstico descomprimía, aliviaba presiones. Esto era así tanto para las familias que enviaban a sus miembros de menor edad a trabajar para resolver su subsistencia, como para un Estado muy poco inclinado a responder a las necesidades de asistencia y protección social de su población. A su vez, aquellas familias que no podían costearse un sirviente de mayor edad o que querían ampliar su plantel doméstico, se contentaban con tomar niños o niñas como sirvientes.

Los elementos desplegados a lo largo de este estudio muestran la distancia que existía entre los hogares populares (sobre todo en sus escalones más bajos) y las modernas ideas de familia, maternidad y niñez que se estaban configurando (la familia nuclear, la intensidad afectiva, el hombre como autoridad y proveedor, la mujer como esposa y madre, los niños como hijos y alumnos). Las bases materiales que debían sostener esos arquetipos no estaban garantizadas para una parte importante de la población. Ante las urgencias que les imponía la subsistencia, las familias se desmembraban, las mujeres buscaban un empleo o medio de vida, los niños se criaban por fuera de sus hogares de origen, no asistían a la escuela y trabajaban como los adultos. De todas formas, como ha señalado Cosse, esos modelos tuvieron un gran efecto normativo, ya que contribuyeron a definir lo que era "correcto", "deseable", "natural" operando sobre una realidad social caracterizada por una gran diversidad de formas y prácticas familiares que no se adecuaban a los preceptos.[492]

Seguramente, entre los casos más emblemáticos se encontraban las mujeres que se colocaban en el servicio doméstico y aquellas que ejercían la lactancia asalariada. Ahondar en el análisis de las imágenes y representaciones construidas en torno a estas mujeres demuestra que las concepciones sobre el trabajo femenino no fueron homogéneas. Las mujeres se insertaron en muchos ámbitos laborales y la consideración que se tuvo de las fabriqueras o de las empleadas de comercio no fue la misma que la que se tuvo de las sirvientas, las amas de leche o las maestras. Las

---

[492] Véase: Cosse, Isabella, *Pareja, sexualidad y familia en los años sesenta*, Buenos Aires, Sigo XXI, 2010, pp. 13-14.

investigaciones que profundizan el conocimiento de distintos segmentos del mercado laboral contribuyen a enriquecer la historia de las mujeres y del trabajo femenino.

Este estudio ha procurado ofrecer un camino de acercamiento, entre muchos posibles, al mundo y el punto de vista de aquellos habitantes de Buenos Aires, tan numerosos y tan difíciles de aprehender. Y es mucho lo que queda por delante. Sin duda, nuevos estudios retomarán el tema, para desarrollar nuevas dimensiones, para agregar complejidad al retrato de esas vidas. Restituir a los trabajadores y trabajadoras domésticos su lugar en la historia es una tarea que apenas comienza.

Fuentes y bibliografía

1. Fuentes

Documentos de archivo

Archivo General de la Nación.

Departamento Documentos Escritos *División del Poder Judicial, Fondo Tribunales Civiles* (G):
-Legajo 5, Año 1907, N° 73. Gonzalez, Doña Flara solicitando se le nombre tutor.
-Legajo 2, Año 1912, N° 106. Golfier Don Fermín s/ restitución de una hija menor.
-Legajo 1, Año 1919, N° 5088. Garre, Doña Luisa solicitando la entrega de una menor.

Fondo *"Instituciones de la Sociedad de Beneficencia y Asistencia Social (1823-1952)"*:
-Defensoría de Menores, Legajo 57, 1824-1895, vols. 1 y 2.
-Defensoría de Menores, Legajo 4, años 1896-1904, vols. 1 y 2.
-Casa de Huérfanas, Legajo 46, 1898-1912, vols. 1, 2 y 3.
-Servicios Extraordinarios (sin catalogar), 1823-1900, vol. 1.

Primer Censo de la República Argentina, Libreto de Censo, septiembre 15 de 1869, varios tomos de las cédulas censales.
Segundo Censo de la República Argentina, Libreto del Censo, Capital de la República, 9 de mayo de 1895, varios tomos de las cédulas censales.

Publicaciones oficiales

Actas de la Comisión Municipal de la Ciudad de Buenos Aires correspondiente al año 1875, Publicación ordenada por el Presidente del H. Concejo Deliberante Dr. Carlos M. Coll, Buenos Aires, Talleres Gráficos "Optimus", 1912. En Dirección General Centro Documental de Información y Archivo Legislativo (CEDOM).

Boletín del Departamento Nacional del Trabajo, varios números, ediciones y años (1907-1915). En Biblioteca Dr. Juan Bialet Massé.

Censo General de Población, Edificación, Comercio e Industrias de la Ciudad de Buenos Aires, Capital Federal de la República Argentina, levantado los días 17 de agosto, 15 y 30 de septiembre de 1887, bajo la administración del Dr. Antonio F. Crespo y compilado por una comisión compuesta por los señores Francisco Latzina, Manuel C. Chueco, Alberto Martínez y Dr. Norberto Pérez. Buenos Aires, Compañía Sudamericana de Billetes de Banco, 1889, 2 tomos. En Centro de Estudios Históricos Policiales "Comisario Inspector Dn. Francisco L. Romay" (CEHP).

Censo General de Población, Edificación, Comercio e Industrias de la Ciudad de Buenos Aires, Capital Federal de la República Argentina, levantado los días 11 y 18 de septiembre de 1904, durante la administración del Sr. Don Alberto Casares. Alberto B. Martínez (director). Buenos Aires, Compañía Sudamericana de Billetes de Banco, Buenos Aires, 1906, pp. CLVVI-557. En CEHP.

Censo General de Población, Edificación, Comercio e Industrias de la Ciudad de Buenos Aires, Capital Federal de la República Argentina, en conmemoración del primer centenario de la Revolución de Mayo, 1810-1910, 16 al 24 de octubre de 1909. Buenos Aires, Compañía Sudamericana de Billetes de Banco, 1910, 3 vols. En CEHP.

Código Civil de la República Argentina, Buenos Aires, Pablo E. Coni, 1874. En Biblioteca Nacional Mariano Moreno (BN).

Congreso Nacional, Diario de Sesiones de la Cámara de Diputados, varias ediciones y años (1906, 1907, 1919, 1922, 1924). En Biblioteca del Congreso (BC).

Decreto Reglamentario del Estatuto del Servicio Doméstico, Boletín Oficial, 30 de abril de 1956. Disponible en: goo.gl/meq3mn.

Digesto Municipal de la Ciudad de Buenos Aires. Recopilación de leyes, ordenanzas y decretos, varios recopiladores, ediciones y años (1877-1918). En CEDOM.

Intendencia Municipal, Patronato y Asistencia de la Infancia de la Capital de la República, Trabajos de la Comisión Especial, Publicación Oficial, Buenos Aires, Establecimiento Tipográfico El Censor, 1892. En BN.

Memoria del Presidente de la Comisión Municipal al Concejo correspondiente al ejercicio de 1879, Tomo primero, Buenos Aires, Imprenta de Martín Biedma, 1880. En CEDOM.

Ministerio del Interior, Ley N° 11317. Trabajo de mujeres y menores y decretos reglamentarios. Capital Federal y Territorios Nacionales, Publicación oficial, 1928. Disponible en: http:isuu.com/sociohistoricos-unlpam/docs/ley_11317. Consultado el 29/08/2013.

Primer Censo de la República Argentina, verificado los días 15, 16 y 17 de septiembre de 1869, con la dirección de Diego G. de la Fuente, superintendente del censo. Buenos Aires, Imprenta del Porvenir, 1872, 1 tomo. En Instituto Nacional de Estadística y Censos (INDEC).

Segundo Censo de la República Argentina, mayo 10 de 1895, decretado en la administración del Dr. Sáenz Peña, verificado en la del Dr. Uriburu. Comisión directiva: Diego de la Fuente (presidente); Gabriel Carrasco, Alberto B. Martínez (vocales). Buenos Aires, Taller Tipográfico de la Penitenciaría Nacional, 1898, Tomo II. En INDEC.

Tercer Censo de la República Argentina, levantado el 1° de junio de 1914, ordenado por la Ley 9108 durante la presidencia del Dr. Roque Sáenz Peña, ejecutado cuando era presidente el Dr. Victorino de la Plaza. Comisión nacional: Alberto

B. Martínez *(presidente), Francisco Latzina, Emilio Lahitte (vocales)*. Buenos Aires, Talleres Gráficos de L. J. Rosso y Cía. Tomo III, 1917. En INDEC.

Régimen de trabajo y previsión del personal que presta servicios en casas de familia, Decreto-Ley 326/56. Disponible en: goo.gl/6c9y9h.

Versiones taquigráficas de las Sesiones del H. Concejo Deliberante de la Ciudad de Buenos Aires, varios períodos, ediciones y años (1900-1912). En CEDOM.

Publicaciones periódicas

Caras y Caretas (1898-1915)
La Argentina (1904)
La Prensa (1870-1915)
La Vanguardia (1900-1925)
Revista de policía (1918)

Ensayos y estudios

Baró de Engo, María Rosa, *Tratado de economía doméstica, corte y confección y labores*, Buenos Aires, Est. Gráfico Ferrari Hnos., s/f.

Beruti, Nicolás T., *Lactancia*, tesis para el Doctorado, Facultad de Ciencias Médicas, Buenos Aires, Librería, Imprenta y Encuadernación de J., Peuser, 1877.

Bialet Massé, Juan, *Proyecto de una ordenanza reglamentaria del servicio obrero y doméstico de acuerdo con la legislación y las tradiciones de la República Argentina*, Rosario de Santa Fe, Tip. de Wetzel y Buscaglione, 1902.

Campi, Daniel, "Captación forzada de mano de obra y trabajo asalariado en Tucumán, 1856-1896", *Anuario IEHS*, N° 8, Tandil. 1993.

___, "La conformación del mercado de trabajo en Tucumán (1800-1870)", en *Trabajo y Sociedad. Indagaciones sobre el empleo, la cultura y las prácticas políticas en sociedades segmentadas*, N° 5, vol. IV, septiembre-diciembre de 2002, Santiago del Estero, Argentina. Disponible en: goo.gl/g7QIih.

Canevaris, Angel, *Consideraciones sobre la lactancia*, Facultad de Ciencias Médicas, Buenos Aires, Imprenta del Mercurio, 1875.

Canevari, Fortunato, *Las causas de la mortalidad infantil*, tesis presentada para optar al grado de Doctor en Medicina, Universidad de Buenos Aires, Facultad de Ciencias Médicas, Buenos Aires, Las Ciencias, 1904.

Cervera, Joaquín, *Alimentación de la primera infancia. Lactancia materna y artificial*, tesis inaugural presentada para optar al grado de Doctor en Medicina y Cirujía, Universidad de Buenos Aires, Facultad de Ciencias Médicas, Buenos Aires, Imp. y Lit. Prina y Cía., 1897.

Coni, Emilio R., *La mortalidad infantil en la Ciudad de Buenos Aires. Estudio comparativo con la mortalidad infantil de Río de Janeiro, Montevideo, Lima, México, y otras ciudades americanas*, Buenos Aires, Imprenta de Pablo E. Coni, 1879.

_____, *Asistencia y previsión social. Buenos Aires caritativo y previsor*, Buenos Aires, E. Spinelli, 1918.

Demaría, Enrique H., *Consideraciones higiénicas sobre la leche y la lactancia*, tesis inaugural, Buenos Aires, Imp. y Lit. Prina Cía., 1896.

De Veyga, Francisco, "Los auxiliares del vicio y del delito", *Archivos de Psiquiatría, Criminología y Ciencias Afines*, 1904, pp. 289-313.

Diccionario de la Lengua Castellana por La Real Academia Española, eecimocuarta Edición, Madrid, Imprenta de los Sucesores de Hernando, año 1914.

Estatutos Generales de la Asociación Protectora de la Joven Sirvienta, Buenos Aires, Casa Editora Alfa y Omega, 1914.

Kaminsky, Esther, *Puericultura. Protección a la primera infancia en la República Argentina*, tesis presentada para optar por el título de Doctor en Medicina, Universidad

Nacional de Buenos Aires, Facultad de Ciencias Médicas, Buenos Aires, La Semana Médica, Imp. de obras de E. Spinelli, 1914.

Latino, Aníbal, *Tipos y costumbres bonaerenses*, España, Hyspamérica, 1984.

Montes, Sara H., Código Social (Argentino), Buenos Aires, Cabaut & Cía., Editores, segunda edición, "Librería del Colegio", Alsina y Bolívar, 1918.

Podestá, Manuel T., *Niños. Estudio médico y social*, Buenos Aires, Imprenta La Patria Italiana, 1888.

Rossi, José G, "Profesiones peligrosas. El servicio doméstico", *Archivos de Psiquiatría, Criminología y Ciencias Afines*, 1907, pp. 72-77.

Villar, Carlos L., *A las madres de familia de la Ciudad de Buenos Aires. Administración de nodrizas*, creada por el Dr. Carlos L. Villar en su Estudio Médico, Buenos Aires, Imprenta de M. Biedma, 1880.

Zauchinger, Adela, *La protección de la primera infancia*, tesis presentada para optar al título de Doctor en Medicina, Universidad de Buenos Aires, Facultad de Ciencias Médicas, Buenos Aires, J.M. Monqaut, 1910.

2. Bibliografía

Acha, Omar, "Trabajo y delito en las empleadas domésticas durante el primer peronismo: repensar las nociones de lucha y conciencia de clase", en *historiapolitica.com*, 2013. Disponible en: goo.gl/9s3JkU.

Álvarez, Adriana y Reynoso, Daniel, "Entre el abandono y la debilidad. El cuidado de la salud en la primera infancia", en Cosse, Isabella; Llobet, Valeria et al. (eds.), *Infancias: políticas y saberes en Argentina y Brasil. Siglos XIX y XX*, Buenos Aires, Teseo, 2011.

Apple, Rima D., *Mothers and medicine: a social history of infant feeding, 1890-1950*, Madison, University of Wisconsin Press, 1987.

Armus, Diego, "El descubrimiento de la enfermedad como problema social", en Lobato, Mirta Zaida (dir.), *Nueva Historia Argentina. El progreso, la modernización y sus límites (1880-1916)*, Tomo 5, Buenos Aires, Editorial Sudamericana, 2000.

Arzipe, Lourdes, "Women in the Informal Labor Sector: The Case of México City", i *Signs*, 1977, vol. 3, N° 1, 1980, pp. 35-63.

Aversa, María Marta, "Infancia abandonada y delincuente. De la tutela provisoria al patronato público (1910-1931)", en Lvovich, Daniel y Suriano, Juan (ed.), *Las políticas sociales en perspectiva histórica, Argentina, 1870-1952*, Buenos Aires, Prometeo Libros, 2006.

_____, "Colocaciones y destinos laborales en niños y jóvenes asilados en la Ciudad de Buenos Aires (1890-1900)", en Lionetti Lucía y Míguez, Daniel (comp.), *Las infancias en la historia argentina. Intersecciones entre prácticas, discursos e instituciones (1890-1960)*, Rosario, Prohistoria ediciones, 2010.

_____, *Un mundo de gente menuda. El trabajo infantil tutelado. Ciudad de Buenos aires, 1870-1920*, tesis de Doctorado en Ciencias Antropológicas, Facultad de Filosofía y Letras, UBA, 2014.

_____, "Las tramas sociales de la minoridad: infancias pobres y oficios 'deshonestos' en la Ciudad de Buenos Aires, fines del siglo XIX y principios del XX", en *Trashumante. Revista Americana de Historia Social*, N° 8, 2016, pp. 132-153. Disponible en: goo.gl/qEvtjy.

Barrancos Dora, "¿Mujeres comunicadas? Las trabajadoras telefónicas en las décadas de 1930-1940", en Garrido, Hilda Beatriz y Bravo María Celia (coord.), *Temas de Mujeres. Perspectivas de Género. IV Jornadas de Historia de las Mujeres y Estudios del Género*, Tucumán, CEHIM, Facultad de Filosofía y Letras, Universidad Nacional de Tucumán, 1998.

_____, *Mujeres en la sociedad argentina. Una historia de cinco siglos*, Buenos Aires, Sudamericana, 2007.

Benecia, Roberto, "La inmigración limítrofe", en Devoto, Fernando, *Historia de la inmigración en la Argentina*, Buenos Aires, Sudamericana, 2009.

Binstock, Catalina, "El nacimiento de una ocupación femenina: la enfermería en Buenos Aires", en *Desarrollo Económico*, vol. XXXII, N° 126, julio-septiembre, 1992.

Birgin, Haydée, "Sin acceso a la justicia: el caso de las trabajadoras domésticas en la Argentina", en Valenzuela, María Elena y Mora, Claudia (eds.), *Trabajo doméstico: un largo camino hacia el trabajo decente*, Santiago de Chile, OIT, 2009.

Blum, Ann S., "Cleaning the Revolutionary Household: Domestic Service and Public Welfare in México City, 1900-1935", *Journal of Women's History*, 2003, vol. 15, N° 4, pp. 67-90.

____, *Domestic Economies. Family, work, and Welfare in México City, 1884-1943*, University of Nebraska, Lincoln and London, 2009.

____, "Speaking of Work and Family: Reciprocity, Child Labor, and Social Reproduction, Mexico City, 1920-1940", *Hispanic American Historical Review*, 91: 1, Duke University Press, 2011, pp. 63-95.

Bressan, Raquel Valeria, *La Prensa, 1869-1879. Un acercamiento al mundo periodístico a partir de la primera década del diario*, tesis de Maestría en Investigación Histórica, Universidad de San Andrés, 2010.

Caimari, Lila, *Apenas un delincuente. Crimen, castigo y cultura en la Argentina, 1880-1955*, Buenos Aires, Siglo XXI Editores, Argentina, 2004.

Canevaro, Santiago, 'Como de la familia'. *Entre el afecto, la desigualdad y el mercado: empleadas y empleadoras del servicio doméstico en la Ciudad de Buenos Aires*, tesis para optar por el título de Doctor en Ciencias Sociales, Facultad de Ciencias Sociales, Universidad de Buenos Aires, Buenos Aires, 2011.

___, "Afectos, saberes y proximidades en la configuración de la gestión del cuidado de niños en el hogar. Empleadas y empleadoras del servicio doméstico en la Ciudad de Buenos Aires", *Trabajo y Sociedad*, Santiago del Estero, 2014, vol. XVII.

___, "Gestionando distancias y disputando saberes en el hogar: Empleadas y empleadoras del servicio doméstico en Buenos Aires", *Iluminuras*, Porto Alegre, 2013, vol. 14, pp. 276-305.

Cárdenas Isabel, *Ramona y el robot. El servicio doméstico en barrios prestigiosos de Buenos Aires (1895-1985)*, Buenos Aires, Ediciones Búsqueda, 1986.

Carretero, Andrés, *Prostitución en Buenos Aires*, Buenos Aires, Corregidor, 1998.

Ciafardo, Eduardo O., *Los niños en la Ciudad de Buenos Aires (1890/1910)*, Buenos Aires, CEAL, 1992.

Cibotti, Ema, "Del habitante al ciudadano: la condición del inmigrante", en Lobato, Mirta Zaida (dir.), *Nueva Historia Argentina. El progreso, la modernización y sus límites (1880-1916)*, Tomo 5, Buenos Aires, Sudamericana, 2000.

Cicerchia, Ricardo, "Familia: la historia de una idea. Los desórdenes domésticos de la plebe urbana porteña, Buenos Aires, 1776-1850", en Wainerman, Catalina H. (comp.), *Vivir en familia*, Buenos Aires, Unicef-Losada,1994.

____, "Las vueltas del torno: claves de un maltusianismo popular", en Fletcher, Lea, *Mujeres y cultura en la Argentina del siglo XIX*, Buenos Aires, Feminaria, 1994.

Chaney, Elsa y García Castro, Mary (eds.), *Muchacha, cachifa, criada, empleada, empregadinha, sirvienta y más nada. Trabajadoras del hogar en América Latina y el Caribe*, Caracas, Nueva sociedad, 1993.

Colángelo, María Adelaida, "El saber médico y la definición de una 'naturaleza infantil' entre fines del siglo XIX y comienzos del siglo XX en la Argentina", en Cosse,

Isabella; Llobet, Valeria et al. (eds.), *Infancias: políticas y saberes en Argentina y Brasil. Siglos XIX y XX*, Buenos Aires, Teseo, 2011.
Cortés Conde, Roberto, *El progreso argentino, 1880-1914*, Buenos Aires, Sudamericana, 1979.
Cortés, Rosalía, *Salarios y marco regulatorio del servicio doméstico*, Documento de trabajo N° 9, Buenos Aires, OIT/MTEySS, 2004.
Cosse, Isabella, *Estigmas de nacimiento. Peronismo y orden familiar, 1946-1955*, Buenos Aires, Fondo de Cultura Económica-Universidad de San Andrés, 2006.
___, *Pareja, sexualidad y familia en los años sesenta*, Buenos Aires, Siglo XXI, 2010.
De Oliveira, Orlandina y Ariza, Marina, "División sexual del trabajo y exclusión social", en *Revista Latinoamericana de Estudios del Trabajo*, año 3, N° 5, 1997.
Devoto, Fernando, *Historia de la inmigración en la Argentina*, Buenos Aires, Sudamericana, 2009.
Di Corleto, Julieta, *Malas madres. Aborto, infanticidio y abandono de niños (Ciudad de Buenos Aires, fines del siglo XIX-principios del siglo XX)*, borrador de tesis para optar por el grado de Doctor en Historia, Universidad de San Andrés.
Dudden, Faye, *Serving Women in 19th Century America*, Wesleyan University Press, 1983.
Falcón, Ricardo, *El mundo del trabajo urbano (1890-1914)*, Buenos Aires, CEAL, 1986.
Fauve-Chamoux, Antionette (ed.), *Domestic service and the formation of European Identity. Understanding the globalization of domestic work*, Bern-Berlin, Peter Lang, 2004.
Faÿ~Sallois, Fanny, *Les nourrices à París au XIX siècle*, París, Payot, 1980.
Feijóo, María del Carmen, "Las trabajadoras porteñas a comienzos del siglo", en Diego Armus (comp.), *Mundo urbano y cultura popular. Estudios de Historia Social Argentina*, Buenos Aires, Sudamericana, 1990.

Fernandes de Souza, Flavia, *Para casa de família e mais serviços: o trabalho doméstico na cidade do Rio de Janeiro no final do Século XIX*, dissertação Mestrado em História, Faculdade de Formação de Professores, Universidade do Estado do Rio de Janeiro, São Gonçalo, 2009.

____, "Entre a convivência e a retribuição: trabalho e Subordinação nos significados sociais da prestação de Serviços *domésticos* (cidade do rio de janeiro, 1870-1900)", em *Revista de História Comparada*, Rio de Janeiro, 4-1: 93-125, 2010, pp. 121-122. Disponible en: goo.gl/Xk7ub7.

Fonseca, Claudia, *Caminos de adopción*, Buenos Aires, Eudeba, 1995.

Fraisse, Geneviève, *Femmes toutes mains. Essai sur le service domestique*, Paris, Éditions du Seuil, 1979.

Francis Korn, *Buenos Aires 1895. Una ciudad moderna*, Buenos Aires, Editorial del Instituto, 1981.

Freidenraij, Claudia, *La niñez desviada. La tutela estatal de niños pobres, huérfanos y delincuentes. Buenos Aires, c. 1890-1919*, tesis de Doctorado en Historia, Universidad de Buenos Aires, 2015.

____, "El caso Manuel Sicar. Resistencias y disputas en torno a los niños tutelados por el Estado (Buenos Aires, fines del siglo XIX)", en *Trashumante. Revista Americana de Historia Social*, N° 8, 2016, pp. 154-175. Disponible en: goo.gl/tmv5uI.

García Ferrari, Mercedes, "'Una marca peor que el fuego'. Los cocheros de la Ciudad de Buenos Aires y la resistencia al retrato de identificación", en Lila Caimari (comp.), *La ley de los profanos. Delito, justicia y cultura en Buenos Aires (1880-1940)*, Buenos Aires, Fondo de Cultura Económica, 2007.

____, *Ladrones conocidos/sospechosos reservados. Identificación policial en Buenos Aires, 1880-1905*, Buenos Aires, Prometeo, 2010.

Gayol, Sandra, *Sociabilidad en Buenos Aires: hombres, honor y cafés, 1862-1910*, Buenos Aires, Ediciones del Signo, 2000.

Giddens, Anthony, "Etnicidad y raza", en Giddens, Anthony, *Sociología*, Alianza Editorial, Madrid, 2000, pp. 277-315.

Gill, Lesley, *Precarious Dependencies: Gender, Class, and Domestic Service in Bolivia*, New York, Columbia University Press, 1994.

Gogna, Mónica, "Empleadas domésticas en Buenos Aires", en Chaney Elsa, García Castro Mary (eds.), *Muchacha, cachifa, criada, empleada, empregadinha, sirvienta y más nada*, 1ra. edición en español, Caracas, Nueva sociedad, 1993.

Goldsmith, Mary, "Sindicato de trabajadoras domésticas en México (1920-1950)", *Política y Cultura*, N° 1, 1992, pp. 75-89.

___, "De sirvientas a trabajadoras. La cara cambiante del servicio doméstico en la ciudad de México", en Lamas, Marta (comp.), *Miradas feministas sobre las mexicanas del siglo XX*, México, FCE, 2007.

González, Ricardo, *Gente y sociedad. Los obreros y el trabajo. Buenos Aires, 1901*, Buenos Aires, CEAL, 1984.

Gorbán, Débora, *Empleadas y empleadoras: tensiones de una relación atravesada por la ambigüedad*, Madrid, Centro de Investigaciones Sociológicas, 2012.

___, "El trabajo doméstico se sienta a la mesa: la comida en la configuración de las relaciones entre empleadores y empleadas", en *Revista de Estudios Sociales*, N° 45, Universidad de Los Andes, 2013.

Graham, Sandra Lauderdale, *Proteção e obediência: criadas e seus patrões no Rio de Janeiro, 1860-1910*, Sao Pablo, Compania das Letras, 1992.

Guiral, Pierre y Thuillier, Guy, *La vie quotidienne des domestiques en France au XIX° siècle*, Paris, Hachette, 1978.

___, *La vie quotidienne des domestiques en France au XIX siècle*, Editions Hachette, París, 1985.

Gutiérrez, Leandro H., "Los trabajadores y sus luchas", en Romero, José Luis y Romero, Luis Alberto (dirs.), *Buenos Aires. Historia de cuatro siglos,* Tomo II, Buenos Aires, Editorial Abril, 1983.
Guy, Donna J., *El sexo peligroso: la prostitución legal en Buenos Aires, 1895-1955,* Buenos Aires, Sudamericana, 1994.
_____, "Niños abandonados en Buenos Aires (1880-1914) y el desarrollo del concepto de madre", en Fletcher, Lea, *Mujeres y cultura en la Argentina del siglo XIX,* Buenos Aires, Feminaria, 1994.
_____, *Las mujeres y la construcción del Estado de Bienestar. Caridad y creación de derechos en Argentina,* Buenos Aires, Prometeo, 2001.
Hobsbawm, Eric J., "Historia de la clase obrera e ideología", en Hobsbawm, Eric J., *El mundo del trabajo. Estudios históricos sobre la formación de la clase obrera,* Barcelona, Crítica, 1987.
Horn, Pamela, *The Rise & Fall of the Victorian Servant,* Sutton Publishing, 2004.
Iscaro Rubens, *Historia del movimiento sindical,* Buenos Aires, Editorial Ciencias del Hombre, 1974.
Jelin, Elizabeth, "Migración a las ciudades y participación en la fuerza de trabajo de las mujeres latinoamericanas: el caso del servicio doméstico", en *Estudios Sociales N° 4,* Buenos Aires, 1976.
Joan Scott, "Women in *The Making of the English Working Class*", en *Gender and the Politics of History,* Nueva York, Columbia University Press, 1988.
Kaplan Temma, "Conciencia femenina y acción colectiva, el caso de Barcelona, 1910-1018", en Amelang, James S. y Nash Mary, *Historia y género. Las mujeres en la Europa Moderna y Contemporánea,* Ediciones Alfons El Magnánim, Valencia, 1990.
Katzman, David, *Seven Days a Week: Women and Domestic Service in Industrializing America,* New York, Oxford University Press, 1978.

Kohn Loncarica, Alfredo Guillermo y Agüero, Abel Luis Alfredo, "El contexto médico", en Biagini, Hugo E. (comp.), *El movimiento positivista argentino*, Editorial de Belgrano, Buenos Aires, 1986.

Kluger, Viviana, "El defensor general de menores y la sociedad de beneficencia. La discusión de 1887 en torno a sus atribuciones", en *Revista de Historia del Derecho*, N° 17, Instituto de Investigaciones de Historia del Derecho, Buenos Aires, 1989, pp. 411-430. Disponible en: goo.gl/o7odz8.

Kritz, Ernesto H., "La formación de la fuerza de trabajo en la Argentina: 1869-1914", en *Cuadernos del CENEP*, 1979.

Lautier, Bruno, "Las empleadas domésticas latinoamericanas y la sociología del trabajo: algunas observaciones acerca del caso brasilero", en *Revista mexicana de sociología*, año 65, N° 4, oct.-dic. 2003.

Lavrin, Asunción, *Women, Feminism, and Social Change in Argentina, Chile, and Uruguay 1890-1940*, Lincoln and London, Univesity of Nebraska Press, 1995.

Liernur, Jorge F., "La ciudad efímera, consideraciones sobre el aspecto material de Buenos Aires, 1870-1910", en Liernur, Jorge F. y Silvestre, Graciela, *El umbral de la metrópolis. Transformaciones técnicas y cultura en la modernización de Buenos Aires (1870-1930)*, Buenos Aires, Editorial Sudamericana, 1993.

___, "La construcción del país urbano", en Lobato, Mirta Zaida (dir.), *Nueva Historia Argentina. El progreso, la modernización y sus límites (1880-1916)*, Tomo 5, Buenos Aires, Sudamericana, 2000.

Lobato, Mirta Zaida, "Los trabajadores en la era del progreso", en Lobato, Mirta Zaida (dir.), *Nueva Historia Argentina. El progreso, la modernización y sus límites (1880-1916)*, Tomo 5, Buenos Aires, Editorial Sudamericana, 2000.

————, "Entre la protección y la exclusión: discurso maternal y protección de la mujer obrera, Argentina 1890-1934", en Suriano Juan (comp.), *La cuestión social en Argentina: 1870-1943*, Buenos Aires, Editorial La Colmena, 2000.

————, *La vida en las fábricas. Trabajo, protesta y política en una comunidad obrera, Berisso (1904-1970)*, Buenos Aires, Prometeo Libros/Entrepasados, 2001.

————, "El trabajo de las mujeres en Argentina y Uruguay", en Morant, Isabel, *Historia de las mujeres en España y en América Latina*, vol. IV, Madrid, Cátedra, 2005-2006.

————, *Historia de las trabajadoras en la Argentina: 1869-1960*, Buenos Aires, Edhasa, 2007.

Losada, Leandro, *La alta sociedad en la Buenos Aires de la "Belle époque": sociabilidad, estilos de vida e identidades*, Buenos Aires, Siglo Veintiuno Argentina, 2008.

Machado Koutsoukos, Sandra Sofía, "'Amas mercenarias': o discurso dos doutores em medicina e os retratos de amas – Brasil, segunda metade do século XIX", en *História, Ciencias, Saúde – Manguinhos*, Rio de Janeiro, vol. 16, N° 2, abr-jun 2009, pp. 305-324.

Marotta, Sebastián, *El movimiento sindical argentino. Su génesis y desarrollo*, Tomo I, período 1857-1907, Buenos Aires, Ediciones Lacio, 1960.

Martín, Ana Laura, "Mujeres y enfermería: una asociación temprana y estable (1886-1940)", en Carolina Biernat… [et. al]), *La salud pública y la enfermería en la Argentina*, Universidad Nacional de Quilmes, Bernal, 2015.

Martine-Fugier, Anne, *La Place des Bonnes, la domesticité féminine à Paris en 1900*, París, Perrin, 2004.

Masés, Enrique H., *Estado y cuestión indígena. El destino final de los indios sometidos en el sur del territorio (1878-1930)*, Buenos Aires, Prometeo, 2009.

Mazzeo, Victoria, *Mortalidad infantil en la Ciudad de Buenos Aires (1856-1986)*, Buenos Aires, CEAL, 1993.

Mercado, Matilde A., *La primera ley de trabajo femenino. La mujer obrera (1890-1910)*, Buenos Aires, CEAL, 1988.

Milanich, Nara B., "The *Casa de Huerfanos* and Child Circulation in Late-Nineteenth-Century Chile", in *Journal of Social History*, vol. 38, N° 2 (Winter, 2004), pp. 311-340.
____, *Children of Fate: Childhood, Class, and the State in Chile, 1850-1930*, Durham, Duke University Press, 2009.
____, "Women, Children, and the Social Organization of Domestic Labor in Chile", *Hispanic American Historical Review*, 91: 1, Duke University Press, 2011, pp. 29-62.
Moreno, José Luis (comp.), *La política social antes de la política social. Caridad, beneficencia y política social en Buenos Aires, siglos XVIII a XX*, Buenos Aires, Prometeo, 2000.
____, *Historia de la familia en el Río de La Plata*, Buenos Aires, Sudamericana, 2004.
Morgade Graciela, "La docencia para las mujeres: una alternativa contradictoria en el camino de los saberes legítimos", en Morgade Graciela (comp.), *Mujeres en la educación. Género y docencia en Argentina (1870-1930)*, Buenos Aires, Miño y Dávila Editores, 1997.
Moya, José C., *Primos y extranjeros. La inmigración española en Buenos Aires, 1850-1930*, Buenos Aires, Emecé, 2004.
Nari, Marcela, *Políticas de maternidad y maternalismo político (1890-1940)*, Buenos Aires, Biblos, 2005.
Navarro, Marysa y Wainerman, Catalina, "El trabajo de las mujeres: un análisis preliminar de las ideas dominantes en las primeras décadas del siglo XX", en *Cuadernos del CENEP*, N° 7, Buenos Aires, 1979.
Oficina Internacional del Trabajo, *Trabajo decente para los trabajadores domésticos*, Ginebra, OIT, 2009.
Olcott, Jocelyn, "Introduction: Researching and Rethinking the Labors of Love", *Hispanic American Review*, 91: 1, Duke University Press, 2011, pp. 1-27.
Otero, Hernán, *Estadística y Nación. Una historia conceptual del pensamiento censal de la Argentina moderna, 1869-1914*, Buenos Aires, Prometeo, 2006.
Pagani, Estela y María Victoria Alcaraz, *Las nodrizas de Buenos Aires. Un estudio histórico (1880-1940)*, Buenos Aires, CEAL, 1988.

_____, *Mercado laboral del menor (1900-1940)*, Buenos Aires, CEAL, 1991.
Panettieri, José, *Los trabajadores*, Buenos Aires, Editorial Jorge Álvarez, 1967.
_____, *Las primeras leyes obreras*, Buenos Aires, CEAL, 1984.
Palermo, Silvana, "El trabajo femenino en el siglo XX: nuevas miradas y planteos de la historia de la mujer y los estudios de género", Introducción al dossier "El trabajo femenino en Argentina", *Trabajos y Comunicaciones, Revista del Departamento de Historia de la Facultad de Humanidades y Ciencias de la Educación de la Universidad de La Plata*, La Plata, 2008, pp. 99-110.
Paz, Jorge, A. "Brecha de ingresos entre géneros. ¿Capital humano, segregación o discriminación?", en *Estudios del Trabajo*, N° 19, 2000.
Pereira, Milena y Valiente, Hugo, *Regímenes jurídicos sobre trabajo doméstico remunerado en los Estados del MERCOSUR*, Montevideo, Cotidiano Mujer. Disponible en: goo.gl/s46Sep.
Pereyra, Francisca, "La regulación de las condiciones laborales de los trabajadores del cuidado en la Argentina: el caso del empleo doméstico", en Esquivel, V.; Faur, E. y Jelín, E. (eds.), *Las lógicas del cuidado infantil: entre las familias, el Estado y el mercado*, Buenos Aires, IDES/UNICEF/UNPFA, 2012.
Pereyra, Francisca, "El servicio doméstico y sus derechos en Argentina Un abordaje exploratorio desde la perspectiva de empleadas y empleadoras", *Nueva Sociedad*, N° 256, marzo-abril de 2015. Disponible en: http://goo.gl/4FWvQl.
Pérez, Inés, "Historias del servicio doméstico. Trabajo remunerado en Argentina y Chile en la segunda mitad del siglo XIX", en *Nuevo Mundo Mundos Nuevos*, N° 13, 2013.

___, "'De sirvientas y eléctricos servidores'. Imágenes del servicio doméstico en las estrategias de promoción del consumo de artículos para el hogar (Argentina, 1940-1960)", en *Revista de Estudios Sociales*, N° 45, Bogotá, enero-abril de 2013, pp. 42-53.

___, "Un 'régimen especial' para el servicio doméstico. Tensiones entre lo laboral y lo familiar en la regulación del servicio doméstico en la Argentina, 1926-1956", *Cuadernos del IDES*, Buenos Aires, 2015, pp. 44- 67.

___, "Una línea fluctuante: el servicio doméstico y el régimen de accidentes de trabajo (Argentina, 1915-1956)", *Estudios Sociales*, Santa Fe, 2015, pp. 155-182.

___, "Domestic hierarchies. Household workers and middle-class employers in Buenos Aires, 1956-1976", *Journal of Latino/Latin American Studies*, Omaha, 2016.

Perrot, Michelle, *Mi historia de las mujeres*, Buenos Aires, Fondo de Cultura Económica, 2008.

Pita, Valeria Silvina, *La casa de las locas. Una historia social del Hospital de Mujeres dementes, Buenos Aires, 1852-1890*, Rosario, Prohistoria, 2012.

___, "Historia social del trabajo con perspectiva de género en Argentina: aspectos de un entramado en construcción", en Pérez Toledo, Sonia y Solano de las Aguas, Sergio P. (eds.), *Pensar la historia del trabajo y los trabajadores en América, siglos XVIII y XIX*, Iberoamericana Vervuert, 2016.

Pite, Rebekah E., "Entertainig inequalities: Doña Petrona, Juanita Bordoy, and Domestic Work in Mid-Twentieth-Century Argentina", *Hispanic American Historical Review*, 91: 1, Duke University Press, 2011, pp. 97-128.

Plata Quezada, William Elvis, "El sindicato del servicio doméstico y la obra de Nazareth: entre asistencialismo, paternalismo y conflicto de interés, Bogotá 1938-1960", en *Revista de Estudios Sociales*, N° 45, Universidad de Los Andes, 2013, pp. 29-41.

Poblete, Lorena, "Empleo y protecciones sociales, ¿dos caras de la misma moneda? Reflexiones en torno a la regulación del servicio doméstico en Argentina", *Revista Latinoamericana de Derecho Social*, 22, 2015.
Quay Hutchison, Elizabeth, "Identidades y alianzas: el movimiento chileno de las Trabajadoras de Casa Particular durante la Guerra Fría", en *Nuevo Mundo Mundos Nuevos*, N° 13, 2013.
Queirolo, Graciela, "Mujeres que trabajan: una revisión historiográfica del trabajo femenino en la ciudad de Buenos Aires", en *Nuevo Topo*, N° 3, septiembre/octubre de 2006.
___, "Las mujeres y los niños en el mercado de trabajo urbano (Buenos Aires, 1890-1940)", en Recalde Héctor (comp.), *Señoras, universitarias y mujeres (1910-2010). La cuestión femenina entre el Centenario y el Bicentenario de la Revolución de Mayo*, Grupo Editor Universitario, Buenos Aires, 2010.
___, "Vendedoras: género y trabajo en el sector comercial (Buenos Aires, 1910-1050)", en *Revista Estudios Feministas*, Florianopolis, 22, janeiro-abril 2014, pp. 29-50.
___, "Mujeres en las oficinas. Las empleadas administrativas: entre la carrera matrimonial y la carrera laboral (Buenos Aires, 1920-1950), en *Diálogos* (Maringá. Online), vol. 16, N° 2, mai-ago/2012, pp. 417-444.
___, "O Trabalho das mulheres na administraçao: A construção histórica da desigualdade. Buenos Aires 1910-1950", en *Mouseion*, Canoas, N° 18, agosto 2014. Disponible en: http://goo.gl/XI8QkR.
Ramacciotti, Karina Inés, "Dossier. Mujeres, trabajo y profesionalización". Disponible en: http://goo.gl/eWcKvd.
Ramos Escandón, Carmen (comp.), *Género e historia: la historiografía sobre la mujer*, México, Instituto Mora, 1992.
Recchini de Lattes, Zulma y Wainerman, Catalina, "Empleo femenino y desarrollo económico. Algunas evidencias", en *Desarrollo Económico*, Buenos Aires, vol. 17, N° 66, julio-septiembre 1977.

____, "Crecimiento explosivo y desaceleración", en Romero, José Luis y Romero, Luis Alberto (dirs.), *Buenos Aires. Historia de cuatro siglos*, Tomo II, Buenos Aires, Altamira, 1983.

Remedi, Fernando J., "Las trabajadoras del servicio doméstico en la modernización argentina de entre siglos. Córdoba (Argentina), 1870-1910", en Fernando J. Remedi y Teresita Rodríguez Morales, *Actores, escenarios y representaciones (Argentina, Chile y México, siglos XIX-XX)*, Córdoba, Centro de Estudios Históricos Profesor Carlos S.A. Segreti; Santiago de Chile, Universidad de Chile, Centro de Estudios Culturales Latinoamericanos, 2011, pp. 49-70.

____, "'Esta descompostura general de la servidumbre'. Las trabajadoras del servicio doméstico en la modernización argentina. Córdoba, 1869-1906", en *Secuencia. Revista de historia y ciencias sociales*", México, N° 84, septiembre-diciembre 2012, pp. 43-69.

____, "El 'problema del servicio doméstico' en la modernización argentina. Córdoba, 1910-1930", en Remedi, Fernando J., Barbosa Cruz, Mario (comp.), *Cuestión social, políticas sociales y construcción del Estado Social en América Latina, siglo XX*, Córdoba, Centro de Estudios Históricos "Prof. Carlos S. A. Segreti", Ciudad de México, Universidad Autónoma Metropolitana-Unidad Cuajimalpa, 2014.

Ríos, Julio César y Talak, Ana María, "La niñez en los espacios urbanos (1890-1920)", en Devoto Fernando; Madero, Marta, *Historia de la vida privada en la Argentina, Tomo II, La Argentina plural: 1870-1930*, Buenos Aires, Taurus, 1999.

Rocchi, Fernando, "La armonía de los opuestos: industria, importaciones, y construcción urbana de Buenos Aires en el período 1880-1920", en *Entrepasados, Revista de Historia*, año IV, N° 7, fines de 1994.

____, "Concentración de capital, concentración de mujeres. Industria y trabajo femenino en Buenos Aires, 1890-1930", en Gil Lozano Fernanda, Pita Valeria, Ini Gabriela (dirs.), *Historia de las mujeres en la Argentina*, tomo 2, Buenos Aires, Taurus, 2000.

____, "El péndulo de la riqueza: la economía argentina en el período 1880-1916", en Lobato, Mirta Zaida (dir.), *Nueva Historia Argentina. El progreso, la modernización y sus límites (1880-1916)*, Tomo 5, Buenos Aires, Sudamericana, 2000.

Rollins, Judith, *Between Women. Domestic and their employers*, Philadelphia, Temple University, 1985.

Romero, José Luis y Romero, Luis Alberto (dirs.), *Buenos Aires. Historia de cuatro siglos*, Tomo II, Buenos Aires, Editorial Abril, 1983.

Romero, Mary, *Maid in USA*, New York and London, Routledge, 1992.

Rustán, María E. y Carbonetti, Adrián, "El trabajo infantil en contextos urbanos de la Argentina. El caso de Buenos Aires y Córdoba a principios de siglo XX", en *Cuadernos de historia*, Serie Población, N° 2, 2000.

Sábato, Hilda y Romero, Luis Alberto, *Los trabajadores de Buenos Aires. La experiencia del mercado, 1850-1880*, Buenos Aires, Sudamericana, 1992.

Sarasúa, Cármen, *Criados, nodrizas y amos*: el servicio doméstico en la formación del mercado de trabajo madrileño, Madrid, Siglo Veintiuno de España, 1994.

Sarti, Rafaella, "Criados, Servi, Domestique, Gesinde, Servants: For a Comparative History of Domestic Service in Euorpe (16th-19th centuries), *Obradoiro Historia Moderna*, N° 16, 2007, pp. 9-39.

Scobie, James R., *Buenos Aires. Del centro a los barrios, 1870-1910*, Buenos Aires, Solar/Hachette, 1977.

Scott, Joan W., "La mujer trabajadora en el siglo XIX", en Duby, Georges y Perrot, Michelle (dir.), *Historia de las mujeres*, vol. 4. El siglo XIX, Madrid, Taurus, 1993.

_____, "El género: una categoría útil para el análisis histórico", en Cangiano, María Cecilia y Dubois, Linsday, *De mujer a género. Teoría, interpretación y práctica feminista en las ciencias*, Buenos Aires, CEAL, 1993.

Schettini, Cristiana, "O negócio do prostíbulo: municipalidade e trabalho sexual", *Revista do Arquivo Geral da Cidade do Rio de Janeiro*, Rio de Janeiro, N° 9, 2015, pp. 175-190.

_____, "Ordenanzas municipales, autoridad policial y trabajo femenino: la prostitución clandestina en Buenos Aires, 1870-1880", *Revista Historia y Justicia*, N° 6, Santiago de Chile, Abril 2016, pp. 72-102.

Silvestrin, Ana María, *Los desamparados de la vida... Estrategias de la Sociedad de Beneficencia de la Capital dirigidas a la inserción social y laboral de los asilados (1925-1945)*, tesis de Licenciatura en Historia, Universidad Nacional de Luján, 2004.

Stagnaro, Andrés, *Los tribunales de trabajo como el escenario del conflicto entre el capital y el trabajo. 1948-1960*, tesis para optar por el grado de Doctor en Historia, Universidad Nacional de La Plata, La Plata, 2013.

Steedman, Carolyn, "The servant's labour: The business of life, England, 1760-1820", in *Social History*, 29: 1, 2004, pp. 1-29.

_____, *Labour Lost. Domestic service and the making of the modern England*, Cambridge, Cambridge University Press, 2009.

Suriano, Juan, "Niños trabajadores. Una aproximación al trabajo infantil en la industria porteña de comienzos de siglo", en Armus, Diego (comp.), *Mundo urbano y cultura popular*, Buenos Aires, Sudamericana, 1990.

_____, "Introducción", en Suriano, Juan (comp.), *La cuestión social en Argentina 1870-1943*, Buenos Aires, La colmena, 2000.

____, "La oposición anarquista a la intervención estatal en las relaciones laborales", en Suriano, Juan (comp.), *La cuestión social en Argentina 1870-1943*, Buenos Aires, La colmena, 2000.

____, "El trabajo infantil", en Torrado, Susana (comp.), *Población y bienestar en la Argentina del primero al segundo Centenarios. Una historia social del siglo XX*, Tomo II, Buenos Aires, Edhasa, 2007.

Szuchman, Mark D., *Order, family, and community in Buenos Aires, 1810-1860*, Stanford, California, Stanford University Press, 1988.

Tinsman, Heidi, "The Indispensible Services of Sisters: Considering Domestic Service in United States and Latin American Studies", *Journal of Women's History*, vol. 4, N° 1, Spring 1992, pp. 37-59.

Tizziani, Ania, "El Estatuto del Servicio Doméstico y sus antecedentes: debates en torno a la regulación del trabajo doméstico remunerado en la Argentina", en *Nuevo Mundo Mundos Nuevos*, N° 13, 2013. Disponible en: goo.gl/7Z4inl.

Valenzuela, María Elena, "Esfuerzos concertados para la revaloración del trabajo doméstico remunerado en América Latina", en Valenzuela, María Elena y Mora, Claudia (eds.), *Trabajo doméstico: un largo camino hacia el trabajo decente*, Santiago de Chile, OIT, 2009.

Van der Linden, Marcel, "Rumo a uma nova conceituação histórica da classe trabalhadora mundial", *História*, Sâo Paulo, vol. 24, N° 2, 2005.

Vázquez Lorda, Lilia, "El otro ángel del hogar es mujer, trabajadora y asalariada. Las empleadas domésticas y el catolicismo en la Argentina de los años 1950", en Norberto Álvarez (comp.), *Familias, género y después... Itinerarios entre lo público, lo privado y lo íntimo*, Rosario, Prohistoria Ediciones, 2010, pp. 107-125.

Villalta, Carla, "¿De quién son los niños pobres? El debate por la tutela administrativa, judicial o caritativa en Buenos Aires de fin de siglo pasado", en Tiscornia, Sofía y Pita, María Victoria (comps.), *Derechos humanos, tribunales y policías en Argentina y Brasil*, equipo de Antropología Política y Jurídica, FFyL, UBA, Buenos Aires, Antropofagia, 2005.

_____, "La conformación de una matriz interpretativa. La definición jurídica del abandono y la pérdida de la patria potestad", en Lucía Lionetti y Daniel Míguez (comp.), *Las infancias en la historia argentina. Intersecciones entre prácticas, discursos e instituciones (1890-1960)*, Rosario, Prohistoria Ediciones, 2010.

_____, *Entregas y secuestros: el rol del Estado en la apropiación de niños*, Buenos Aires, Editores del Puerto, 2012.

Wainerman, Catalina y Rechini de Lattes, Zulma, "La medición del trabajo femenino", en *Cuadernos del CENEP*, N° 19, 1981.

_____, Catalina H. y Binstock, Georgina, P., "Ocupación y género. Mujeres y varones en enfermería", en *Cuadernos del CENEP*, N° 48, 1993.

Yujnovsky, Oscar, "Del conventillo a las villas miseria", en Romero, José Luis y Romero, Luis Alberto (dirs.), *Buenos Aires. Historia de cuatro siglos*, Tomo II, Buenos Aires, Editorial Abril, 1983.

Zapiola, María Carolina, "Niños en las calles: imágenes literarias y representaciones oficiales en la Argentina del Centenario", en Gayol, Sandra y Madero, Marta, *Formas de Historia cultural*, Prometeo-UNGS, Buenos Aires, 2007.

_____, *La invención del menor: representaciones, discursos y políticas públicas de menores en la Ciudad de Buenos Aires, 1882-1921*, tesis presentada ante el instituto de Altos Estudios Sociales de la Universidad Nacional de General San Martín para optar por el título de Magíster en Sociología de la Cultura y Análisis Cultural, 2007.

Zimmermann, Eduardo A., *Los liberales reformistas. La cuestión social en la Argentina 1890-1916*, Buenos Aires, Sudamericana-Universidad de San Andrés, 1995.

_____, "La sociedad entre 1870 y 1914", en Academia Nacional de la Historia, *Nueva Historia de la Nación Argentina*, Tomo IV-Tercera Parte: La configuración de la República independiente 1810-c.1914, Buenos Aires, Editorial Planeta, 2000.

Zurita, Carlos, *La participación de las mujeres en el sector informal urbano: el caso del servicio doméstico en Argentina*, II Curso-Seminario sobre "Empleo, distribución del ingreso y necesidades básicas", PREALC, Santiago de Chile, 1979.

Este libro se terminó de imprimir en marzo de 2017 en Imprenta Dorrego (Dorrego 1102, CABA).

www.ingramcontent.com/pod-product-compliance
Lightning Source LLC
Chambersburg PA
CBHW021805220426
43662CB00006B/187